Minerva Shobo Librairie

福祉ガバナンスと
ソーシャルワーク

ビネット調査による国際比較

上野谷加代子/斉藤弥生

[編著]

ミネルヴァ書房

福祉ガバナンスとソーシャルワーク
──ビネット調査による国際比較──

目　次

序　章　「福祉ガバナンスとソーシャルワーク」研究の
　　　　意義と到達点……………………………………上野谷加代子　1
　　1　本研究の背景，意義と目的………………………………………………1
　　2　地域福祉と福祉ガバナンス………………………………………………4
　　3　福祉ガバナンスの視点からみた地域福祉の国際比較研究……………5
　　　　──より生活のリアリティを求めてのビネット調査
　　4　さらなる実践的協働研究へ………………………………………………7

第Ⅰ部　小地域福祉ガバナンスと地域福祉

第1章　小地域福祉ガバナンスと専門職………………上野谷加代子　12
　　1　ガバナンス形成と日本のソーシャルワーク……………………………12
　　　　──ソーシャルワークの捉え方
　　2　ソーシャルワークの展開──個人を支えることと地域を創ること…15
　　3　地域を基盤としたソーシャルワークの展開……………………………17
　　4　ガバナンス形成とソーシャルワーカーの役割…………………………19
　　　　（1）ケアのガバナンスと地域包括支援　19
　　　　（2）地域支援の方法──コミュニティソーシャルワーカーの役割　22

第2章　地域福祉の主流化と小地域ガバナンス…………武川正吾　25
　　1　コミュニティ重視の時代…………………………………………………25
　　2　ガバナンスの時代…………………………………………………………27
　　3　地域福祉主流化の時代……………………………………………………30
　　4　小地域のガバナンス………………………………………………………35

第3章　地域福祉における「つながりをつくる」機能
　　　　………………………………………………………松端克文　39
　　1　地域福祉におけるソーシャルワークの機能……………………………39
　　　　（1）実践の観点を重視した地域福祉の捉え方　39
　　　　（2）地域福祉における2つのソーシャルワークの機能　41

目　次

2　地域福祉における支援の概念整理……………………………… 44

3　「くらしをまもる」機能と「つながりをつくる」機能の総合化…… 46
　　（1）「くらしをまもる」機能からの展開とその限界　46
　　（2）「つながりをつくる」機能の着眼点と方法　48

第Ⅱ部　ビネットを用いた新しい研究・研修手法

第4章　小地域における福祉ガバナンスを比較する……斉藤弥生　54
　　――ビネット調査とは何か

1　ソーシャルワークの国際比較研究の展開……………………… 55
　　（1）ソーシャルワークの特徴を比較する　55
　　（2）ソーシャルワークの伝統的分類――役割と機能の比較　57
　　（3）ソーシャルワークの福祉国家モデルによる分類　59
　　　　――モデル指向の比較

2　ビネット調査と国際比較……………………………………… 62
　　（1）生活のリアリティを比較するための手法　62
　　　　――ビネット調査とは
　　（2）ビネット調査による国際比較の例　65

3　小地域における福祉ガバナンス比較研究への展開…………… 70

第5章　ソーシャルワーク研究開発方法としてのビネット調査
　　………………………………………………所めぐみ　72

1　文脈的リアリティへの接近方法としてのビネット調査……… 72
　　（1）文脈的リアリティをつかむ　72
　　　　――ビネットの活用と分析枠組みの設定
　　（2）困難事例の事例検討と分析枠組み　75

2　ビネットを用いた調査研究と現任ワーカーの研修…………… 77
　　（1）研修におけるビネットの活用　77
　　（2）継続的な専門性の向上のための研修・研究会におけるビネットの活用　78

3　よりよい実践のための学びと探究……………………………… 80
　　――研究と実践をつなぐ協働学習に向けて
　　（1）ソーシャルワークの知識マネジメント　80

（2）研究と実践をつなぐ学習　83

第Ⅲ部　小地域福祉ガバナンスとソーシャルワークの国際比較

第6章　調査概要と分析の枠組み
　　　　　………………………………斉藤弥生・所めぐみ・室田信一　88

　1　5つのビネットと分析枠組み……………………………………………88
　　　（1）調査の方法と分析枠組み　88
　　　（2）ビネット作成に用いた5つの事例　92
　　　（3）実例を基に作成したビネットとインタビューガイド　99
　　　（4）ビネット作成における課題　104
　2　対象国の選択と各国の調査概要………………………………………104
　　　（1）対象国の選択理由　104
　　　（2）各国の調査概要　105
　3　調査方法についての課題………………………………………………111
　　　（1）調査対象者の選定　111
　　　（2）ビネットで使用する表現・用語　113
　　　　　──ソーシャルワーカー・キーパーソン等
　　　（3）専門分野が明確に分かれる国とそうでない国　114
　　　（4）支援対象者の収入情報が必要な国　114
　　　（5）通訳をどうするか　115

第7章　調査結果と各国の比較
　　　　　…………………………所めぐみ・斉藤弥生・室田信一・羅珉京　117

　1　調査結果のまとめ………………………………………………………117
　　　（1）夫から暴力を受けていた妻子に対する生活再建までの支援
　　　　　　　ケース　117
　　　（2）認知症が原因で家にゴミを溜め込んでいる高齢者への支援
　　　　　　　ケース　120
　　　（3）育児放棄がみられた母子家庭の子どもへの学習支援ケース　123
　　　（4）多重債務を抱えた知的障害者の家族への経済的自立支援ケース　125
　　　（5）認知症の高齢者夫婦への日常生活自立支援事業の利用支援
　　　　　　　ケース　127

2　各国のソーシャルワークの特徴……………………………………129
　3　各国の小地域福祉ガバナンスの特徴……………………………131
　　（1）夫から暴力を受けていた妻子に対する生活再建までの支援
　　　　　ケース　132
　　（2）認知症が原因で家にゴミを溜め込んでいる高齢者への支援
　　　　　ケース　140
　　（3）育児放棄がみられた母子家庭の子どもへの学習支援ケース　153
　　（4）多重債務を抱えた知的障害者の家族への経済的自立支援
　　　　　ケース　167
　　（5）認知症の高齢者夫婦への日常生活自立支援事業の利用支援
　　　　　ケース　172

第Ⅳ部　小地域福祉ガバナンス形成のためのソーシャルワーカーの自己変革と住民協働

第8章　ソーシャルワーカー養成のための新たな方法…野村裕美　184
　　　　──ケースメソッド（対話型研修）の活用

　1　ソーシャルワーカーに求められる研修…………………………184
　2　コミュニティソーシャルワーカー研修に求められる方針………185
　3　対話を重視するケースメソッド……………………………………187
　4　研修の流れ……………………………………………………………191
　5　気づきの言語化………………………………………………………195

第9章　住民・学生との協働実践を通したソーシャルワーカーとしての学び………………………………金田喜弘　198

　1　地域福祉実践研究法の開発…………………………………………198
　　（1）地域福祉における実践研究の困難性　198
　　（2）アクションリサーチを用いた「調査と研修」を行う意義　199
　2　住民懇談会を通じた実践研究──岸和田市の取り組みから……200
　　（1）岸和田市地域福祉（活動）計画策定における住民懇談会を通した
　　　　アクションリサーチ　200
　　（2）懇談会の展開プロセス　200
　　（3）地域住民及び職員の変容　201

3 住民・学生との協働実践を通した実践研究……………………………203
   　　——京都市北区小野郷地域の取り組み
   　　（1）小野郷地域の概要と取り組みの経緯　203
   　　（2）参加型協働実践の展開　204
   　　（3）実践研究から見えてきたこと　205
   4 アクションリサーチを用いた実践研究の可能性……………………206
   　　（1）地域福祉実践研究におけるアクションリサーチの効果　206
   　　（2）地域福祉における実践研究の課題と可能性　208

第10章　ケースメソッドにおけるビネットの活用
　　——ビネットが誘発するソーシャルワーカーの仮説・経験
　　………………………………………………………野村裕美　211

   1 ビネットの活用………………………………………………………………211
   2 ビネットが誘発するソーシャルワーカーどうしの語り……………212
   3 研究目的と方法………………………………………………………………213
   　　（1）研究対象　214
   　　（2）研究期間　214
   　　（3）データ収集方法　214
   　　（4）ワークショップ運営方法　214
   　　（5）データ分析方法　216
   　　（6）倫理的配慮　217
   　　（7）本研究方法の限界　217
   4 討議における思考のプロセス……………………………………………218
   　　（1）事前課題のメモから浮き彫りになる参加者Dさんの思考の
   　　　　プロセス　218
   　　（2）プロットから浮き彫りになったソーシャルワーカーの思考の
   　　　　プロセス　219

終　章　日本型福祉ガバナンス形成とその研究における課題と展望
　　……上野谷加代子・斉藤弥生・所めぐみ・佐藤桃子・南友二郎　227

   1 日本型福祉ガバナンス形成とその研究における課題と展望………227
   　　（1）なぜ今，"協働"のガバナンスが必要なのか　227
   　　（2）従来の国際比較との違い——ビネット調査の面白さ　228

（3）ソーシャルワーカーを対象とした意味　229
　　　（4）ビネット調査の効用と限界　230
　　　（5）ビネットを研修に用いるという発想　233
　　　（6）「参加」と「協働」をどう測り，どう評価するか　234
　2　ビネットを用いた調査例——デンマークの社会的養護をテーマとして‥235
　　　（1）デンマークにおける社会的養護の仕組み　236
　　　（2）ビネットを用いたインタビュー結果　238
　　　　　——デンマークA・B市の実践より
　3　参加と協働の考え方……………………………………………………241
　　　（1）ペストフによる「Co-Production」概念とは　242
　　　（2）ペストフによる「Co-Production」概念における住民参加　243
　　　（3）岡本榮一のボランティア活動論における住民参加　245
　　　（4）今後の課題　247

あとがき

巻末資料

索　引

| 序　章 | 「福祉ガバナンスとソーシャルワーク」研究の意義と到達点 |

1　本研究の背景，意義と目的

　今日，日本のみならず世界的に，ケア（介護，保育），排除，貧困，自死，虐待，孤立，などの種々の困難に対し，個人的にはもちろん国および自治体として，地域として，企業として，社会的に対応できていない現実がある。このような生活課題の多様化と急速な増大は，「生活のしづらさ」「生きづらさ」を抱えて生き続けなければならない者の著しい増加をもたらしている。

　それは，東日本大震災をめぐる生活再建問題やコミュニティの再興，そして生活保護者が215万人をこえ，年々増加していること，非正規雇用労働者や年収200万円以下の給与所得者の増加，高等学校中退者5.4万人，中学・高校不登校者15.1万人，ニートと呼ばれる者60万人，引きこもり世帯26万（いずれも「平成23年度推計値」・厚生労働省）などからも明白である。「認知症問題」も深刻である。国においてもそのような課題を解決すべく，障害者総合支援法（2012），生活困窮者自立支援法（2013），子どもの貧困対策基本法（2013），など制度化がすすめられている。介護保険関連では「地域包括ケア」（2006）という概念や，「医療介護総合確保促進法」（2014）により，地域における医療及び介護提供体制と地域包括ケアシステム構築が謳われている。しかし，そのような制度や政策の実効性を高め，開発的な実践方法があるかといえば，その基盤となる実践理論すら形成されていない状態である。

　「地域福祉の主流化」（武川 2006）が，社会福祉政策と実践とを地域社会において結び付ける効果を発揮するのを待たず，介護保険法改正や社会福祉法人改革や人材確保などで振り回されているといえよう。「地域福祉の主流化」の中

で，福祉コミュニティにおけるガバナンスの構築が喫緊の課題となっていたが，日本の社会福祉制度や様々なサービス提供システムはいったいどうなっているのであろうか。ガバナンス形成にとって必須である市民のボランタリズムや主体性の発揮は期待できるのであろうか。

「環境汚染」「災害による荒廃」「貧困の連鎖」「経済的格差」は，次世代の若者の夢を奪い，日常的に社会的孤立をうみ出している。このような状況のなかででも，前述したように，たとえば生活困窮者自立支援法の自治体実施（2015年）に向け，総合相談や就労支援などのサービスや支援が組み立てられつつある。つまり，生活圏域としての地域の中でこれらの人々を孤立させないで，彼ら（彼女ら）のかかえる課題を生活当事者や住民とともに，明確にし，解決していこうとする取り組みが始められようとしている。が，まだまだ実験的な取り組み状況である。これらの制度や政策の実効性を高めるには，開発的な実践を行うための基盤となる今日的なソーシャルワーク実践理論の形成と実践方法の提示が急務である。

ソーシャルワークは社会福祉学を根拠の理論としているが，種々の学問が存在する中で，分析，解釈，説明の学問と異なり，問題を解決していくために政策をふまえ，理念・理論にもとづき方法・技術を駆使して，「今，ここに」存在するひとりの人間としての生活をどうにか維持・継続できるようにしていく支援の総体であり実践の学といえる。それだけに，何をどう「解決」していくのかにかかわるニーズキャッチとアセスメント力，そして課題の見立てに沿っての，自立支援に向けての決断や判断力，交渉力，代弁力，何よりも開発力が求められる。解決したのかしていないのか，結果が求められる。そしてだれにとっての解決なのか，どのようなプロセスを得ての結果なのか，さらに，その解決が，当該個人のみならず家族，近隣住民，友人などにとってもより良い生活（wellbeing）や自己実現（fulfillment）に繋がったのであろうか。そしてその解決は社会にとっての社会正義（social justice）の実現の線上にあるのであろうか。社会福祉を実現していくための方法の総体をソーシャルワークとするならば，その展開はそれぞれの国や地域のつくられ方や文化，経済，政治，環境な

どの違いによって異なるのだろうか。なによりも，人々の問題解決の仕方に違いがあるとすると，福祉ガバナンスはどのように異なるのだろうか。

本研究に参加しているメンバーは，以上述べたような問題意識をもち「福祉ガバナンス」に関心を寄せ，「福祉ガバナンス」の正体を見極めることはもちろん，実際の生活場面での「福祉ガバナンス」の形成プロセスと形成方法，とりわけ形成に際してのソーシャルワークの機能に関心を持ち着目してきた。人々が暮らす小地域単位において，地域組織化，地域開発，地域包括ケア，参加と協働はどのようになっているのであろうか。住民自治の制度や仕組みが地域によって異なるとしたならば，類型化できるのであろうか。

ここでは小地域の福祉ガバナンスを，「生活の諸課題に対し，一定の地域で意思決定を行い，財源を集め，配分し，住民の参加・関係性の構築により，主体性の向上を図り，住民が発見した問題を解決していく方法と仕組み（構造と過程）」を指す概念と定義しておく。このように考えるのであれば，小地域ガバナンスの形成にはソーシャルワークの機能が大きくかかわるといえる。

そして機能を発揮・展開する専門職としてのソーシャルワーカーや住民，ボランティア，行政職員などの働きと，さまざまな諸問題をかかえる生活困窮者（広い意味での，当事者）とがどのようにかかわって問題が解決されていくのか，それぞれの「参加」と「協働」のありようを解明したいと考えてきた。実は，本研究は，科学研究費助成研究「ソーシャルワークの展開による小地域の福祉ガバナンス確立に関する理論的・実証的研究」による4年間の研究成果の一部である。本執筆者らは次の4点をあげて研究を継続してきた。

①小地域単位の「福祉ガバナンス」の概念をより明確化し，日本国内の事例を類型化する。次に，地域を基盤としたソーシャルワークの展開にもとづく観点から，②小地域における「福祉ガバナンス」の構築の中でソーシャルワークがどう機能しているのか，また，③住民の生活課題を解決する上でソーシャルワークがどう展開されているのかを分析し，明らかにする。さらに④「福祉ガバナンス」の形態が全く異なる国（本研究では，イギリス，ノルウエー，アメリカ，韓国）との比較検討を通じて，福祉ガバナンスの確立と展開におけるソーシャ

ルワーク機能と役割を理論的，実証的に明らかにする。本書は，国際比較に焦点を当て，社会福祉分野の国際比較研究法の開発へのチャレンジとそのプロセスの紹介を主として扱い，日本におけるソーシャルワーカー養成の課題をふまえ，あらたな研修方法の開発にもチャレンジしている。研究会の成果は，武川（2012），武川編（2013），永田（2011；2013），上野谷・斉藤・松端編著（2014）などにいかされて，出版されている。

2　地域福祉と福祉ガバナンス

さて地域福祉の分野では従来からさまざまな小地域活動が評価されてきたが，地域福祉の主流化（武川 2006）に伴って2005年の介護保険法改正では「日常生活圏域」という概念が提示され，厚労省社会援護局による「これからの地域福祉のあり方に関する研究会報告書」（2008）でも，小地域単位の住民と行政の協力による新しい福祉の必要性が確認されるなど，小地域への期待と関心はますます高まっている。イギリスにおいても，シーボーム改革以降，エリアオフィスの設置やパッチシステムの導入など，小地域におけるソーシャルワークの展開が進められてきた。そこで目指されたのは，小地域単位の住民と行政の協働による福祉の推進であったが，その後「サービス供給」「住民の参画」「意思決定システム」の関係が議論されないまま，今日に至っている。スウェーデンのコミューンにおけるローカル・ガバナンスは北欧モデルとして注目されてきたが，福祉国家の変容が議論される一方で，小地域単位のソーシャルワーク機能の状況への言及は少ない。

　日本においても地方分権の流れとともに「地域内分権」の制度化が進行している。小地域単位での住民自治協議会の設置（三重県伊賀市），地域分権条例の制定（大阪府池田市）等，住民に身近なレベルでの決定と住民の参加を促す取り組みが始まっている。小地域とは他者の生活課題への接近が可能な範域であり，助け合いの縁，生活の諸課題を自分のこととして感じることができるエリアである。日本で初めて，コミュニティ形成の必要性が明言されたのは，国民

生活審議会調査部会報告書（1969）といわれるが，岡村（1974）は「地域は社会事業家の直面している問題を十分に解決しうるだけの人的，財的資源と支持を提供しうるのであって，…（中略）…それは問題に応じて，時としては近隣社会であることもあれば，全国的地域にわたることもある」とし，「地域」は解決すべき課題によって十分に変わりうるし，その課題によって人々が決めるものと論じている。福祉コミュニティを今日的な文脈の中で捉えなおす時，武川が示すように，公民協働によるローカル・ガバナンスが不可欠であり，小地域における福祉ガバナンスの確立は急務である。

以上の背景を踏まえ，小地域における「福祉ガバナンス」の構築や展開の過程において，ソーシャルワークがどのように機能しているかを明らかにすることが本書の目的である。さらに，福祉ガバナンスの構築，展開にあたっては，ソーシャルワークを展開する人々が，（多くはソーシャルワーカーであるがときには民生・児童委員，保健師やその他ヒューマンケアにかかわる専門職であることもある）ソーシャルワーカーとしての主体性を発揮し開発的な働きをするためには，いかなる研修が必要かという問題意識で研修方法を開発，提案している。

3　福祉ガバナンスの視点からみた地域福祉の国際比較研究
　　　——より生活のリアリティを求めてのビネット調査

従来の国際（各国・比較）研究では，理論・実践研究ともにそれぞれの国におけるサービス供給システム研究と住民の参画・意思決定システムについての研究が一体的に行われてきていないという問題がある。この問題を解決するためには調査地域を設定し当該地域の福祉ガバナンスにかかわる現場の福祉従事者・実践者の声に耳を傾けるボトムアップ型フィールド調査が不可欠である。第4章で紹介しているが，イギリスのBlackman（2000）による6カ国における高齢者介護のソーシャルワーク実践例の比較調査やスウェーデンにおけるヨーロッパ諸国のソーシャルワーカーの仕事内容や権限についての事例の比較分析は示唆的であるが，本研究分野の課題としては，地域を基盤とした福祉ガバナンスの視点からの研究方法を発展させる必要があるといえる。

小地域における地域福祉実践の事例研究には優れた先行研究が数多く存在するが，福祉ガバナンスの視点から地域福祉を論じる研究は，日本においても歴史が短い。また，地域福祉の国際比較研究は，生活のリアリティ，すなわち生活者としての生活への向かい方（生活意欲），問題の認識の仕方，問題への対応や解決に向けての動き方，態度，行動など価値や地域文化，など時代状況での個人支援と地域支援の双方が明確に可視化されることが望まれている。それだけに従来の国際比較研究方法ではなじまないものとして敬遠されてきた研究領域である。斉藤（2014）は，スウェーデンにおける高齢者介護の供給・編成を明らかにする中で，たとえば「ホームヘルパー」という職業においても，各国でその役割が異なることから単純な数量比較には限界があることを明確にしている。

　本研究の着想および研究成果は，過去10年にわたる実践的共同研究の蓄積から，なされたものである。本研究メンバーは上野谷を中心に，日本国内において先進的な地域福祉実践の事例を持つ地域（島根県松江市，三重県伊賀市，宮崎県都城市，大阪府豊中市・岸和田市）を調査対象地域とし，そのエリアで活動する地域福祉実践者とともに長期にわたり議論を重ね，10年以上もの共同調査研究を続けてきた。そして小地域で，問題解決に向けたソーシャルワークが効果的に機能するにはガバナンスが必要であることを明らかにしてきた。つまり，小地域における地域福祉活動を効果的で，かつ持続可能なものとするためには，住民の参加，意思決定の仕組み，安定した財源が条件となる。そのような福祉ガバナンスをどのように構築していくのか。このテーマこそが，各地域が共通に直面している喫緊の課題である。このように本研究の着想は，これまでの共同研究調査の蓄積に基づいている。

　また本研究メンバーはこれまでの研究を契機に，T. Mizrahi教授（Huanter Univ, USA），C. Siwertsson准教授（Växjö Univ, Sweden），K. Popple教授（London South Bank Univ, UK）との研究交流を続け，さまざまな示唆を得ている。さらに，L. Dominelli教授（Durham Univ, UK）からはビネット研究が調査と研修という機能を併せ持つこと，そして地域福祉とソーシャルワークをガバナン

ス視点で研究するということの意味が東日本大震災を契機に，マクロソーシャルワークとしての「グリーンソーシャルワーク」(Dominelli 2012) へとつながっていることを示した。彼女は「将来において大規模な荒廃を防ぐための政策を策定し，決定する組織においても，また悲惨な出来事が起こっている最中そしてその事後において，ニーズを訴えることにおいても，ソーシャルワーカーの声は不在である」と指摘し，ソーシャルワーカーたちにミクロレベルの実践からの学びを活かして社会に届け社会政策を発展させることや地域社会においても，世界的にも，Wellbeingに有害な影響をもたらす環境災害についての協議においても，ソーシャルワークの役割を果たすよう提言している。日本のフクシマ問題にも触れ，福祉研究者や政策策定者たちに再考を促している。つまり，ソーシャルワークの主体—構造変革モデルを提示し，社会を構成する各々の立場の人々が課題解決に向けて主体的にかかわることが当事者の内発的発展と構造的変革につながる，とソーシャルワーカーのグローバル定義の「開発と変革」を強調している。私たち研究メンバーはこの視点を大切にしている。

4　さらなる実践的協働研究へ

　本研究は，理論研究班と実証研究班，そして国内，国際とに分かれて，必要に応じてクロスさせながら交流するダイナミックな研究体制をとった。海外と東京，京都とスカイプを用いた電子研究会・会議を実施するなど，常に動きを相互に確認しながら研究をすすめた。

　本研究では，日本における先進的な地域福祉実践の事例を持つ地域における小地域の福祉ガバナンスに関する調査を行い，その結果に照らし合わせ，困難事例をビネット (vignette) として作成し，それを用いて，イギリス，スウェーデン，ノルウェー，アメリカ，韓国の現地研究者，ソーシャルワーカーと共同研究を行い，国際比較の手法を用いて，理論的，実証的分析を行った。

　また，ビネットを用いたケースメソッドの開発により，ソーシャルワーカーの困難事例に関わるプロセスが明確になり，ワーカー自身の飛躍的な内発性の

発揮がもたらされた。今後のコミュニティソーシャルワーカー養成に貢献するだろう。

さらに，研究チームとL. DominelliやH. Charnley（研修招聘講師，ダーラム大学）との共同ワークショップにより，ビネットにもとづくソーシャルワークにおける国際比較研究法やソーシャルワーカー研修・養成のあり方についての意見交換から貴重な助言を得ることができた。

このように，本研究チームは①専門分野を越境しての研究，②数年から10年以上のアクションリサーチ型（日本）の実践的研究　③海外の一流研究者との交流，④現場のソーシャルワーカーとの参画型調査を可能にすることができた。

ソーシャルワークを政治学，行政学，社会政策学者と実践的に研究する醍醐味は，新たな視点や着想の交換にあり，まさに，これこそ「協働研究」だと確信した。しかし，このような「協働研究」は，研究者の能力はもちろんのこと，時間的，財源的な裏付けを必要とし，福祉分野では緒についたばかりである。本研究の成果と限界をふまえ，さらに実践的，開発的研究としての協働研究を進めていきたい。

本書は，平成26年度日本学術振興会研究公開助成による出版である。本書での論文は，メンバーそれぞれの責任において執筆されている。学際的研究として，用いる専門用語の統一だけでも難しく，最終の責任は編者にある。

本書は4部から構成されている。簡単に紹介しておこう。

「第Ⅰ部　小地域福祉ガバナンスと地域福祉」（上野谷，武川，松端）では，小地域福祉ガバナンスと地域福祉との関係を論考し，ソーシャルワークの展開とガバナンスの関係について論考している。

「第Ⅱ部　ビネットを用いた新しい研究・研修手法」（斉藤，所）では，新しい国際比較調査研究として，また新しい研修手法でもあるビネットについて取り上げている。手法と効用について丁寧に論じている。

「第Ⅲ部　小地域福祉ガバナンスとソーシャルワークの国際比較」では，5種類の生活困難ケースをビネットとして作成し，イギリス（所），ノルウェー（斉藤），アメリカ（室田），韓国（羅）の各国の比較研究のダイナミズムを紹介

している。国際比較ビネット調査，研修から得られた知見をもとに今後のソーシャルワーク研究・研修の発展に寄与する方法として提示している。

「第Ⅳ部　小地域福祉ガバナンス形成のためのソーシャルワーカーの自己変革と住民協働」（野村，金田）では　小地域福祉ガバナンス形成のためのソーシャルワーカーの自己変革と住民との協働をめざす研修の実施，考察と，あらたな研修方法（ケースメソッド）の効用について実証的に論考している。

終章は，研究全体を通してとりくめなかった課題の提起と今後に向けての提案をしている。

参考文献

上野谷加代子・斉藤弥生・松端克文編著（2014）『「対話と学び合い」の地域福祉のすすめ』全国コミュニティライフサポートセンター。
岡村重夫（1974）『地域福祉論』光生館。
厚生労働省社会援護局（2008）「これからの地域福祉のあり方に関する研究会報告書」。
国民生活審議会（1969）「コミュニティ——生活の場における人間性の回復」。
斉藤弥生（2014）『スウェーデンにみる高齢者介護の供給と編成』大阪大学出版会。
武川正吾（2006）『地域福祉の主流化——福祉国家と市民社会Ⅲ』法律文化社。
武川正吾（2012）『政策志向の社会学——福祉国家と市民社会』有斐閣。
武川正吾編（2013）『公共性の福祉社会学』東京大学出版会。
永田祐（2011）『ローカル・ガバナンスと参加——イギリスにおける市民主体の地域再生』中央法規出版。
永田祐（2013）『住民と創る地域包括ケアシステム——名張式自治とケアをつなぐ総合相談の展開』ミネルヴァ書房。
Blackman, Tim (2000), Defining responsibility for care: approaches to the care of older people in six European countries. *International Social Welfare*. 2000: 9, pp. 181-190.
Dominelli, Lena. (2012) *Green Social Work : From Environmental Crises to Environmental Justice*, Polity Press.

（上野谷加代子）

第Ⅰ部　小地域福祉ガバナンスと地域福祉

第1章　小地域福祉ガバナンスと専門職

1　ガバナンス形成と日本のソーシャルワーク
――ソーシャルワークの捉え方

　日本のソーシャルワークは，社会福祉援助の総体として紹介されている。地域の中で人びとの生活課題を生活当事者や住民とともに，明確にし，解決していこうとする取り組みの総体を地域に根ざしたソーシャルワークという。序章でもふれたように，ソーシャルワークは社会福祉学を根拠理論としている。分析，解釈，説明の学問と異なり，問題を解決していくために人々が生活をしている時代の政策をふまえ，ソーシャルワークの理念・理論に基づき方法・技術を駆使して，「今，ここに」存在するひとりの人間としての生活をどうにか維持・継続できるようにしていく支援の総体であり実践の学といえる。それだけに，尊厳あるよりよい生活の維持を妨げている諸問題を取り除き，「解決」に向けて歩み出したのか，結果が求められる。そして，どのようなプロセスを得ての結果なのか，さらに，誰をも犠牲にすることなく，個人や家族，近隣住民，友人などと共に，より良い生活（wellbeing）や自己実現（fulfillment）を手に入れたのであろうか。その解決は社会にとっての存続と社会正義（social justice）の実現の線上にあるのであろうか。ソーシャルワークは個人の生活を社会生活として持続させていこうとする価値をもつ。社会福祉を実現していくための方法の総体をソーシャルワークとするならば，その展開はそれぞれの国や地域のつくられ方や文化，経済，政治，環境などの違いによって異なるし，人々の問題解決の仕方に違いがみられると考える（空閑 2014）。

　図1-1は，国際的に承認されていたソーシャルワークの定義と方法である。2014年7月にメルボルンで開催された国際ソーシャルワーカー連盟（IFSW）

第1章 小地域福祉ガバナンスと専門職

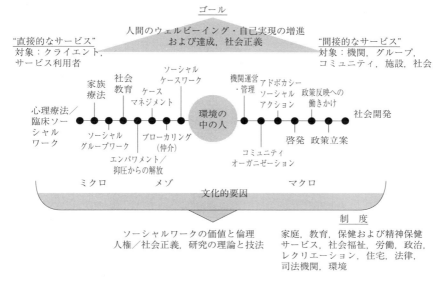

図1-1 ソーシャルワークの定義

注：なお、この図は、2004年IFSW総会（アデレード大会）で発表されたもの。
出所：Hare, Isodora. (2004) "Defining Social Work for the 21st Century : The International Federation of Social Workers' Revised Definition of Social Work", *International Social Work*, Vol. 47, No. 3, pp. 407-424.

と国際ソーシャルワーク学校連盟（IASSW）の総会・合同会議では、さらに「個人の主体性の変革」と「社会変革への運動」への期待が強調された。

ソーシャルワークは社会正義とよりよく生きることを応援する方法であり、ミクロからメゾ、マクロまでさまざまな方法を駆使して目標に向かって展開する。

実際には、福祉国家などの制度としてなされるものから、ボランタリー（自発的）な市民団体が行うもの、地縁・血縁などにもとづき行われる相互扶助、同じ問題を抱えた仲間同士で行う支え合いなど、援助を実施する主体によってそのイメージするところは異なる。実際の生活場面では、多様な主体によって援助がなされる。社会福祉の捉え方やその範囲をどこまでと考えるのかによって援助の内容が規定されるが、社会福祉援助は生活者としての自己アイデン

ティティの確立と自立のために，そしてよりよい生活の質の確保を目標としてなされる生活上の必要充足のためのものであることには違いない。岡村（1951）のいう基本的な社会的ニーズを充足，つまり生活上の困難を解決していくために必要なものを得る方法には，貨幣を手段として用いる所得保障やケアサービスなど現物サービスを24時間まとめて提供する施設サービスや相談・情報提供・通所サービス・訪問サービスなどの在宅サービスの提供，そして地域づくりまで含まれる。このようにソーシャルワークは幅が広いことから，福祉の専門性とは何か，福祉の固有の領域は何かがつかみにくい。ソーシャルワーカー（福祉専門職）としての国家資格の確立は，医師，看護師，教師，弁護士などの援助専門職に比べて，日は浅い。大学や専門学校での一定の専門的な学習を終えた後，種々の福祉現場で働くことによって名乗る任用資格としての社会福祉主事や児童指導員をはじめ，地域活動専門員，医療ソーシャルワーカーなどが活躍している。1987年制定（2006年一部改正）の「社会福祉士及び介護福祉士法」による国家資格である社会福祉士も業務独占（その名称をもっているものしかその業務を行うことができない）ではなく，名称独占である。1997年には精神保健分野で働く専門職として精神保健福祉士（国家資格）が創設されるなど福祉分野の専門職化が進んでいる。

　本研究におけるビネット調査で用いたような制度のはざまで生じる福祉問題が地域社会で顕在化しておりその対応が求められている。さらに，従来の病院からの退院問題や在宅緩和ケア（ターミナルケアを含む）の課題のほか，更生施設等法的領域や住宅の建て替え，就労支援機関，義務教育機関等との密接な協働のもとでしか解決しない生活問題も多発し始めている。このような中，認定社会福祉士や上級社会福祉士，認定介護福祉士など，より領域別に高度な知識と技術をもつ専門職養成が始まろうとしている（日本社会福祉学会事典編集委員会編 2014）。

　しかし，援助現場では，福祉専門職のほかにも多様な資格保持者や資格をもたない人が働いている。また多くの市民や民生・児童委員，ボランティアによって支えられている。専門職と非専門職としての市民が緊張関係をもちなが

ら，よりよいパートナーとして，問題解決に関わるところに福祉の特徴がある。福祉ガバナンス形成は，このことと深く関係している。

2　ソーシャルワークの展開
―― 個人を支えることと地域を創ること

　福祉ガバナンス視点でのソーシャルワークの展開を，「地域に根ざした生活支援」という観点から整理してみる（図1-2）。

　生活上の課題はあくまでの個々人が抱えるものであり，その困難な状況は個人により異なる。その意味では，極めて個別的なものであり，個々人の個別具体的な状況を把握し，個々人の社会関係を「調整」し，十分な社会資源がなく社会制度の側に欠陥がある場合には新たな社会資源の「開発」をすることなどが重視されているのである。

　具体的な「地域」で暮らす生活者としての「住民」として捉えてみると図1-2で示しているように，そこには近隣の住民同士の自然な「助けあいや支えあい」が存在し，小地域ネットワーク活動のような事業を通して，ふれあい・いきいきサロンのような「見守り・支援活動」へと展開する場合もある。また，食事サービス，移動サービスといった住民参加型（NPO法人，生協，農協等も含む）の福祉サービスとしての「生活支援サービス」も存在する。そして地域には福祉・保健・医療などに関連する「公的なサービス」がある。これらは図1-2で示すように，「システム化」という観点からみると右から左へととぎれることなく展開することで，それはより強まることになる。筆者はこうしたことをふまえ地域福祉を「私たちの暮らしを人間らしく豊かにしていくために，人が態度として創り出した『助ける』『助けられる』という行為を『助け合う』という相互の関係にまで高め合う仕組みとして人間の生活史のなかで創り出されたもの」として，シンプルにかつ実践的な概念として捉えている。そのうえで，「地域福祉を住みなれた地域社会のなかで，家族，近隣の人々，知人，友人などとの社会関係を保ち，自らの能力を最大限発揮し，誰もが自分らしく，誇りを持って，家族およびまちの一員として，普通の生活（くらし）を送るこ

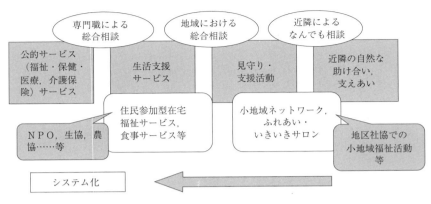

図 1-2 地域に根ざした生活支援

出所：社会福祉法人全国社会福祉協議会（2009）『生活支援サービスの充実・発展のために』4頁より一部改変。

とができるような状態を創っていくこと」と定義づけている（上野谷 2010）。

地域に根ざしたソーシャルワークは「住民」の社会関係の主体的側面に着目し，その関係の維持，回復，強化を「地域」という生活圏域において，24時間365日という実生活上で目指すところに固有の役割がある。

岡村は，「『福祉コミュニティ』を『一般的なコミュニティ』に対して，「生活上の不利条件をもち，日常生活上の困難を現にもち，またはもつおそれのある個人や家族，さらにはこれらのひとびとの利益に同調し，代弁する個人や機関・団体が，共通の福祉関心を中心として特別なコミュニティ集団を形成する」ものとして概念化している（岡村 1974：69）。すなわち岡村は，地域福祉を①地域を日常生活圏域（および専門サービスの利用圏）としての単位に捉え直し，これを基盤とし，②生活問題を抱える当事者・住民を生活の主体者として認識して当事者・住民の自立，連帯を形成し，③在宅福祉サービスや施設福祉サービス，その他各種の生活関連施策や制度をニーズに即して整備，再編成し，④当事者・住民を主体に公私の機関・団体・施設の間のネットワークを確立して地域社会が全体として，生活問題の発生を予防し，早期に解決できるような体制をつくることと捉え，その目標を「福祉コミュニティづくり」としたので

ある。福祉ガバナンス形成は岡村のいう福祉コミュニティづくりとかなりの共通点がみられる。

このように地域における生活者として個々人を捉えたときに，一人ひとりの「住民」として，問題への関心度，問題への接近の仕方，「地域」との関係の持ち方や専門職とのかかわり方，そして「地域」そのもののあり方が問われてくるのである。

3　地域を基盤としたソーシャルワークの展開

「助ける・助けられる」関係は，誰にでもあり，人生の中であるときは多くの支援を必要とするだろうし24時間365日のなかでも，他者を支えることが多くある場面もある。家庭で，地域で，職場で，学校で……種々の場面で，助けられたり・助けたりする姿が想像できるだろう。固定的に捉えるものではない。

こうした「共に支えあう」関係を「地域」につくっていくためには人権学習を含め，当事者理解，人間的成長を促す教養講座などあらゆる「学び」を重視する住民の主体的な実践と，生活上の困難が生じた近隣住民への支援のための連携を図っていく取り組みとが必要となる。それは地域の諸課題に当事者が重層的にかかわることで，「気づく～気づきあい」へ，「学ぶ～学びあい」へ，「育つ～育ちあい」へ，「生かす～生かしあい」へというように，地域のなかで住民間の多様な相互作用（interaction），より正確には交互作用（transaction）をもたらしていくような力動的な関係へと展開していく必要がある。

地域を基盤としたソーシャルワークの展開にはその前提となる，他者の痛みや苦しみ，悲しみへの共感や喜び・嬉しさへの祝う気持ちの共有が求められる。また，それらの感情を，なぜという疑問やどうすればよいのかという解決へ向けてのエネルギーに転換させるためには，「学びと対話（熟議）」が必要となる。

筆者が長い間，研究フィールドとして関わってきた島根県松江市や宮崎県都城市は，両者ともまずは小地域のなかで，喜怒哀楽の共有と学び（公民館活動），そして住民による日常的な生活の延長として近隣者の見守りや，住民間での支

えあいネットワークの活動に取り組んでいる姿がある。そうしたインフォーマルネットワークの基礎があって，各種専門職によるフォーマルネットワークが有効に機能していくことになる。福祉ガバナンスはこのように形成される。本研究のビネット調査でも明確になったように，この生活圏域におけるインフォーマルネットワークは日本独自のもののようである。

　一般に地域福祉が論じられるとき，いきなり地域住民やボランティア，そして専門職がネットワークの円に入っている図が紹介される。しかし，実践の場ではいきなりそういうことが実現するわけではない。町会長（自治会長）や公民館長，民生委員，ボランティア，近隣住民，友人，親族などでの日常的な気づき（ニーズキャッチ）および支援とさまざまな支援の蓄積，そして地区担当の社協職員や地域包括支援センターのコミュニティソーシャルワーカーなど専門職が関与していくことで支援ネットワークが形成され，そして生活者視点での「学び，実践，対話」の循環と支援ネットワークの重層的蓄積があって，非専門職と専門職とのネットワークが連続してつくられる。もちろん，都市部に見られるように自治会（町会）加入率の低下や代替する地域支援基礎組織がない地域においては，住民参加型団体などボランタリー組織に大きくその役割を期待せねばならない場合もある。被災地の「コミュニティ再建」と同様の手法での支援システム形成が必要となるだろう。つまり共に支えあう仕組みは，専門職と住民支援のネットワーキングによって形成される。このようなサービスの提供，開発とシステム形成が地域福祉サービスであり，地域福祉実践である（図1-3）。

　こうしたことを「地域を基盤としたソーシャルワーク」の観点から捉え直すと，岩間が指摘するように，①広範なニーズ対応，②本人の解決能力の向上，③連帯と協働，④個と地域の一体的支援，⑤予防的支援，⑥支援困難事例への対応，⑦権利擁護活動，⑧ソーシャルアクション，といった8つの機能として整理することもできる（岩間 2009）。

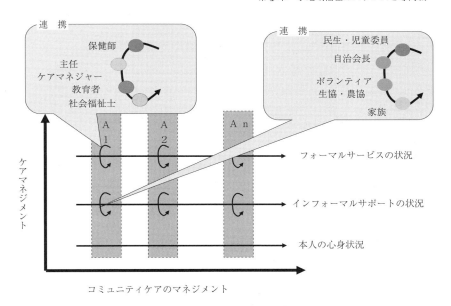

図1-3 専門職と住民との協働で生活支援を

4 ガバナンス形成とソーシャルワーカーの役割

(1) ケアのガバナンスと地域包括支援

ケアのガバナンスとは生活困難当事者(以下,当事者)の諸問題の解決を当事者中心に解決していく方策と方法を探ることである。そして結果として,種々の生活課題を抱えている人々が主体的な自立した生活を組織化することである(大橋 1999)。当事者らは生活上の困難を解決していく必要性から,何らかの訴えや行動を起こす。あるいは社会から見てある不適応な状態を症状として現す場合もある。それらは解決困難事例として,個別支援にかかわる段階で顕在化する場合もあれば,学校,職場,商店街,町内会など地域を構成している団体や地理的範域で顕在化する場合がある。ニーズ調査などで,専門職の目から見て潜在化されたニーズとして発見される場合もあるだろう。小集団や地

域社会を支援し地域課題にまで広がっている諸問題や地域社会の成り立ちや変遷のなかで，負の遺産として持ち続けている偏見・差別構造にメスを入れなければ解決しない課題もある。心身不自由な高齢者・障害者や生活困窮者などをはじめ社会から孤立し，排除されやすい立場にいる人々をエンパワーし，人権を守り尊厳ある存在として生活者として生き続けることを国および地方自治体が，権利として保障し，住民は仲間として共生していこうとするならば，地域課題の解決に向けた地域支援に着目する必要がある。まさに，地域包括ケア（支援）システムとはそういうものであらねばならない。

　自治体での地域包括ケアシステム化には，住民のニーズ発見機能がどうなっているのか（気づき機能と発見機能），問題を分析・診断，評価しその解決手法の選択，決定（アセスメント機能の発揮）はだれの責任でどのように実施しているのか（自己決定の重視・住民主体の実現），と問題解決の実行（プランニングと地域資源の活用，創出）に至るまで，今日までに醸成されてきた課題解決の手法，工夫も含めてどのくらい蓄積され，システムとして自治体職員，施設専門職，住民が共有しているか，によってその差がみられることが明確になっている。

　地域における専門職の資質を活かしあう専門職間連携と福祉・保健等社会福祉施設の地域資源化，地域住民の自治力を形成する地域連携，個別支援から地域支援への連動とネットワークの循環的形成，とボランティア学習福祉教育そして各種自治体計画における地域包括ケアシステムの位置づけなどがガバナンス形成の質を左右する。

　地域包括ケアシステム形成には，生活範域としての地域社会に，主として医療，保健，福祉専門職によるサービス，資源とそれらをまとめあげるネットワークづくりと当事者が利用しやすくなる移動や情報などのアクセスに関する公民私による支援が必要である。各々の役割を担う担当者はあるときは専門職であり，あるときには近隣住民や友人の方が効果的な場合もある。また，住まいや交通，消費などの領域から応援部隊としての支援の重層的ネットワークが必要であろう。

このことの理解がなければ，地域包括ケアシステムは形成されない。医療に偏ったり，看護，介護に偏っても実現しない。あくまでも本人を中心に地域包括支援があるのだという認識，合意が必要である。

　地域住民の抱えるさまざまな課題解決は，最初はかかわった保健師や社会福祉士，介護福祉士，ケアマネジャーなどそれぞれが単独で取り組む。しかし，1職種，1機関でできることは少ない。もちろん単独であるから先駆的・開拓的かつ早急に取り組めることもある。そもそも個別の緊急に生じた課題に対応すべく医療や看護，福祉も働く使命をもつ職業である。ヒューマンサービスとしての高い倫理綱領に支えられた各職種であり，独自の技術方法をもっている。なかなか相容れない。

　しかし，専門的知識や方法を駆使し，生活困難者として包括的に支援する場面では従来の個別分断された方法の提供では包括的支援として統合化されない。

　つまり，当事者にとっての地域における暮らしの場での包括的な支援の提供が求められており，それが誰にも等しく提供される仕組みとならねばならないわけである。

　異なる立場や特徴をもった専門職や人々が，互いに対等な立場でそれぞれの持ち味を生かしてその持つ機能を発揮しながら，生活課題を抱えた人々の問題解決を図るという「協働」の力で，パワーをつなぐことができれば大きな地域の問題解決力になる。問題解決をとおし，その協働関係が生まれ，その関係の持ち方，マナーや姿勢，方法論，意図的働きかけ方，プログラム，装置など準備しなくてはならないものもある。協働の仕掛けをつくりプラットフォームを醸成していく専門機関として地域の社会福祉協議会が参加と協働の社会実験を実施していくことが望まれる。

　協働は新たな住民の力を発見する場でもある。そして新たな力を掘り起こし結集させていくきっかけにもなる。国内調査からも明らかなように，単独ではなく協働して取り組む地域包括支援センターや社会福祉協議会や公民館，自治体などは地住民とともに地域福祉力形成に携わっているといえよう。

（2）地域支援の方法──コミュニティソーシャルワーカーの役割

　地域において人々を支援するには，ミクロ，メゾ，マクロに至るまでさまざまな方法を組み合わせて問題解決を図る。個人の諸課題を解決していくためには，まずその課題を抱える本人への接近，エンパワメントや家族支援，ケアマネジメント，仲介（ブローカリング）などによって本人自身が自律的に問題解決を図るよう支援のサービスやプログラムを作成する。しかし，人は環境のなかの人であり，地域環境や経済社会環境の影響を受け問題解決をさらに困難にする。その個人が所属する集団や地域社会（町会など），消費者として行動する商店街を含め本人にとって暮らしを支える場となる資源を調整し開発していく。団体への運営管理や組織化，代弁機能の発揮，啓発や社会変革のために政策への情報提供や変革を目指しての働きかけ，までいわゆる間接的なサービスをとおして地域支援をしていくのである。

　図1-4は，全社協の研究会での調査をもとに，ワーカー自身がどのような個別支援を行っているかを整理したものである。図1-4のように，ワーカーの支援なしに住民自らが解決する場合，アドバイスのみで解決する場合，住民と協働して解決をはかる場合，そしてワーカー自身が直接個別支援を担う場合等々段階が存在することがわかる（図1-4）。

　住民は自分たちで様々な解決方策をもっている。

　専門職としてのソーシャルワーカーの役割は，住民自身の力を引き出すことであり公的サービスとインフォーマルとの連携については，生活の視点で，社会資源を再編成し，支援を考え，組み立てることの準備ができている住民と組むからこそ可能になる。連携，協働はそれぞれが自立し役割を発揮する用意が必要である。

　また，コミュニティソーシャルワーカー（以下，CSW）のもつ機能には，①相談支援機能，②ニーズ把握機能，③問題解決機能，④地域組織化機能，⑤ネットワーク機能，⑥地域の支援システム構築機能，⑦地域住民へのエンパワメント機能の7つに分類される（全国社会福祉協議会 2009）。

　ワーカー自身が単独で担うものもあるが，多くの場合，住民，専門組織等と

第1章 小地域福祉ガバナンスと専門職

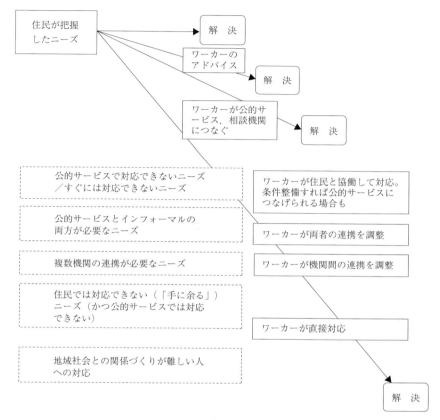

図1-4 ニーズ把握時における住民との協働

協働，役割分担を行い，発揮されている。さまざまな福祉ミックス型が生じている。それは生活協同組合，農業協同組合であったり，あるいは今日の新しい形のボランティア活動や非営利活動法人法に基づく，NPOのさまざまな活動，住民による多様な活動などがミックスされて，今日の地域福祉実践を形作っている。「住民とともに解決する」が，CSWの役割である。

参考文献

岩間伸之(2009)「総合的かつ包括的な相談援助の全体像」社会福祉士養成講座編集委員会編『相談援助の基盤と専門職』(新・社会福祉士養成講座)中央法規出版。

上野谷加代子(2010)「地域福祉という考え方」上野谷加代子・松端克文・山縣文治編『よくわかる地域福祉 第4版』ミネルヴァ書房。

大橋謙策(1999)『地域福祉』放送大学教育振興会。

岡村重夫(1951)『全訂社会福祉学総論』柴田書店。

岡村重夫(1974)『地域福祉論』光生館。

空閑浩人(2014)『ソーシャルワークにおける「生活場モデル」の構築——日本人の生活・文化に根ざした社会福祉援助』ミネルヴァ書房。

全国社会福祉協議会(2009)「地域福祉コーディネーターに関する調査研究委員会報告書」。

日本社会福祉学会事典編集委員会編(2014)『社会福祉学事典』丸善出版。

(上野谷加代子)

第2章　地域福祉の主流化と小地域ガバナンス

1　コミュニティ重視の時代

　コミュニティ重視が叫ばれてから久しい。社会政策の多くの領域で、コミュニティ・ベースト（原語はCommunity-basedで、「コミュニティにもとづいた」「コミュニティに根づいた」「地域基盤型」などと訳される）が合い言葉となっている。[1]

　近隣再生のハウジング（住宅供給）の新しい方法として「コミュニティ・ベースト・ハウジング」が追求される（平山 1993）。WHOは、開発途上国における障害のある人々のリハビリテーション戦略として、CBR（コミュニティ・ベースト・リハビリテーション）を掲げる。保健・医療の領域では「コミュニティ・ベースト・ヘルスケア」や「コミュニティ・ベースト・メンタルヘルス（精神衛生・精神保健）」といった言い方がされる。開発途上国でも、中央政府ではなく地域が主体となって開発を進める「コミュニティ・ベースト・ディベロップメント（開発）」が推奨されている。生涯学習や社会教育の分野でも「コミュニティ・ベースト・エデュケーション」といった言い方がされる。

　他方、老年学の研究の流れのなかでは、従来から"Ageing in Place"が理念として確立されてきた。[2] エイジング・イン・プレースとは、人々が高齢期に入っても、居住については加齢およびそこから派生する現象を理由にした制限を課されることがなく、自らの選択にもとづき自らの住み慣れた場所で生活を続けていくことができることを意味する（但し、必ずしも同一の家屋に住み続ける事だけがエイジング・イン・プレースを意味するわけではない。同じ地域での住み替えということもありうるだろう）。言い換えると、要介護になったからといって、ただちに施設に収容されるのではなく、本人の望む場所で生活の質を保ちながら

暮らしていくことがエイジング・イン・プレースである。エイジング・イン・プレースは，それが可能なまちづくり，住居，福祉サービス，地域社会による支援などの存在を前提としている。Ageing in PlaceもCommunity-basedと問題意識の重なるところが多く，地域重視という点では共通している。

　こうした地域重視の世界的潮流のなかで，日本国内でも，ここ十数年"地域福祉"の再評価が進んできた。こうした傾向を"地域福祉の主流化"と呼ぶことができるが（武川 2006），この点については，第3節で後述する。

　日本語の"地域福祉"には英語の定訳がなく⁽³⁾，community development, community care, community work, community welfare, community-based social servicesなど様々な訳語が当てられてきた（杉岡 2001：30）。日本地域福祉学会の英文名称は，Japanese Research Association for Community Developmentとなっていて，community development（地域開発）を地域福祉の正式な訳語として採用しているが，地域福祉の研究者のすべてがこれに従っているわけでもない。⁽⁴⁾

　英訳にばらつきがあるということは，杉岡（2001）も指摘するように，日本の"地域福祉"に合致する概念が英語圏には存在しないということを意味する。これはソーシャルワークをはじめとしてカタカナ語で海外の概念を代用する日本の社会福祉学の世界においては稀有なことであり，"地域福祉"が，日本の社会福祉の世界では例外的に国産概念であることを意味する。⁽⁵⁾

　このような状況のなか，日本地域福祉学会現会長の上野谷加代子は，現場における経験を踏まえながら，「とりあえず」との留保をつけながらではあるが，"地域福祉"を次のように定義している⁽⁶⁾。すなわち，地域福祉とは，

> 「住み慣れた地域社会のなかで，家族，近隣の人々，知人，友人などとの社会関係を保ち，自らの能力を最大限発揮し，誰もが自分らしく，誇りを持って，家族及びまちの一員として，普通の生活（くらし）を送ることができるような状態を創っていくこと」。

である。本章も，とりあえず，この定義に依拠する。

　上野谷による"地域福祉"の定義は，冒頭に掲げたさまざまなCommunity-basedやAgeing in Placeと共通する内容を含んでいる。日本の地域福祉は国産概念であって，海外のこれらの概念とはその出自を異にするかもしれないが，Community-basedやAgeing in Placeなど国際的な地域重視の潮流のなかに位置づけることができる。

2　ガバナンスの時代

　他方，地域重視と重なりつつも，それとは別個の淵源をもつものとして"ガバナンス"という概念が注目を集めるようになってきたというのも，昨今の日本の状況である。一般の目にとまるところでは，2014年のいわゆる「STAP細胞事件」との関連で，理化学研究所の「ガバナンス問題」が新聞紙上を賑わせた。また産業界では，アメリカにおける企業スキャンダルに端を発して，古くから"コーポレート・ガバナンス"（企業統治）が話題になっていた。「朝日新聞」に掲載されたコーポレート・ガバナンスに関する記事の大半は2000年代に入ってからのものであるが，最初の記事が掲載されたのは1997年6月3日の東京版夕刊であった。日本の研究者の間でのコーポレート・ガバナンスに対する注目は1990年代初頭にまで遡ることができるが，企業統治に関する本格的な研究書の刊行は1990年代半ばから2000年代以降である（たとえば，稲上ほか編，2000）。

　日本では，企業が，ガバナンス問題の典型として語られることが多く，ガバナンスと言えば，コーポレート・ガバナンスのことだと理解されることも多いが，ガバナンス論の射程は，必ずしもコーポレート・ガバナンスに限られるわけではない。

　ガバナンスも，コミュニティ・ベーストと同じで，コーポレート・ガバナンスを筆頭に，○○ガバナンスという言い方が多用されてきた。一般には馴染みがないかもしれないが，それぞれの専門分野で共通してガバナンスが用いられ

る。開発経済の文脈では，開発援助が功を奏するためには，被援助国のグッド・ガバナンスの確立が条件となる（政府が腐敗していては援助も活用されないし，また，援助が効果を発揮するためには非政府部門の協力も必要である）。国際社会では，グローバル・ガバナンスの確立が国際関係安定の条件である。そもそも世界政府が存在していない以上，ガバメントに代わってガバナンスが問題となるというのではなく，国際社会では，最初からガバナンスの方が問題である。このためグローバル・ガバナンスの確立のためには，各国政府に加えて国際機関や国際NGOの役割が重要となる。グローバルとは対照的な位置にある地方自治の世界でも，地方政府の能力を超える問題に対応するため，ローカル・ガバナンスが強調されるようになっている。もともと地方自治は団体自治と住民自治から成り立っているわけだから，そもそも地方自治という考え方のなかには，地方自治体（ローカル・ガバメント）を超えたローカル・ガバナンスの考えが含まれていたと見ることもできるわけである。ガバナンス論の影響は，さらに，福祉の世界にも現れ（武川 2012：ch.3, 10），21世紀に入ってからは，日本でも，ソーシャル・ガバナンスという表現が用いられるようになった（神野・澤井編，2004）[8]。さらに，もっと直接的に"福祉ガバナンス"といった考え方も登場した（岡澤ほか編，2007）。以上，各領域でガバナンスが強調されるのは，政府や統治の実体ではなく，機能の方が注目されるようになってきたからである[9]。

このように日本でガバナンスが人口に膾炙するようになるのは21世紀に入ってからのことであるが，ヨーロッパ諸国では，すでに1990年代後半において，「ガバメントからガバナンスへ」といった流れが定着していた。たとえば，社会学者アンソニー・ギデンズは，日本でも評判となった『第三の道』のなかで，次のように述べた。

> 「今現在，そしてさほど遠くない将来にわたり，国民国家は，自国の市民とその周辺部に対して，政治，経済，文化の領域で確固たる支配力を保つであろう。とはいえ，こうした権力を国家が行使するには，国家間の，各国の自治体との，そして国境を越えた組織や団体との，積極的な協力が

欠かせない。したがって、『統治する政府』は『現にある政府』すなわち国家の統治機構と必ずしも一致しなくなり、もっと多彩なものとなるだろう。『ガバメント』（政府）ではなく「ガバナンス」（統治）の方が、行政や規制の担い手を表す言葉として、より適切なものとなるであろう」（ギデンズ 1999：65-66）。

　ギデンズはイギリスのブレア政権のブレインであり、同書は、当時のいわゆるニュー・レーバー（新しい労働党）のマニフェスト的な意味も持っていたから、すでに本書が刊行された時点（1998年）では、「ガバメントからガバナンスへ」という考え方がイギリスでは広く受け入れられていたことがわかる。
　このように1990年代後半までに、欧州諸国でガバナンス論が大きな影響力をもつようになった背景には、それ以前の、ガバナンスに関する議論の積み重ねがある。そうした議論のキッカケとなったのが、1988年の、ガイ・ピーターとコリン・キャンベルによる『ガバナンス』という学術雑誌の刊行である（中邨 2003：16）。さらに、こうした専門の雑誌が刊行されるほど、社会科学者の間でガバナンスが注目されるようになったのは、前述のギデンズも指摘するように、先進諸国における政府（ガバメント）の機能の低下といった認識が共有されるようになったからである。中邨によれば、このような政府機能の低下の一つの理由は、経済のグローバル化の進展である。グローバル化の進展によって資本の移動が自由となり、各国政府は自国の国内の経済を制御することがむずかしくなり、国内政策に関する裁量の幅も狭められてくる。その結果、政府の統治機能は次第に低下する。また、もう一つの理由はITの発展であり、とくにインターネットは広大な仮想空間を生み出し、政府による統制や規制が及びにくい領域を生み出した。このため、政府が従前のような形で、サイバー空間に対して経済的および社会的な規制を施すことは困難となった。さらに高齢化の進展などによって、必要とされる福祉サービスを提供する政府の能力も限界に近づいた。
　こうした政府機能の低下を打開するために注目され始めたのがガバナンスと

いう概念である。ガバメントの下では，中央政府と地方政府は上意下達の関係にあり，政府部門と民間部門も上下関係の下に置かれていた。政府間関係や公私関係を，こうした垂直的関係から，水平的関係に改めて，相互補完的に協調して政府機能の低下に対処しようというのが，ガバメントからガバナンスへというときの，ガバナンス論の眼目である。

ガバナンスの日本語訳として使われてきた「統治」は，どうしても上下関係や支配従属関係を含意する。このため日本のガバナンス論のなかで「統治」は，「協治」や「共治」へと改訳されるようになった。あるいは，カタカナでそのままガバナンスと表記するか，旧来のガバナンスと区別する意味で，ニュー・ガバナンスと表記することもある。いずれにせよ，ガバナンス論，あるいはニュー・ガバナンス論は，政府間関係における分権化と，政府体系における民間化の契機を含んでおり，ヒエラルヒーではなくネットワークを強調する点で共通する。

3　地域福祉主流化の時代

以上で述べてきた「コミュニティ重視の時代」と「ガバナンスの時代」が重なるところに，すでにふれた"地域福祉の主流化"が生じる。地域福祉の主流化とは，それまで行われてきた対象者別・タテワリ行政による社会福祉を超えようとする，ここ十数年来の日本の社会福祉の世界における動きの総称である（武川 2006）。少なくともそれは6つの側面における変化として観察することができる。

第1は，法律の側面での変化である。

周知のように，2000年に社会福祉事業法が改正されて，新たな装いの下に社会福祉法が成立した。法改正の一つの大きなポイントは，福祉サービスが，それまでの措置という行政処分から，当事者同士の契約へと変更されたことである（措置から契約へ）。これに伴い，契約の当事者能力が十分でない人々に対する権利擁護が強調されるようになった。この点は教科書でも繰り返し主張され

てきたところである。

　これに加えてもう一つの重要なポイントが地域福祉の法定化である。同法の第1条は「地域福祉の推進」が同法の目的の一つであると述べている。また同法によって「地域福祉の推進」が社会福祉関係者や地域住民の努力義務となった（第4条）。さらに「地域福祉の推進」という章が設けられ（第10章），そのなかで市町村と都道府県の社会福祉協議会は「地域福祉の推進を図ることを目的とする団体」と定められ，共同募金の使途も区域内の「地域福祉の推進」と規定された。さらに「地域福祉の推進」に資するため，市町村が地域福祉計画を，都道府県が地域福祉支援計画を策定することとなった（但し施行は2003年）。これは非常に大きな変化である。それまで"地域福祉"という言葉は，一般に用いられ，そのための学会も存在していたが，法律上の概念としての"地域福祉"は存在していなかったからである。コミュニティ重視の時代を反映して，1990年の社会福祉関係八法の改正の際には，社会福祉事業法の基本理念が「福祉サービスを必要とする者が，…（中略）…，地域において必要な福祉サービスを総合的に提供される」こととされ，地域福祉への志向の萌芽があった。しかし明確に"地域福祉"が法律上の文言とされたのは，2000年の社会福祉法が最初である。何もなかったところに，これだけ多くの"地域福祉"が鏤められたのであるから，これは大きな転換と呼べる。

　第2は，地域の側面での変化である。

　近代化以前はもちろん，第二次世界大戦以前も，日本人の大部分は農山漁村で生活をしていた。日本の産業革命は明治時代に始まったが，産業革命以後も人口の大部分は，農山漁村に生活の本拠をおき，農林水産業で生計を立てていた。農山漁村には江戸時代以来の伝統的な村落共同体であるムラが存在した。近代化とともに都市化は一定程度進んだが，都市のマチもムラに似た共同体的性格を有していた。

　こうした伝統的な村落共同体に大きな変化が現れたのが，「高度経済成長」と呼ばれた1960年代の急激な工業化である。工業化に必要な労働力が農山漁村から都市部へと集められ，日本列島は有史以来未曾有の大規模な人口移動を経

験した。このため過密と過疎の問題が生まれ、都市部農村部の双方において村落共同体が崩壊した。このためコミュニティの「再建」（創造？）が公共政策の課題となった。これにともない、日本各地で社会政策の充実が図られるようになった。

しかし1970年代以降、人口移動はある程度収束した。その後も三大都市圏へのその他地域からの人口移動は続くものの、1960年代のような大規模な「民族大移動」が起こることはなかった。むしろ定住化の方が進んだ。しかし人口移動に変わって、地域に大きな変化を及ぼしたのが人口の高齢化と出生率の低下である。少子高齢化によって各地域では、人口構成が若かったときと異なり、福祉サービスを必要とする人々の数が増える。このため地域社会のなかで医療や福祉サービスを利用できないと、少なからぬ高齢者、そして場合によっては、その家族は、同じ地域に住み続けることができなくなる。とくに介護（ケア）の必要が生まれたことの意義は大きい。このため地域福祉の存在が冒頭で述べたエイジング・イン・プレースの条件となる。さらに言えば、地域福祉なしに地域社会が成り立たない状況が生まれることとなった。21世紀に入って、高齢化と出生率の低下はさらに進み、遂に日本社会は、人口減少の時代に入った。地域福祉の推進が地域の存続の条件として、ますます重要となっている。

第3は、住民の側面での変化である。

地域福祉が、地域が生き残るための条件となってくると、住民の地域福祉に対する目も変化する。また、人口構成の変化によって新たに生まれたケアの必要に対応するために、いわゆる「有償ボランティア」という形の住民の自主的な動きが登場する。これは行政による福祉サービスの供給が不十分であり、また民間事業者が、採算がとれる形で市場で福祉サービスを供給することが困難であるという状況のなかで、中高年女性（主婦）が最低賃金以下の報酬で働くことが可能だった時代の過渡的な産物であるが、地域福祉の発展にとっては重要な転機であった。制度の隙間（ニッチ）から生まれたものであったからである。さらに1990年代以降になると、地域社会の編成も変化し、地域福祉の担い手が形成されてくる。従来、地域では、町内会・自治会、青年団、PTAなど

世帯単位の地縁集団が重要な役割を果たしていた。ところがそうした伝統的団体に加えて，個人を単位としたネットワークも形成されるようになる。「有償ボランティア」はその先駆的・過渡的な一例であるが，それ以外にも，ワーカーズ・コレクティブ，協同組合，NPO等々など，いわゆる「参加型福祉」の担い手が登場してくる。とくにNPO法人（特定非営利活動法人）の成長はめざましく，1998年にNPO法（特定非営利活動促進法）が制定されて以来，NPO法人の数は著しく増えた。1998年にわずか23から出発した認証法人の数が，翌年には1,724，2002年には1万を超え，2014年6月末現在，4万9,165となっている。[11]

　第4は，社協の側面での変化である。

　社会福祉協議会は，社会福祉法によって「地域福祉の推進を図ることを目的とする団体」と法定化されることになるが，地域福祉の推進が法定化されてはじめて地域福祉活動を始めたわけではない。法定化の以前から，当然，地域福祉活動の推進を図ってきた。そうした社協活動の拡充も地域福祉の主流化の重要な側面である。1994年に，地域住民の交流の場として全国社会福祉協議会が提案した「ふれあい・いきいきサロン」は全国的な広がりを見せ，1997年に全国3,359カ所が設置されていたのが，2005年には3万9,496カ所にまで増設された（高野ほか 2007：130）。このほか「小地域ネットワーク活動」「地域福祉型福祉サービス」「地域総合相談・生活支援システム」などの地域福祉活動が，社協によって提案され，担われている。また，地域の福祉力の向上に関する調査研究委員会（平野隆之委員長）のレポートによれば，現在，以下のような事例が，地域福祉活動として全国で取り組まれているという（全国社会福祉協議会 2007）。

　　出会いの場…福祉教育，点検活動・マップ作り活動，福祉まちづくり等福
　　　　　　　祉に関わる啓発活動
　　協働の場…ふれあい・いきいきサロン，見守り・支援活動，小地域ネット
　　　　　　　ワーク活動，住民参加型福祉サービス，生活支援員によるサ
　　　　　　　ポート（地域福祉権利擁護事業）
　　協議の場…ボランティア・市民活動団体の交流会・勉強会等の開催，地域

福祉計画，地域福祉活動計画の策定における協議，日常生活圏域でサービスを調整する協議の場

第5は，行政の側面での変化である。

地方自治体による地域政策（コミュニティ政策）も重点の置き方が変化してくる。人口の年齢構成が若く，また人口移動が激しい時期のコミュニティ形成においては，教育が重要な役割を果たす。もともと小学校が明治以来，地域のまとまりの担い手としての役割を果たしていたことに加えて，人口移動の時代には，移住者は子どもの入学・通学をつうじて地域とのつながりをもつことができるようになるからである。また学校教育に加えて，成人のための社会教育もコミュニティ形成の要と考えられた。ところが人口移動が一定の水準に落ち着き，高齢化の方が問題となってくると，教育にとどまらず，保健・医療・福祉の比重が地方自治体の地域政策のなかで増してくる。かつては小中学校や公民館が地域の公共施設として目立つ存在であったが，近年では，保健・医療・福祉に関する公共施設（病院，特養，デイセンター等々）が住民にとっての身近な存在として浮かび上がってくる。また，近年では，地域包括支援センターが地域で重要な役割を果たしている。

第6は，自治の側面での変化である。

日本国憲法では「地方自治の本旨」が尊重され，一般に，それは「団体自治」と「住民自治」から成り立つものとして理解されている。団体自治は地方分権を含意する。ところがわが国では長い間，国は補助金をつうじて地方の行政をコントロールしようとし，地方も中央集権の時代からの慣性の法則が作用して，それを受け入れてきた。こうした名目分権・実質集権の体制を是正しようとして，1990年代以来，地方分権改革が進められてきた。社会福祉の世界では，1990年に，それまで知事の下にあった措置権が町村に移譲されたことが知られる。地方行政一般では，1995年に地方分権推進法が制定され，その後，段階を踏んで分権改革が進められてきた。

ガバメントからガバナンスへの世界的潮流については，第2節ですでに述べ

たとおりだが，この動きは当然，地方自治の世界にも波及する。ガバナンス論の浮上と，1990年代以来の一連の地方分権改革の流れと交わったところに，ローカル・ガバナンスの考えが生まれる（山本 2009；永田 2011）。ガバナンスはすでに述べたように，協治や共治と訳されるようになっているが，地域福祉はまさに地域の水準における協治や共治であり，ローカル・ガバナンス論以前のローカル・ガバナンスであったとも評価できる。

4　小地域のガバナンス

　さて，以上で見てきたような「コミュニティ重視の時代」「ガバナンスの時代」「地域福祉主流化の時代」のなかで，小地域への関心が集まってきたというのが昨今の事情である。すなわちコミュニティ重視，ガバナンス，地域福祉の舞台としての小地域が浮上しつつある。

　客観的な条件の変化からみると，前節でふれた地方分権改革の存在が大きい。地方分権改革は地方自治の本旨に基づいて行われた側面はもちろんあるが，それと同時に，地方公共団体の持続可能性を確保するために行われたという側面もある。持続可能性の確保というと聞こえがいいが，それは要するに，地方自治体の財政危機への対応ということである。このため分権化によって権限の委譲は進む一方で，スケールメリットによる財政再建を求めて基礎自治体の単位の大規模化が起こる。「平成の大合併」の推進である。1999年に3,232あった市町村の数が，2010年には1,730にまで減少した。[12] 現在，増田レポートによって，「消滅する市町村」が取りざたされているが，すでにこのとき多くの市町村が消滅したことになる。市町村合併は，基礎自治体が身近な存在から遠い存在へと変化していくことを意味する。生活圏と地方自治体の乖離である。これは，ある意味で，地方分権改革の矛盾である。この矛盾を解消するため，小地域というまとまりが重要となってくる。

　他方，前節でも述べたように，先進的な地域では，社協による支援も功を奏して，小地域を基盤とした住民による地域福祉活動が充実してきた。客観的条

件の変化に対応して，主体的な条件も変化してきたことになる。

　さらに，人間の本質的条件も考慮する必要がある。人間は身体をもった存在である。コミュニティは，交通手段の発達や情報技術の進歩によって，地域とは独立に存在することも可能になった。「地図にないコミュニティ」や「情報コミュニティ」の登場である。しかし，人間の身体性を考慮したとき，そこにはどうしても距離の要素が出てくる。ウェアラブル・デバイスやウェアラブル・ロボットの発達によって，将来，距離の観念は変化するかもしれないが，それでも，人間にとっては一番基本的な動作の一つである「歩く」ということが人間の生活の準拠点となることは変わらないであろう。その意味，身体とかかわる人間の生活については，小地域が出発点とならざるを得ない。

　以上の理由から，小地域としてのコミュニティにおける，ガバナンスの確立が，現在の主要な課題となる。地域福祉は，コミュニティとガバナンスを掛け合わせたところに成立するから，それは小地域の地域福祉を確立することでもある。また，小論の理解によれば，地域福祉は，福祉国家と市民社会の協働の産物でもあるから（武川 2006），小地域において住民（市民）と行政（地方政府）がどうかかわっていくかも焦点となるだろう。

注
(1) 国立情報学研究所のデータベースCiNiiで，community-basedをキーワード検索すると，2,979件の論文がヒットする（2014年6月2日現在）。
(2) Ageing in Placeは「地域居住」と訳されることがあるが，これも定訳はない。なお，Ageing in Placeの実現のためには，①住宅・住環境，②情報通信技術，③生活支援，④食生活などが必要となる（東京大学高齢社会総合研究機構 2013：48）。
(3) 筆者自身は，community-based welfareが適訳だと考えるが，残念ながら学界での定訳とはなっていない。
(4) 英語圏に一対一で対応する言葉がないだけでなく，同じ漢字文化圏のなかでも事情は同じで，韓国では日本の地域福祉は"地域社会福祉"，中国では"社区福利"と呼ばれる。
(5) 筆者自身は，戦後日本の社会福祉の歴史のなかで，それぞれの時代の課題を取り込む形で，概念の内容が累積的に発展してきたとの立場を取っている（武川 2006）。

(6) 上野谷加代子「地域福祉の視点から考える」(http://www.bousai.go.jp/taisaku/hisaisyagyosei/youengosya/h24_kentoukai/3/6.pdf, 2014年12月26日アクセス) による。
(7) 2014年10月24日現在,朝日新聞のコーポレート・ガバナンスを含む記事は156件であるが(企業統治という日本語にヒットするのは886件である),そのうち114件は2000年以降掲載のものである。
(8) 中国でも2013年に,それまでの社会管理(social management)から社会治理(social governance)への方針転換が図られたという。
(9) ガバナンスの実体ではなく機能を重視するとう点で,以上のガバナンスは共通するが,組織内のガバナンスに重点をおくか,組織間のガバナンスに重点を置くかでニュアンスの違いはある(武川 2012：56)。
(10) 政府間関係における分権化の論理は突きつめていくと,地方主権・地域主権や地域内分権にまで行き着く。また政府体系における民間化の論理もつきつめていくと,いわゆるニュー・パブリック・マネージメント(NPM)はもちろんのこと,Joined-up Governmentといった考えにまで行き着く(Clark 2002)。日本だと「新しい公」や「新しい公共」といった言い方になる(武川 2012)。
(11) 内閣府のホームページ(https://www.npo-homepage.go.jp/about/npodata/kihon_1.html, 2014年11月14日アクセス) による。
(12) 総務省ホームページ(http://www.gappei-archive.soumu.go.jp/heiseinogappei.pdf, 2014年11月22日アクセス) による。

参考文献

稲上毅・連合総合生活開発研究所編(2000)『現代日本のコーポレート・ガバナンス』東洋経済新報社。
岡澤憲芙・連合総合生活開発研究所編(2007)『福祉ガバナンス宣言――市場と国家を超えて』日本経済評論社。
ギデンズ,アンソニー／佐和隆光訳(1999)［原書1998］『第三の道――効率と公正の新たな同盟』日本経済新聞社。
神野直彦・澤井安勇編(2004)『ソーシャル・ガバナンス――新しい分権・市民社会の構図』東洋経済新報社。
杉岡直人(2001)「現代の生活と地域福祉概念」田端光美編『地域福祉論』建帛社。
全国社会福祉協議会(2007)『地域福祉をすすめる力』全国社会福祉協議会地域福祉部。
高野和良・坂本俊彦・大倉福恵(2007)「高齢者の社会参加と住民組織」『山口県立大学大学院論集』第8号,129-137頁。

武川正吾（2006）『地域福祉の主流化』法律文化社。
武川正吾（2012）『政策志向の社会学』有斐閣。
東京大学高齢社会総合研究機構（2013）『東大がつくった高齢社会の教科書』ベネッセ・コーポレーション。
永田祐（2011）『ローカル・ガバナンスと参加』中央法規出版。
中邨章（2003）『自治体主権のシナリオ――ガバナンス・NPM・市民社会』芦書房。
平山洋介（1993）『コミュニティ・ベースト・ハウジング――現代アメリカの近隣再生』ドメス出版。
山本隆（2009）『ローカル・ガバナンス――福祉政策と協治の戦略』ミネルヴァ書房。
Clark, Tim, (2002), "New Labour's Big Idea: Joined-up Government", *Social Policy and Society*, 1(2): pp.107-117.

（武川正吾）

第3章　地域福祉における「つながりをつくる」機能

1　地域福祉におけるソーシャルワークの機能

（1）実践の観点を重視した地域福祉の捉え方

　地域福祉は，地域における住民の生活に関連する多種・多様な課題に対する政策・制度や専門職の実践，住民による活動，あるいはそれらの連携やネットワークづくりなど，さまざまな取り組みのことをいい，こうした取り組みを方向づける理念や思想も含めると，その捉え方には実に多様なバリエーションがある。

　しかも，"地域"におけるということをふまえると，その"地域"の範域は市町村域から隣近所に至るまで重層的に設定することができ，それぞれの"地域"でさまざまな取り組みが行われており，それをどのような観点から観察し，分析・整理し，記述・表現するのかということにも多様さがあるので，ある具体的な事例を紹介する場合でも，それはつねに"地域"福祉でしかない（松端 2013a：1）。

　こうしたことをふまえると，超歴史的・超社会的に地域福祉の本質なるものを希求するというよりは，いかなる文脈のもとでそれを語るのかということに自覚的・反省的であることが重要となる。

　さて，筆者はこうしたことをふまえ，地域福祉を右田紀久惠により提示されてきた自治型地域福祉の理論（右田 1993；2005）を重視しながら，それを実践するという文脈を強調して，次のように定義づけている。

　　「地域福祉とは，生活上の課題（福祉ニーズ）を抱え，困難な状況におか

れている地域住民の課題解決（ニーズ充足）に向けて支援を展開することに加えて，『あらたな質の地域を形成していく内発性』（＝住民の主体性）を基本要件として，地域を舞台に（＝地域性），そこで暮らす住民自身が私的な利害を超えて共同して公共的な課題に取り組むことで（＝共同性～公共性），より暮らしていきやすい地域社会にしていくこと，あるいはそのような地域に変えていくこと（改革性）をいう」(松端 2012a：6 一部加筆修正)。

このように捉えると地域福祉推進における専門職による実践の内容を2つの機能に分けることができる（松端 2012a：6-7）。一つは地域のなかで生活課題・福祉ニーズを抱える住民を支援し，必要に応じて"地域"を巻き込み，ソーシャル・サポート・ネットワークを形成しながら，生活課題の解決あるいはニーズの充足を図るという相談支援をベースにした個別支援系のソーシャルワーク実践である。

もう一つはさまざまな住民が暮らす"地域"を，地域の住民が"地域のこと"に主体的に関われるように支援していくこを通じて，より暮らしやすい"地域"に変えていくという機能であり，メゾからマクロへの広がりをもつソーシャルワーク実践である。それは次のような広範な実践領域をもつ。

・地域の福祉課題の把握（地域診断）
・住民による福祉活動の立ち上げ（組織化）や運営の支援
・関係機関や団体，住民による福祉活動などのネットワーク化
・集約した地域課題をふまえての新たな取り組みの事業化・制度化
・福祉教育の推進
・地域福祉の計画的推進
・地域福祉推進における行政の役割を明確にし，責任を果たさせることも含め，地域社会を変革していくためのソーシャル・アクション

第3章 地域福祉における「つながりをつくる」機能

　こうした実践は，住民参加や住民の主体形成と関連づけて実践しなければならなし，それぞれが単独で機能しているというよりも，相互に関連していることが多く，たとえば社会福祉協議会が住民と協力しながら策定する地域福祉活動計画づくりでは，地域における福祉課題の把握（地域診断）は必須であり，計画策定を通じで住民による新たな福祉活動を組織化したり，社協として新規の事業を計画化したり，さらには行政を巻き込みながら市町村域での地域福祉推進の仕組みをデザインしていくような場合もある。また，ミクロレベルでの個別支援系の実践とも密接に関連している。

（2）地域福祉における2つソーシャルワークの機能

　こうしたことふまえて，前者の機能を住民の「くらしをまもる」機能とし，後者の機能を住民間の「つながりをつくる」機能として，そこに関わる専門職を「くらしをまもる専門職」と「つながりをつくる専門職」として整理すると図3－1のようになる。

　地域の住民の「くらしをまもる」という機能は，地域福祉という場合の"福祉"の側面から地域福祉を捉えたものである。したがって，社会福祉のさまざまな領域に，"地域"とか"住民"という文脈を持ち込むことで，地域福祉として説明できることになる。地域包括支援センターはいうに及ばず，各種の相談支援事業所・機関や通所系や訪問系などの福祉サービス事業所も，場合によっては入所型の施設でも，そこの利用（入居）者を一人の地域の住民として支援できているのであれば，地域福祉の文脈で捉えることができる。

　なお，ここではあえて「生活を支える」といったリベラルな表現ではなく，「くらしをまもる」というパターナリスティックな表現を用いている。それは支援という相互行為の非対称性の問題（上野 2011：63-64）を反省的に認識しておくことを強調するためである。ケアとか支援といった行為は，その担い手と受け手との相互作用でなりたっており，とくに地域福祉ではでは，"支援する"とか"支える"という一方通行の関係から"支え合う"という相互依存的な関係の形成を重視する。

第Ⅰ部　小地域福祉ガバナンスと地域福祉

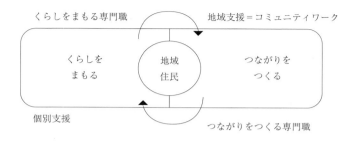

図 3-1　地域福祉の 2 つの機能と 2 つの専門職
出所：松端（2012a：6）。

　たとえばボランティア活動を続けている住民によって「支えていたつもりが，実は私こそが支えられていた」といったことが語られることがよくある。そこにはある種の望ましい関係が形成されているとはいえるが，こうした場合でもボランティア活動はいつでも止めることができるのに対して，その支援を受けている側は支援を受けることを自由に止めることはできないという意味では，両者の関係は非対称的である。地域福祉には，行政や専門職だけではなく，多様なアクターがかかわり，それぞれに連携しながら創意工夫が求められるだけに，責任の所在が不明確になりやすい。だからこそ地域福祉の実践においては住民の「くらしをまもる」ことの意味をつねに問い返すことが必要だといえる。
　本書において取り組んでいるビネットを用いた海外との支援内容の比較では，「くらしをまもる」機能における人権や権利擁護の観点および専門職の介入の仕方において，「地域福祉」実践として取り上げた日本の事例がいかに特殊であるかということを確認することができる。海外においては総じて人権や権利擁護の観点から，よくも悪くもパターナリスティックで迅速な専門的介入を当然のこととして受け止める土壌がある。一方，日本では課題を抱える本人の意思確認や見守り，本人以外の家族のメンバーなどへの配慮などが支援の際に考慮され，専門職の役割は相対的に弱く，「調整」的な役割を重視しているようにみえる。それだけに筆者は，「くらしをまもる」ことの意味を改めて確認する時期にきていると考えている。

一方,「つながりをつくる」機能とは, 地域組織化や当事者の組織化, ボランティアの組織化などさまざまな組織化活動や専門職・機関のネットワーク化などを通して, 地域住民や関係者, 組織間の"つながり"をより確かなものにすることや, 地域の課題を集約することで, その課題に対応すべく新たな福祉活動を創出したり, 社協や行政の施策として新たに事業化・制度化していくこと, さらには地域社会を"変革"していくこと（アクション機能）も含むもので,「地域を変える」機能と表現した方がより適切だといえるかもしれない。

　しかし, 地域福祉の実践においては「地域を変える」ことそれ自体が目的というよりは, 地域住民の豊かなくらしを実現していけるように地域を変えていくのであるから, その豊かさを規定する重要な要因となる住民と住民との"つながり", 住民と社会との"つながり"を形成していくことを重視するという意味を込めて, この表現を用いている。

　ビネットを用いた海外との比較研究では, この側面においても日本の特殊性が際立っている。たとえばケースの発見の段階において, たとえば民生委員や自治会の活動など（いずれもそれ自体が日本的であるが）, "地域"の役割が重要とされる。また, 支援の段階でも「見守り」活動に象徴されるように"地域"の役割が重視される。それだけにこうしたことが, 日本でいう「地域福祉」の特徴でもあるといえる。

　さて, ともかく日本でいう地域福祉には, 実践上の機能, あるいは地域福祉におけるソーシャルワークの機能として2つの側面があるといえる。そしてさらに議論を進めると, 一人の専門職がこうした2つの機能を総合的に実践するのか〈実践的総合派〉, こうした機能をそれぞれの専門職（もしくは所属する組織・機関）が分担し, 相互に連携を図ることで, 2つの分化した機能を総合的に実践していくのか〈機能分化派〉(松端 2012b；2013b) ということが課題となるが, それはこれからの地域福祉の研究および実践上の課題であるともいえる。

2　地域福祉における支援の概念整理

　ところで地域福祉領域においては，ソーシャルワークという表現よりも「個別支援」「地域支援」「地域（自立）生活支援」というような表現が用いられることが多い。

　そこで筆者なりに，地域福祉における支援の内容を整理してみることにする。図3-2のようにタテ軸に「個人の課題」なのか「地域の課題」なのかという課題の性格をおき，ヨコ軸に「個別に対応」するのか「地域ぐるみで対応」するのかという対応の仕方をおいて分類してみると4つの象限ができる。

　個別支援（象限Ⅰ：個人の課題×個別に対応）とは，生活課題を抱えている住民の相談にのり，生活保護制度や介護保険制度などの利用につなげることで，当該の生活課題への対応がなされ，それ以外の支援が必要ないか，もしくは行われていないようなものをいう。ミクロなレベルでのソーシャルワークに該当するが，日本ではこのレベルでの専門職が制度により細分化されているだけに，「総合相談」とか「ワン・ストップ対応」ができる仕組みを構築し，権利擁護や介入的な支援を含めて，そのための権限をソーシャルワーカーにどれくらい付与できるのかということが課題となる。

　次に地域生活支援（象限Ⅱ：個人の課題×地域ぐるみで対応）とは，生活課題を抱える住民への支援を展開していくうえで，法制度に基づく支援に加えて，地域の民生委員やボランティアなどによる支援などを組み合わせて，地域のなかにソーシャル・サポート・ネットワークを形成することで対応しているような支援である。この側面におけるネットワーク形成の志向性が，極めて日本的であるといえる。それは責任の所在を曖昧にしていくという危険性をもちつつ，同時に生活課題を抱える当事者の生活をより豊かなものにしていける可能性をもつものであるともいえる。

　地域支援（象限Ⅲ：地域の課題×地域ぐるみで対応）とは，地域に共通しているような課題に対して，集合的に対応するような支援である。たとえば，買い物

第3章 地域福祉における「つながりをつくる」機能

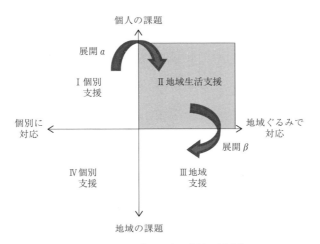

図3-2 地域における支援の類型化
出所：松端（2013b：7）。

が困難な地域で，高齢者を中心にいわゆる「買物難民」といわれるような住民が多くいる地域において，移動を支援する「買物ツアー」を実施したり，サロンなどの場において「朝市」などを開催して，買物の利便性を高めるなど，地域ぐるみの支援の仕組みをつくっていく取り組みなどがこれに該当する。こうしたことは「制度の狭間」に対応する資源開発として評価されるが，それは"地域"における互助あるいは共助のレベルでの創意工夫である。そのことは，制度の矛盾や限界そのものの改善に向けてのソーシャル・アクションをさほど強調しないという日本の「地域福祉」の特徴を裏側から表現しているともいえる。

そして，最後の個別支援（象限Ⅳ：地域の課題×個別）の場合は，たとえば買物が困難な地域において（地域の課題として確認できるものの），具体的な支援としては介護保険制度におけるホームヘルパーを利用することで個別に対応しているような場合を指す。なお，地域のなかに十分な支援を得ることができていない住民が他にもいるのであれば，この状態のままであることは望ましいとは

いえないので，その場合には地域支援への展開が必要となる。

さて，このように整理してみると，先の「くらしをまもる」機能はⅠの個別支援と，「つながりをつくる」機能はⅢの地域支援と概ね重なる概念であるといえる。そして，先にも少しふれたが，今日ではこうした個別支援（「くらしをまもる」機能）と地域支援（「つながりをつくる」機能）との総合化が課題となっているといえるが（岩間・原田 2012），コミュニティソーシャルワークの議論なども含めて，こうした主張は生活課題をかかえる個々の相談支援をベースにしていて（個別支援），その人の支援を地域のなかで展開しつつ（地域生活支援），さらには地域ぐるみの支援の仕組みをつくっていくこと（地域支援）を志向する支援の方法論であるといえる。図3-2では展開 α ～展開 β の流れとなる。

そしてその中核になっているのが，地域のなかで個々の住民の自立した生活を支援する「地域生活支援」であるといえる（この象限は，先の2つの機能が重なる領域だともいえる）。たとえば，先の買物支援のケースでいえば，ある住民の相談にのるなかで買物に不自由していることが明らかになったとすれば，生協などの宅配による対応の可能性を探ったり，買物支援を担うボランティアを手配するなど地域のなかでの支援を進めつつ（地域生活支援），同様のニーズが地域にないか地域ニーズをアセスメント（地域診断）し，ニーズを集約した上で，「買物ツアー」やサロンの場などにおける「朝市」の開催などの地域ぐるみの対応の仕組みづくり（地域支援）に取り組むことになる。こうした観点から，今日では地域福祉における各種の支援の総合化，あるいはソーシャルワーク実践の総合化が志向されているといえる。

3　「くらしをまもる」機能と「つながりをつくる」機能の総合化

（1）「くらしをまもる」機能からの展開とその限界

さて，今日では社会的孤立や社会的排除，経済的な困窮や虐待，介護，保育などの生活課題が重なりあって生じており，既存の制度を利用することだけでは解決できないような課題が地域のなかには非常に多くある。それだけにコ

ミュニティソーシャルワーカー（以下，CSW）や地域福祉のコーディネーターを配置することを通じて，そうした課題に対応していけるような仕組みをつくっていく必要があり，多くの自治体で同様の専門職の配置が進められている。

　筆者のかかわっている大阪府内のCSWが扱うケースの特徴を整理すると，大きくは①ニーズに対応する制度かないようなケース（「制度の狭間の問題」），②一人で複合的な課題を抱えている場合や家族のなかに複合的な課題があるケース（「複合多問題」），③そして支援を拒否しているケース（「支援拒否問題」）に分類することができる。

　こうした課題は法制度に基づくサービス利用などを中心とした個別支援だけでは対応できないので，地域ぐるみの取り組みが必要となる。たとえば①の場合なら狭間のニーズに対応できるような新たな資源（地域活動や事業など）を開発する必要があるし，②なら関係者のネットワーク形成が不可欠となるし，③なら地域での見守り活動が求められる。つまり地域社会へのはたらきかけが必要となるが，一人のワーカーが個々人の相談にのりながら同時に地域社会へもはたらきかけることがどの程度可能なのかということを検討しなければならない。

　地域社会にはたらきかける場合，各種の専門職のみならず民生委員や自治会，あるいはボランティアなどと，"それなりの合意"を形成し，具体的な活動に結びつけていかければならない。しかし，合意を形成し活動につなげていくためには時間がかるし，その間，新規の相談も入ってくるので，どの課題から取り組むのかという優先順位を決めることも重要な課題となる。そして，個別支援（「くらしをまもる」機能）→地域生活支援→地域支援（「つながりをつくる」機能）という直線的・単線的な展開図式からは，漏れてくるケースも多く存在することになる。したがって，単にCSWや地域福祉のコーディネーターを配置すればよいということではなくて，地域福祉推進における支援の機能（図の象限Ⅰ～Ⅲ）を地域のなかでどのようにシステム化するのかとうことが問われてくる。

　そして個別支援から地域支援へという展開図式（ベクトル）に基づく支援の

方法論とは別に,地域のなかに住民間の豊かな"つながり"をつくっていくための地域支援（「つながりをつくる」機能）を強化するための方法論を確立していくことも重要であり,地域支援を活発に展開することで個別支援（「くらしをまもる」機能）を充実させていくという逆向きのベクトルも重要となる（松端 2013c）。

（2）「つながりをつくる」機能の着眼点と方法

「無縁社会」を例に考えてみよう。こうした問題の設定の仕方自体が特殊で日本的ではあるが,社会が「無縁」化し,無縁仏を葬るお寺に宅急便で遺骨が送られるような出来事（NHK「無縁社会プロジェクト」取材班 2010）は悲しいことなのかもしれない。しかし,私に直接関係していなければ,そのことは"この私"にとっては必ずしも問題ではない。しかし,"この私"が"この私"として承認されない社会は,私にとっては生きづらい社会である。私が私であるためには,何らかのコミュニティ（家庭,学校,職場,友人のグループ,地域,ボランティアグループ＝血縁,社縁,地縁,志縁・選択縁……）への所属（帰属）とそこでの承認が不可欠である。

実は「無縁社会」とは,"この私"が"この私"として認められず,尊厳をもった一人の人間として扱われない社会のことでもある。"この私"を"この私"にしてくれる他者との関係が形成されないとすれば,それはとても不幸なことである。だとすれば,"この私"を"この私"にしてくれる他者との関係の形成,すなわち他者との「縁」のある社会にしていくことは,他人事ではなく"この私"にとっても重要な課題となる。

地域福祉は,地域を拠り所として「共（＝"私たち"）」を再構築していく取り組みでもあるのだが,人と人をつなぎとめる1つのフック（留め金）としては,「"この私"が"この私"である」,あるいは「"この私"でありたい」というところに見出すことができる。"この私"が"この私"であるためには,"この私"を"この私"にしてくれる他者との関係の形成,すなわちコミュニティへの所属と承認が必要となる。このようにそこに"所属"し,そこから"承

認"を得ることができ，"私"であることが肯定されるようなコミュニティをつくることが，「つながりをつくる」ということである。そのための方法（地域支援の方法）は，どのように「空間・場所づくり」「活動づくり」「仕組みづくり」などを進めていくのかといったことを考えるだけでも実に多様であることがわかる。たとえば「居場所」づくりという観点から捉えてみても，その対象や場所，頻度，活動内容などについては，さまざまな取り組みが考えられる（安部 2011）。

現代社会は，人々の生活行動圏域が拡大し，「マクドナルド化」した「ファミレス・コンビニ的」な都市的生活様式が都市-地方を問わず深化し，単身世帯が核家族を抜き最も多くの割合を占めるなど家族の形態も大きく変化するなかで，地域の必要性がますます実感されにくい状況にある。このように"地域"を単純にはあてにできないだけに，これまで以上に"地域"へのアプローチ（「つながりをつくる」方法）にも工夫が必要となる。

たとえば家族についていえば，核家族における父母と子ども，さらには拡大家族における祖父母の存在など，「家」は地域生活においては重要である。たとえば父が自治会の役割を担い，母が婦人会，子どもは子ども会，祖父母は老人クラブというように，「家」は地域活動にコミットする際の基礎的な単位となっているのである。それだけに単身化していく社会では，地域とかかわる機会そのものが喪失していくことになる。こうした事態は，とりわけ男性の単身者においてより深刻なものとなっている（石田 2011）。しかし，一般論としてこうした家族のあり方や家族制度を議論することはできても，また婚活支援や出生率を高めるような取り組みを実施している自治体はあるものの，家族は極めてプライベートな関係により形成される空間であるため，虐待などの問題でもない限り家族関係そのものに第三者は介入しにくい。また，職場についてもマクロのレベルでの雇用や労働に関する政策を通じてのアプローチは可能であるが，個々の職場のあり方に関して第三者が介入することは基本的には困難である。

ところが地域の場合，実は私たちは常にどこかの地域の住民であり，地域と

いう「共」の空間，もしくは「公共」の空間に対しては，そこで暮らしたり，働いたり，学んだりしている住民として，さまざまな立場から現にかかわっており，より積極的な意味での関与も可能であり，そうした点で地域は「開かれた空間」なのである。

　こうしたことをふまえると"地域"のもつ基本的な重要性は，地域が居住地を中心に拡がる社会-空間である点に求めることができる。たとえ住民は共同を意識していなくても，また住民相互の紐帯をもたなくても，重層的な空間構成をもつ地域における一定の問題処理システムを共同利用している。つまり，居住するということを契機として，地域社会における資源利用を媒介として，一定の行動範囲のなかで，他者との一定の関係を日常的に形成することである種の共同性（「共棲的共同性」「隠れた共同性」「見えない共同性」）が成立しているのである（森岡 2008）。

　地域が有するこうした「共同性」に注目すれば，"地域"にリアリティをもたらす道が拓けてくる。たとえば，地域の住民が利用しているスーパーマーケットにおいて，個々の消費者である住民同士には面識がなくても，ボランティアを募って親が買い物中に子どもを預かるような活動を店内の一画ではじめれば，子ども同士の関係の形成のみならず，子どもを介しての親同士の関係づくりにもなり，"地域"の"住民"としての関係づくりの契機ともなる。それは地域のなかにある「潜在的な共同性」を「自覚的な共同性」，さらには「目的的な共同性」にしていくことで（田中 2010），地域のなかに「『共』を再構築」することでもある。

　また，スーパーを利用していた消費者が，障害などの理由で自力での買い物が困難になった場合に，個々には交流のなかったそうした「消費者」を集合化して，一定の"地域"で商品を共同で購入する"住民"として捉え，サロンなどの場に商品が届くようにし，ボランティアが手分けして商品を持ってその人の家まで一緒に届けるような活動に取り組めば，それはいわゆる「買い物難民」への"地域"における支援活動となる。

　このように住民が特別な共同意識や地域の絆を意識していなくても，"そこ

(=地域)"に暮らし居住している"住民"として，"地域"を拠り所として形成されている「共棲的共同性」を契機として，住民の参画と協働を演出することで"共(=私たち)"を再構築し，地域の共同性をより豊かなものにしていく実践が可能なのである。

地域福祉におけるソーシャルワーク実践では，個別支援（「くらしをまもる」機能）から地域支援（「つながりをつくる」機能）への展開を志向する実践のみならず，地域支援（「つながりをつくる」機能）から個別支援（「くらしをまもる」機能）への展開を志向する実践とを循環的に展開させていくことが重要となる。それだけに「つながりをつくる」機能そのものを強化する実践にも力を注いでいく必要がある。

おそらく前述してきたような捉え方そのものが，日本における「地域福祉」の特徴を端的に示しているといえる。なぜなら，それは海外では，およそ志向されることのないであろう日本的なソーシャルワークの実践の方向を示しているためである。

参考文献
安部真大（2011）『居場所の社会学――生きづらさを超えて』日本経済新聞出版社。
石田光規（2011）『孤立の社会学――無縁社会の処方箋』勁草書房。
岩間伸之・原田正樹（2012）『地域福祉をつかむ』有斐閣。
上野千鶴子（2011）『ケアの社会学――当事者主権の福祉社会へ』太田出版。
右田紀久惠編（1993）『自治型地域福祉の展開』法律文化社。
右田紀久惠（2005）『自治型地域福祉の理論』ミネルヴァ書房。
NHK「無縁社会プロジェクト」取材班編（2010）『無縁社会――"無縁死"三万二千人の衝撃』文藝春秋。
田中重好（2010）『地域から生まれる公共性――公共性と共同性の交点』ミネルヴァ書房。
松端克文（2012a）「地域福祉推進における2つの機能と専門性」上野谷加代子・松端克文・山縣文治編『よくわかる地域福祉 第5版』ミネルヴァ書房。
松端克文（2012b）「住民主体と地域組織化――『地域』をめぐる」主体化と資源化のパラドックス」山縣文治・松原一郎・大塚保信編『社会福祉における生活者主体論』（岡村理論の継承と発展第3巻）ミネルヴァ書房。

松端克文（2013a）「巻頭言——地域福祉実践研究をめぐって」『地域福祉実践研究』Vol.4，日本地域福祉学会。

松端克文（2013b）「地域福祉を「計画」的に考え・推進するということ——社会福祉協議会における地域福祉推進の戦略　連載9回（補論1）"地域生活支援（コミュニティソーシャルワーク）"と計画づくり」『NORMA』No.267，全国社会福祉協議会。

松端克文（2013c）「地域住民の参画と協働による予防的アプローチの検討」『ソーシャルワーク研究』39(2)，相川書房。

森岡清志編（2008）『地域の社会学』有斐閣。

　　　　　　　　　　　　　　　　　　　　　　　　　　　　（松端克文）

第Ⅱ部　ビネットを用いた新しい研究・研修手法

第4章　小地域における福祉ガバナンスを比較する
　　　　——ビネット調査とは何か

　社会福祉の研究分野における国際比較は，制度システム，社会保障支出やサービス供給量の規模による比較が多く，それは日本において新たな福祉制度を構築する上で，また従来のシステムを点検し，改善する上で大きな役割を果たしてきた。しかしその一方，それぞれの国において，福祉サービスを利用しながら地域に暮らす人々の生活がみえるものではなく，福祉システムがそれを必要とする人々の生活をどう支え，どう機能しているのかを言及する比較研究は少なかった。

　2000年代に入り，イギリスでの研究を発端にビネット（vignette）を用いたソーシャルワークの国際比較研究が注目されるようになった。ビネット調査はそれぞれの国で，福祉サービスを利用して暮らす人々の生活のリアリティを描き出そうとする試みである。ここでいうビネットは文字，音声，映像等で描写された事例を指す。

　ソーシャルワークが社会サービスを必要とする人々を社会資源とつなぐ役割を果たすとすれば，それぞれの国の，それぞれの課題解決のためのソーシャルワークについて，その機能と役割を分析することで，小地域における福祉ガバナンスの構造を可視化できるのではないだろうか。このような仮説のもとで，本研究ではソーシャルワークの比較研究で用いられるようになった「ビネット調査」という手法を用いて，福祉ガバナンスを調査するという新たな試みを行った。本章では第1節でまずソーシャルワークの国際比較の方法を整理し，第2節でビネット調査を用いた研究事例を紹介しながら，ビネット調査とは何かをまとめる。第3節では福祉ガバナンスの比較調査におけるビネット調査の有効性を検討する。

第4章　小地域における福祉ガバナンスを比較する

1　ソーシャルワークの国際比較研究の展開

　それぞれの国で社会福祉制度が異なるように，またそこに住む人々の生活文化が異なるように，そこで営まれるソーシャルワークは異なる機能や性質を持つと考えられる。それではソーシャルワークのどこがどのように類似し，また異なっているのか。経済発展，財政事情，政治，文化や伝統の違いは，各国のソーシャルワークの機能にどのように影響しているか。先進諸国と開発途上国のソーシャルワークを比較することは可能か。比較研究において，どのような手法が考えられるか。その比較の枠組みと分析の指標を検討したい。なお，筆者はソーシャルワークに大きな関心を寄せる研究者の一人であるが，ソーシャルワーク研究の専門家ではない。そこでMeeuwisse et al.（2009）の記述をもとにソーシャルワークの国際比較の可能性を論じることとする。

（1）ソーシャルワークの特徴を比較する

　ソーシャルワークを国際比較する上でまず課題となるのが，それぞれの国で何をソーシャルワークと呼ぶか，また誰をソーシャルワーカーとするかであり，これらは国によって大きく異なっている。開発途上国では，多くのソーシャルワーカーは経済発展，社会発展を目指すプロジェクトで働いており，そこでは「アドボカシー型」「社会開発型」が強い特徴となる。ソーシャルワークという語の代わりに，「地域開発」「エンパワメント」という語が使われることも多い。開発途上国では，ソーシャルワーカーは社会的権利，経済的権利，平和活動，人種差別に対する活動などの分野でも活躍し，ソーシャルワークと考えられる仕事の幅が広い（Meeuwisse et al. 2009：206）。

　また，ソーシャルワークとソーシャルワーカーの意味は国によっても少し異なる。フランスでは，8〜9の異なる職種が「社会的仕事」（travail social）として扱われ，これらの職種は教育課程も雇用形態も異なっている。また，これらの異なる職種を一括してソーシャルワーカーとしている国もあれば，ソー

シャルワーカーと社会教育員（social pedagogy）が分かれていることもある．社会教育員は青少年の支援を行う職種で，ソーシャルワークにみられる心理学的，ケースワークとしての伝統というよりは，教育学的な色彩の強い支援を行う（ibid.：206）。

スウェーデンでは，ソシオノーム（socionom）という語が，国のソシオノーム養成教育（大学レベル）を受けた人々に使われている（巻末資料2参照）。養成教育を受けたソシオノームは3年間の実務経験により，ソーシャルワーカー最大の労働組合であり，職能団体である社会科学系大卒者連合（Akademikerförbundet, SSR）から認証を受ける。この仕組みはアメリカの全米ソーシャルワーカー協会（National Association of Social Workers, NASW）がモデルになっており，アメリカの全米ソーシャルワーカー協会はソーシャルワーカー資格とクリニカルソーシャルワーカー資格を与えている。スウェーデンにはソシオノーム以外にも，保護管理者（kurator），相談員，社会教育員などの職種もあり，ソーシャルワーカーという語はソーシャルワークの分野で働く人を幅広く総称して使用されている（ibid：206）。

表4-1はソーシャルワークの専門性からみた国際比較の視点をまとめている。まず定義であるが，ソーシャルワーカーが独立した専門職として明確に定義されている国から，いろいろな職業グループをまとめてソーシャルワーカーと呼んでいる国もある。そのためソーシャルワーカー数の比較には注意を要する。ソーシャルワークの歴史も，長い国と短い国がある。ソーシャルワークの中心的な仕事も個人のかかえる課題への対応から，集合的で小地域全体の課題への対応までさまざまである。ソーシャルワークの中心的な仕事をみても，心理学的な伝統を受け継ぎ，ケースワークの色彩が強い国から，社会改革的な働きをするソーシャルワークまで幅がある。雇用形態では，ソーシャルワーカーのほとんどが公的雇用である国（代表的なのは北欧諸国）から，民間の非営利団体や営利団体に雇用される国，プロジェクトで雇用される国もある。仕事の方向性も行政的な業務から，そうでない事業まであり，ソーシャルワーカーに大きな権限を与えている国からそうでない国もある。ソーシャルワーカーの教育

表4-1　ソーシャルワークの専門性からみた国際比較の視点

ソーシャルワーク／ソーシャルワーカーの定義	独立した職業グループにより明確に定義 ←	→ 定義が不明確で，複数の職業グループがソーシャルワーカーと数えられている。
ソーシャルワークの歴史	長い歴史 ←	→ 短い歴史
中心となる仕事	個人の抱える課題への対応 ←	→ 集合的で小地域の課題への対応
理論や方法論の伝統	心理学的伝統，ケースワークの伝統が強い ←	→ 実社会の中での仕事，社会的移動，教育学的伝統，社会改革的な色彩が強い
雇用形態	公的な雇用 ←	→ ボランタリーな団体，教会，市民活動団体による雇用
仕事の方向性	行政指向 ←	→ 行政指向でない
権力と権限	大きな権限を持ち，対象者の欲求に介入し，また行政に強いコンタクトを持つ ←	→ 権限は小さく，場合による
教育	アカデミックな教育方針理論的な知識 ←	→ アカデミックな教育というよりは実地訓練
教育を受けたソーシャルワーカーの比率	高い ←	→ 低い
ソーシャルワークに関する研究	存在する ←	→ 存在しない
全国組織，専門レベル	強力な組織が専門性を有する課題を扱う ←	→ 組織が弱く，特色もない

出所：Meeuwisse et al.（2009：198）．

ではアカデミックな領域が重要視される国もあればより実地訓練が重視される国もあり，教育水準も国により異なる。ソーシャルワーカーの全国組織がある国から，そのような組織が全く存在しない国もある。国際比較では，その国のソーシャルワーカーの社会的位置づけに注意を払う必要がある。

（2）ソーシャルワークの伝統的分類──役割と機能の比較

　Meeuwisse et al.（2009）はソーシャルワークの国際比較の代表的な研究としてHokenstad et al.（1996）をあげている。この研究はチリ，イギリス，ハンガリー，インド，日本，香港，シンガポール，韓国，台湾，南アフリカ，スウェーデン，ウガンダ，アメリカを調査対象としており，ソーシャルワークの役割と機能に関する概略を示している。各国の研究者がそれぞれの国の担当し

表 4-2　ソーシャルワークの伝統的分類例

①	治療的，対処的指向の伝統を受け継ぐもの（ケースワーク）	クライエントとワーカーの関係重視，治療，相談や助言の性格が強い。
②	教育的な伝統を受け継ぐもの	社会教育，自立のための支援を教育者が行う。開発途上国に多い。
③	社会福祉事務的な伝統を受け継ぐもの	救貧事業に始まる。自治体雇用が中心，行政の権力行使の側面が強い。
④	相互扶助の伝統を受け継ぐもの	宗教，教会区が基盤で，自立困難な人の世話が中心。
⑤	アドボカシーの伝統を受け継ぐもの	市民の利益を行政に伝える，利用者団体と連携。
⑥	社会開発事業を受け継ぐもの（コミュニティワーク，社会開発）	主に開発途上国において，経済開発や社会開発を行うプロジェクトを担う。

出所：Meeuwisse et al.（2009）に基づき作成。

ている。調査対象国で共通にみられる特徴は，ソーシャルワークはその国の貧困層を対象にしている点であり，相違点は工業化の度合い，人口動態，歴史や伝統がソーシャルワークの組織に影響を与えており，それぞれの国の特徴を形成しているというものであった。そして調査結果に基づき，Meeuwisseはソーシャルワークを 6 つのパターン，①治療的，対処的指向の伝統を受け継ぐもの（ケースワーク），②教育的な伝統を受け継ぐもの，③社会福祉事務的な伝統を受け継ぐもの，④相互扶助の伝統を受け継ぐもの，⑤アドボカシーの伝統を受け継ぐもの，⑥社会開発事業を受け継ぐもの（コミュニティワーク，社会開発）に分類している（表 4-2）（ibid.: 196）。

　Meeuwisse et al.（2009）は各国の特徴を次のように分析する。アメリカは①「対処型」の特徴が強く，ケースワークの伝統を持つ。北欧諸国も①「対処型」の特徴を持つが，③「社会福祉事務型」の特徴も併せ持ち，ソーシャルワーク教育ではアメリカと似た側面と異なる側面を持つ。北欧諸国ではソーシャルワーク教育では，社会政策，社会学，心理学，教育学，権利に関する教育，国と自治体に関する教育が含まれていることが多く，ソーシャルワークは一つの独立した科目として位置づけられていないことが多い（ibid.: 196）。

　またMeeuwisse et al.（2009）はMayadas et al.（1997）を取り上げるが，この研究は異なる国々の政治，社会，文化的条件を地理的に分類し，ソーシャル

ワークの特徴を分析しているとする。この研究では6つの地理的分類（北米，南米，ヨーロッパ，アジア，中東，アフリカ，オセアニア〔含オーストラリア〕）し，それぞれの国の研究者が自分の国の状況を論じている。先進国も，開発途上国も，ソーシャルワークは専門職の活動として位置づけられており，基本的な仕事は社会的課題を解決するという点で共通しているという。課題の多くも世界で共通するものもあり，例えば貧困，薬物乱用，病児のケア，青少年の非行，家族支援，高齢者支援である。しかしながら，ソーシャルワークの組織，ソーシャルワーカーの雇用条件や権限は国によって大きく異なっている（ibid.：197）。

（3）ソーシャルワークの福祉国家モデルによる分類──モデル指向の比較

福祉国家モデルによって，政府の責任は大きく異なるため，ソーシャルワークの役割と機能も異なる。Meeuwisse et al.（2009）はアメリカのソーシャルワーカー養成の教材の一つであるMorales & Sheafor（2004）を紹介し，G. エスピン-アンデルセンの福祉国家レジーム分類を用いて，ソーシャルワークの責任を担っているのは誰か，ソーシャルワーカーの雇用主は誰か，子どもの貧困防止に対して各システムはどのように効果をあげているか，の3点によるソーシャルワークを示している。この分類を前提に分析では，子どもの貧困防止に対して，社会民主主義型福祉国家モデル（ノルウェー，スウェーデン，オランダ）が最も効果を上げており，自由主義型福祉国家モデル（アメリカ，カナダ，イギリス，オーストラリア，インド，日本）は効果を上げていないとされる。

Meeuwisse et al.（2009）は，各国のソーシャルワークを福祉国家モデルに当てはめて説明しており，その内容は表4-3のとおりである。

スカンジナビアモデルは，普遍的な社会政策が労働市場の外にいる市民に対しても比較的に高い生活水準を保障している。住んでいる人すべてに対して保障される市民権と社会権が強調される。所得移転システム，完全雇用は，政府による家族支援政策や障害者政策と同様に，このモデルの特徴としてよく知られている。公的責任，普遍主義，社会連帯の理念が強く，ソーシャルワークに

表4-3 ソーシャルワークから見た福祉国家モデル

福祉国家モデル	特徴	代表国
スカンジナビアモデル 制度モデル 社会民主主義レジーム	ソーシャルワーカーの多くが公務員。公的責任の行使。ソーシャルワークは行政により組織化。	北欧諸国 (スウェーデン, デンマーク, ノルウェー, フィンランド, アイスランド)
コーポラティズムモデル 保守主義レジーム	ボランタリーベースの社会福祉事務所が競合。 公務員のソーシャルワーカーは管理的な仕事。	大陸ヨーロッパ (例:ドイツ, オーストリア, スイス, フランス)
残余モデル 自由主義レジーム	大きなボランタリーセクターとソーシャルワーカー。 公務員のソーシャルワーカーは管理的な仕事と生活困窮者の援助。	イギリス, アイルランド
カトリック, 南ヨーロッパ, **ラテン系モデル**	ソーシャルワークの組織化が脆弱。インフォーマルケアとフォーマルケアの境界があいまい。ソーシャルワーカー教育は遅れていることが多い。	ポルトガル, ギリシャ

出所:Meeuwisse et al.(2009:216).

おいて,市場や家族の意味を相対的に小さく捉える傾向にあった。市場,家族,ボランタリーな組織の代わりに,コミューンと呼ばれる基礎自治体がサービス供給の中心的な役割を果たし,広範なソーシャルワークの指揮をとってきた。特にコミューン直営の社会サービスは国際的に見ても,特徴的である(ibid.:216-217)。

このスカンジナビアモデルでは,他の国々に比べて,多くのソーシャルワーカーや専門職の社会的地位が比較的高く,大きな権限を持っている。ソーシャルワーカーは他国と同様で,戦後に増加し,高等教育を受けたソーシャルワーカーのほとんどは基礎自治体に雇用されている。アメリカのソーシャルワークとの違いは,スカンジナビアモデルでは,課題発見から法的措置へというように,行政システムの中でソーシャルワークが展開されている点である。ソーシャルワーカーは「支援者」であるが,「管理者」でもあるという二面性を持つ(ibid.:217)。

ソーシャルワーカーが行政職として教育される背景には,ソーシャルワー

カーが自治体が運営する福祉事業の執行者と位置づけられ，ソーシャルワークは福祉国家に依拠するという考え方がある。北欧諸国のソーシャルワーカーは，オランダやイギリスに比べて，地域活動や社会運動の側面では強い特徴を持たない。スカンジナビア諸国のソーシャルワークは，社会問題を顕在化させる役割というよりは，予防のための介入を行うという特徴が強く，この予防的な介入は特に児童保護の分野で顕著である（終章第2節参照）。あまりにも介入が強すぎて，抑圧的になってしまう側面もあり，この傾向は児童保護や成人の薬物乱用者の保護において反省されている。北欧には強制収容の歴史もあるが，公的な社会サービスと公的に雇用されたソーシャルワーカーに対する信頼度は相対的に高く，強制力の行きすぎに対する当事者の権利や倫理面での課題に悩んでこなかった点が指摘されることもある（ibid.：217）。

　コーポラティズムモデルは職種に強く結びついたモデルで，コーポラティズム型の社会組織のもとに形成される。たとえばドイツでは6つの大きな福祉社団がソーシャルワークを組織化している。これらの団体にはカリタス，ディアコニーという教会に関係が深い組織もあるが，伝統的に福祉サービスを提供してきた。ソーシャルワークにも公と民の間に明確な境界線があり，公的事業の規模は小さく，非営利による協同組織によって運営される無償の社会事業も存在する。コーポラティズムモデルは補完主義のもとに成り立ち，社会的な課題はできるだけ政府や市場の力を借りずに解決されるべきという考え方が当該国のソーシャルワークの背景にあると考えられる。公的に雇用されたソーシャルワーカーは社会的に管理を必要とする事業，たとえば，生活保護などを主な仕事とする（ibid.：216-217）。

　残余モデルでは，政府は原則として，民間の力では解決できない問題のみを扱う。公的に雇用されたソーシャルワーカーの仕事は貧困家庭の支援に集中し，予防的な介入や一般の人を対象とした仕事を行うことはない。そのためソーシャルワーカーによる支援は対象者にスティグマを与えてしまうこともある。公的に雇用されるソーシャルワーカーの数は少なく，管理的な仕事，緊急対応の仕事が中心となる。残余モデルに該当する国々では行政のソーシャルワー

カー以外の職種,またはボランタリー組織が雇用するソーシャルワーカーが予防的介入を行っているが,これらの国々では,営利企業や大きなボランタリー組織が運営する民間の福祉プログラムが存在する。ソーシャルワーカーの多くは民間の医療会社,教会,労働組合,ボランティア団体等に雇用されている。ソーシャルワークは個別ソーシャルワークから構造改革を目指すソーシャルワークまで幅広く存在する。また管理を直接行うソーシャルワーカーと援助事業を実践するソーシャルワーカーに二分化されていることが多い(ibid.:218)。

　ラテン系モデルは,ポルトガル,スペイン,ギリシャなどにみられるが,ソーシャルワークの組織化が弱く,インフォーマルとフォーマルな援助の境界線が明確でない。援助を必要とする人はまずは家族,教会,慈善組織の援助を頼ることになる。法律に基づくソーシャルワークは調整がうまくいっていないことが多く,その仕事は主に児童保護と生活保護に限定されている(ibid.:219)。

2　ビネット調査と国際比較

(1) 生活のリアリティを比較するための手法——ビネット調査とは

　第1節で整理してきた国際比較の枠組みは,ソーシャルワーカーの専門性からの分類(たとえば,教育,仕事の方法,権限等)やソーシャルワークが異なる社会システムの中でどのように組織化されているかに焦点がおかれてきた。福祉国家モデルを用いた分類は各国の一定の特徴を整理する上で役立つが,家族や地域社会とのかかわりの視点が希薄になる(ibid.:222)。

　その研究上の弱点を克服すべく,実際の社会サービス利用者がどのように処遇され,支援されているのかを比較するという試みが行われるようになった。これが「ビネット調査」の始まりである。ビネット調査では社会的支援を必要とする人々がどのような処遇を受けているのか,課題を解決する上で何が優先されるのか,決定をするのは誰か,事業を行い,フォローアップをするのは誰かなどの視点から,比較対象国または地域で展開されているソーシャルワーク

第4章　小地域における福祉ガバナンスを比較する

の共通点と相違点を見出すことができる。

　ビネット調査について，主にHughes（1998, 2008）を引用して，もう少し具体的に整理する。ビネットは調査参加者の回答を引き出すために用いる"描写"である。ビネットはアメリカの心理学研究で多く用いられてきたが，量的調査が主流で，近年になって質的調査に用いられるようになった。ビネットは量的調査にも，質的調査にも用いられるが，特に質的調査では（調査対象者の）認識，態度，行動を把握しようとするときに有効である（Hughes 2008：918）。

　ビネットには文字，音声，映像で表現されたものがあり，その形態は問われない。文字ビネットには文学的な作品から新聞まで，音声ビネットには語り，音楽，歌，音など，画像ビネットには写真，絵などがある。また映像ビネットとして，パフォーマンスや寸劇などが使用されることもある。ビネットの形態は，調査目的，設問，調査対象や調査参加者の性質を考えて選択される。質的調査においてビネットはインタビューやグループ討議の中で用いられる（ibid.：918）。

　ビネットの内容は固定した場合と動体の場合がある。固定したビネットは，短編のシナリオのような描写が代表される。固定したビネットは広範囲にわたるトピックをわかりやすくまとめて使用するため，インタビュー対象者にもわかりやすい。一方，固定したビネットの使用への批判は，特に連続使用において，インタビュー対象者が関心を失い，回答に飽きてしまうことへの懸念である。また固定したビネットを連続して使用する場合は，一つのビネットに対する回答が他のビネットの影響を受けてしまうリスクも生じる（ibid.：918）。

　動体のビネットの典型は，語りや映像からの引用である。動体のビネットはインタビュー対象者の関心を引きつける上で有効であり，それぞれのシナリオに対して，前後の文脈を知らせる手間を省くことができ，時間を節約できる。動体のビネットでも時間が長すぎて協力者の関心が失われてしまうと，いい加減な回答を受けるリスクがある。また過剰に配慮した回答にもなりうるので，調査者は調査対象者に対して，ビネットに対する回答には正解が存在しないことを強調する必要がある（ibid.：918）。

第Ⅱ部　ビネットを用いた新しい研究・研修手法

　ビネットの形式は簡単な形式（文字によるビネット）より，複雑なメディア（ビデオ映像によるビネット）の方が効果的という意見がある。ビネットに描かれる内容は根本的には取捨選択されたものであり，インタビュー対象者が回答するにあたって望むすべての必要情報を含めることはできない。ビネットの内容は取捨選択されているからこそ，インタビュー対象者にトピックの焦点を提供し，その研究の概念や理念を明らかにして伝えることができる。ビネットは事象を単純化しているので，日々の生活に生じている複雑さやコンフリクトを顕在化させるため，インタビュー対象にわかりやすく情報提供ができる (ibid.：918-919)。

　ビネットの内容は，先行研究による見地を基礎にしており，専門家と調査対象となる協力者の共同作業でつくられることも多い。ビネット調査では，調査対象者がその調査項目について深い知識を持ち合わせることを要求しない。また個人がどのように行動しうるかを把握するために，あえて実際の生活とかけ離れた，非現実的なビネットが用いられることもある (ibid.：919)。

　ビネット調査では，インタビュー対象者がとりうる回答パターンはさまざまであることが想定される。個人の見解として答えるインタビュー対象者が多いと想定されるが，インタビュー対象者は客観性に配慮して回答する可能性もある。調査設計では，調査者が求める回答はどちらのタイプかを明らかにし，求めるタイプの回答が得られるように対応を検討する必要がある。

　インタビュー対象者に当事者としてではなく，第三者としての意見を期待する場合は，ビネットを用いた調査は事例とインタビュー対象者の間に距離感を持たせることができる。そのため，ビネット調査はデリケートなトピックや回答しにくいトピックを扱う際に効果的である。このようなケースでは，インタビュー対象者が示されたビネットに対してどのように反応するかを明らかにしようとする (ibid.：919)。

　ビネットを用いた調査に対する一般的な批判の一つに，「ビネットによる架空の世界」と「現実の世界」の間に差が生じるという指摘である。ビネットは現実社会を簡略化しすぎてしまうため，非現実的な回答を創ってしまう可能性

もある。ビネットのシナリオは，あくまでも日常生活の一部を切り取ったものであり，人々が日常生活で対応している諸課題の詳細は無視せざるを得ないからである。またビネットを用いた調査では，その回答の要因となった前提や条件を判断しにくいとして批判されることもある（ibid.：920）。

　研究者にとって重要なのは，ビネットで得られたデータからどのように全体像を描き出すかを考えることである。ビネット調査で得られたデータは，他の研究で得られたデータや幅広い文献と適合した時に有効となる。つまりビネット調査だけでは不十分なものであり，ビネット調査は全体を把握するための調査の一部であるという認識が重要といえる。

（2）ビネット調査による国際比較の例
1）児童保護の調査例

　Meeuwisse et al.（2009）が例示するビネット調査に，ソーシャルワーカーを対象に行った児童保護に関する5カ国（スウェーデン，デンマーク，ドイツ，イギリス，アメリカ〔テキサス〕）の比較調査がある。第1段階のストーリーは登場人物の紹介である。「ある地域看護師が彼女は担当する患者から，その地域に住む4歳の男の子の話を聞きました。男の子の両親は日常的な育児をせずに，男の子を遅くまで外に出しています。また買い物や外出する時にはいつもこの男の子を一人ぼっちで留守番させています。この男の子の両親はおそらく20歳くらいの若いカップルということでした」（Meeuwisse et al. 2009：222）。

　第2段階のストーリーは隣人からの通常の内容である。「1カ月が過ぎ，この家族に関してあなたの職場に電話がかかってきます。その家族の隣人があなたの上司に電話をし，男の子がアパートで泣いているのを頻繁に耳にする，と伝えました。その隣人は父親がこの男の子の強く叩いている光景をみた，といいます。この男の子が少し年上の男の子たちとサッカーをしていた時，窓を割ってしまい，父親はそれを見て，激しく怒りました。父親が男の子を必要以上に厳しく叱っているのをみたのは，初めてのことではないと，電話をしてきた隣人は語りました」（ibid.：222）。

第Ⅱ部　ビネットを用いた新しい研究・研修手法

　第3段階のストーリーでは，具体的な問題がでてくる。「6カ月が経ちました。研修医が児童健康診断で男の子の背中に青あざ，腕とほほに赤いやけどの跡をみつけました。両親はこの男の子は活発なのでよく転んでけがをする，と説明します。赤いやけどの跡は煙草の火をつけられた跡のようでした。医師はこの男の子が6カ月の間に体重が落ちていることも指摘しました。母親は，男の子がこの間，食欲がなく，しばしば感染症になったと説明します」（ibid.：222）。

　このビネット調査は，各国200人ずつのソーシャルワーカーの協力を得て，行われた。調査協力者のソーシャルワーカーの80％が女性で，年齢は30歳から50歳の間であった。国による共通点と相違点が明らかとなった。子どもをこの事態から救出したいとする点は共通であり，何らかの援助として児童保護サービスを利用していた（ibid.：222）。

　結果としては，第1段階で多くの相違点がみつけられた。デンマークのソーシャルワーカーは家族を中心に考える傾向にあり，家族のニーズと要望から出発点を見出そうとしている。イギリスでは，ソーシャルワーカーは他の行政機関と協力して，適切な方策を議論するためにその家族に関する情報を集めようとした。スウェーデンでは，ソーシャルワーカーは助言と情報提供を行う方向性を示し，家族に法律や規則を伝えて，社会的養護（里親あるいはファミリーホーム）の選択肢が存在することを示すとした。アメリカ（テキサス）ではこの問題を解決するために，情報を集めるために，インフォーマルなネットワーク（親族，友人，隣人）に関与を求める傾向がみられた。ドイツのソーシャルワーカーはこの問題を解決するために，段階をふまえた支援策，たとえば，個別の助言，社会教育的な家族の支援，家族に対する具体的な援助策を提案した（ibid.：222）。

　第3段階では，この男の子が両親から分離されるかどうかについて，異なる状況がみられた。アメリカ（テキサス）のソーシャルワーカーは最も親子分離を選択する傾向があり，この男の子の保護者に親戚を選ぶ傾向があった（ibid.：222-223）。

この調査では国ごとにさまざまな違いがみられ，ソーシャルワーカーの判断において明らかな一致はみられないという結果となった。重要な結果の一つとして言えることは，ソーシャルワーカーには自分の決定に自由裁量の余地があると考えている人が比較的多く，その点でも適切な社会資源を見出せる専門知識と実務経験が重要な役割を持っているということが明らかとなった（ibid.：223）。

2）高齢者介護の調査例

Blackman（2000）はビネットを用いてヨーロッパ6カ国における高齢者介護の比較調査を行っている。家族役割が強い国としてアイルランド，イタリア，ギリシャ，自立生活支援が行われている国としてデンマーク，ノルウェー，イギリスを調査対象国として選んでいる（Blackman 2000：182）。ビネットの一例を取り上げると，「Aさん（75歳女性）は重度の関節炎の症状を持つ。夫が急に亡くなった後，心臓発作で入院した。退院後は低所得者対象の住宅で息子と一緒に暮らしている。息子は仕事で遠方に出かけることが多いが，Aさんの妹が近所に住んでいてAさんの家事を手伝っている」（ibid.：184）。

このような事例に対し，デンマークでは「訪問看護師によるサービス判定を受けた後，2週間に1回のホームヘルプ，週1回の入浴介助を無料で受けることが可能。歩行器と緊急アラームは無償貸与を受け，必要に応じて毎週，訪問看護を受けることも可能。息子は経済援助を期待するだろう」という結果であった（ibid.：185）。

ノルウェーでは「訪問介護師によるサービス判定を受けた後，2週間に1回程度のホームヘルプを若干の自己負担で利用できる。状態が悪い時は入浴介助も受けられる。少額の負担で緊急アラームも利用できる。夫が亡くなった後で精神的に落ち込んでいる場合等はカウンセリングを無料で受けることができる。息子と妹の支援が継続できるようにする」という結果であった（ibid.：185）。

イギリスでは「医療ソーシャルワーカーがサービス判定を行い，インフォーマル対応とするか，公的対応とするかを判断する。インフォーマル対応の場合は，緊急アラームと電話が提供される。公的対応の場合は，週に2時間のホー

ムヘルプと週1回のデイサービスが利用できる。作業療法士が補助器具の使い方を検討する。またボランティア団体のカウンセリングなども紹介される」という結果であった（ibid.：184）。

ギリシャでは「重要なのは妹と近隣者である。家族はAさんのために，家事使用人（移民労働者）を雇うことになるだろう。Aさんが67歳以上で障害者であれば，経済的支援を受けることができる。アテネ在住者であれば，ギリシャ赤十字のホームケアと緊急アラームが利用できるだろう」という結果であった（ibid.：184）。

Le Bihan et al.（2006）は，6つのヨーロッパ諸国（ドイツ，スペイン，イタリア，フランス，イギリス，スウェーデン）を取り上げ，要介護高齢者に提供される介護サービスの比較分析を行っている。インタビュー調査は，各国の担当の行政職員を対象に実施し，利用者の具体的な要介護状況を前提に，要介護認定により決定されるケアパッケージの内容と財政的サポート（現金給付）をたずねている。国内での差異を考慮して，対象地域を選び，また12個のビネットを使用している。ビネットの作成にあたっては，フランス国内の医師，看護師，ソーシャルワーカー等の専門職の協力を得て，実際に彼らがかかわったケースをもとに，フランス国内の諸制度を考慮して作成した。さらに調査対象国の各専門職の協力を得て，内容を検討し，完成させている（Le Bihan et al. 2006：27-28）。

同調査で使用されたビネットの一例を取り上げると，「Mさんは75歳でアパートに一人暮らし。彼にはアルツハイマー病の初期症状がみられ，抑うつ状態にあり，午後はずっとベッドの上で過ごし，何にも関心を示さなかった。彼は次第に記憶障害の症状もあらわれた。彼の住むアパートは不潔な状態で，家事が全く行われていないように見える」という，認知症初期の症状を持つ一人暮らし高齢者のケースで，よくみられるケースである（ibid.：29-30）。

この手法を用いることで，要介護状態にある高齢者に対し，提供される給付内容の具体的な違いが明らかになった。国レベルでの介護システムの編成が違うことも具体的に明らかにすることができた。

3）HIV患者の調査の例，ソーシャルワーカーの意識調査の例

　Hughes（1998）は，HIV患者を対象とした聞き取りにビネットを使用している。ビネットは実際に起きた個別事例ではなく，一般的な話題に対する議論の機会を提供することができる。その例として，苦痛を伴う事象，自死，暴力，性的なこと，薬物使用など，デリケートで論争が多いテーマ，プライバシーにかかわるテーマを取り扱う時に有効としている。

　小山（2006）はソーシャルワーク教育の内容およびソーシャルワーカーの意識に関する日本と韓国の比較研究の中でグループインタビューにビネットを使用している。調査対象は高齢者福祉施設で働くソーシャルワーカーで，5～7人のグループインタビューを行う際にビネットを用いている。同研究の目的は両国の高齢者施設で働くソーシャルワーカーが大学教育で何を学んでいるか，ソーシャルワーカー自身の価値観などを明らかにすることである。小山はグループインタビュー用に，高齢者施設で起こりうる事例に関する6つのビネットを作成している。一つを引用すると「老人ホームに入所している80歳のDさん（女性）は，糖尿病を患っているために，施設での援助方針により，カロリー制限された薄味の食事を食べています。しかし，Dさんは「この年になってまで，自分が食べたいものをがまんしたくない。私の楽しみを奪わないでほしい。もっと濃い味の物が食べたい」とソーシャルワーカーに訴えます。さてあなたがこのソーシャルワーカーだったら，どうしますか」という内容である。結果分析から，日韓のソーシャルワーカーともにクライエントの自己決定の尊重，受容などの基本的な原則が大切にされていることが明らかになった（小山 2006：22）。しかし健康や安全などにかかわるケースについては，韓国のソーシャルワーカーは利用者の意思よりは健康を守る，安全を守るといった，より優先すべき規範的な原則に従った援助行動を取ろうとする傾向がみられるのに対し，日本では本人の希望を中心になんとか「落とし所」を探そうとする傾向がみられる（小山 2006：22）と小山は分析している。

　以上5つの先行研究を概観すると，Blackman（2000）とLe Bihan et al.（2006）は高齢者介護をテーマにビネットを用いた調査を行い，福祉国家モデ

ルに依拠した分析を行い，より高齢者の日常生活のリアリティに接近する研究を行っている。Hughes (1998) はHIV感染者に関する調査で，よりデリケートな社会問題に対し，ビネットを使用して有効な調査を行っている。小山 (2006) は介護現場で働くソーシャルワーカーの意識について，ビネットを用いたグループインタビューで興味深い結果を導き出している。つまりビネット調査は一定の分野や目的に限定されるものではなく，調査目的，調査対象者の性格により，さまざまな利用可能性があるということができる。

3　小地域における福祉ガバナンス比較研究への展開

ここまでソーシャルワークの国際比較研究にビネット調査が用いられるようになり，その手法が有効であることを示してきた。第Ⅲ部で取り上げる筆者らの研究ではこの手法を用いて，小地域における福祉ガバナンスを調査しようと試みた。調査結果は第5章，第6章に譲るが，ソーシャルワークを通してみた福祉ガバナンスという点で，新たな研究手法の開発の第一歩を踏み出したものの課題は多い。本章でまとめてきたように，国によってソーシャルワークの内容が大きく異なっている。日本，韓国のように，フォーマル，インフォーマルな資源を活用して問題解決に取り組もうとするソーシャルワーク，イギリス，ノルウェーのように公的セクターに雇用されたソーシャルワーカーが法律に基づき，行政システムの中で必要な資源につなげていくソーシャルワーク，アメリカのように必要な資源を開発しながら問題解決を図ろうとするソーシャルワークというように，ソーシャルワークの質が大きく異なる。また今回は「地域福祉」「制度の狭間にある諸課題」というテーマで行ったために，より複合的な課題をビネットして用いた。児童保護分野では国によりバリエーションがみられ，高齢者介護の分野ではより制度化されている様子がみられた。

ソーシャルワークを比較するという点でビネット調査はMeeuwisse et al. (2009) が指摘する生活のリアリティを描き出すことが可能な調査であることは明らかとなった。その一方で「ガバナンスを比較する」場合には，その国の

制度,政治情勢,財政事情等のソーシャルワークが機能する基盤についての情報収集が必要となるため,膨大な作業が必要となる。その点では児童から高齢者,生活保護までを広範囲にカバーしようとした今回の調査はそこまでに至っていない。ガバナンスの比較分析には,調査分野の検討が必要である。

参考文献

小山隆(2006)ソーシャルワーカーの援助行為と意識に関する研究——日韓インタビューを通して『評論 社会科学』第82号,同志社大学社会学会。

Blackman, Tim. (2000) "Befining responsibility for care: approaches to the care of older people in six European countries", *International Journal of Social Welfare*, 2000: 9, pp.181-190.

Hokenstad, M. C and Midgley, J (eds.) (1993) *Issues in international social work*, NASW.

Hughes, Rhidian. (1998) "Considering the vignette technique and its application to a study of drug injecting and HIV risk and safer behavior", *Sociology of Health & Illness*, Vol.20 No3, pp.381-400.

Hughes, R, Vignettes, in L. Given (ed.) (2008) *The SAGE encyclopedia of qualitative research methods*, SAGE Publications.

Le Bihan, Blanche and Claude Martin. (2006) "A Comparison Case of Care System for Frail Elderly People: Germany, Spain, France, Italy, United Kingdom and Sweden", *Social Policy & Administration*, Vol.40, No1, pp.26-46.

Mayadas, N. S, Watts, T. D and Elliott, D (eds.) (1997) *International handbook on social theory and practice*, Greenwood Press.

Meeuwisse, Anna, Sunesson, Sune, and Hans Swärd. (2009) *Socialt Arbete. En grundbok*, Natur och Kurtur.

Morales, A. T and Sheafor, B. W (eds.) (2004) *Social work. A profession of many faces*, Pearson Education.

(斉藤弥生)

第5章　ソーシャルワーク研究開発方法としてのビネット調査

　本章の目的は，本調査研究実施のプロセスにおける気づきと学びから，ソーシャルワーク研究開発方法としてのビネット調査について，その可能性を論じることである。本調査研究においては，その調査研究方法の選択と実施そのものが探索的であり，研究調査方法をいわば開発しようとするものであった。共同研究者，研究協力者，海外のアドバイザーの方々との議論や対話は，本調査が今後克服すべき課題とともに，さまざまな可能性の気づきをもたらした。

1　文脈的リアリティへの接近方法としてのビネット調査

（1）文脈的リアリティをつかむ——ビネットの活用と分析枠組みの設定

　本研究プロジェクトで実施した小地域単位の福祉ガバナンス基礎調査から明らかになった3つの調査フィールド地域でみられた共通点：①小地域におけるニーズ把握機能の存在；②把握されたニーズやケースの情報を共有するための仕組みの存在；③専門職と非専門職の協働の仕組みの存在，を手掛かりとしながら，福祉ガバナンスにかかわる理念，主体，仕組み，財源，資源，参加と協働のありようなどとも照らし合わせながら，ビネットを用いて調査や検討をする際の「枠組み」の検討が行われた。その枠組みは，①発見（誰が最初にケースを発見したか・どのように発見したか），②キーパーソン（個別の支援において中心的な役割を果たしたのは誰であったか），③連携（支援を提供する過程でどの機関の誰とどのように連携したか），④導入された資源（支援の過程でどのような資源〔物的，経済的〕が導入されたか，既存の制度も含む），⑤マクロな支援（個別の課題を地域の課題として位置づけているか。計画や政策への反映，地域の取り組みを拡大できてい

るか）である（詳細は第4章参照）。

　第4章でのソーシャルワークならびにビネットを用いた国際比較調査の先行研究レビューから，国による違い，共通点など，ソーシャルワーク実践の展開の文脈ともいえる状況について一定の理解をすることができるが，よりローカルな実践レベルではどうなのか。調査結果については，第6章，第7章を参照されたいが，ここでは，こうした「文脈的リアリティ」をつかむという目的においてのビネットの活用について論じることとする。

　ビネットは，質的・量的調査のどちらにも用いることができる。研究目的に適した調査方法が選定される。本研究においては，地域ガバナンスのダイナミズムを明らかにしていくこと，その中でのソーシャルワークの役割と機能を検証することが目的であった。調査研究におけるビネットの特徴とビネットを用いた研究のレビューは第4章に詳しいが，ビネット活用のメリットとしては，現実のケースや経験を反映できることで，リアリティをもたせることができることである。リアリティはビネットに留まるのではなく，そこから引き出そうとすることがらについても，現実的で，具体的な内容を引き出す道具となる。そうした現実性や具体性によって，実践を支える既存の知識や，実践を通じて培われた知識が明らかになり，援助の構造が解き明かされる可能性がある。

　その一方で，ビネットを用いた調査は，現実的であるが，仮定的でもある。「このようなケースがあなたの国（地域）にあったとしたら，どのような社会的対応がなされるでしょうか」「ソーシャルワーカーはどのように対応するでしょうか」「あなたがこの地域のソーシャルワーカーだったとしたら」など，そこにビネットとして創られたケースだけではなく，インタビューに答える側も，「もし」「おそらく」という仮定で答えることもできるのである。これは，特定の調査対象者の経験や思考に偏りすぎるのを防ぐ効果もあるのではないだろうか。また「あなたならどうしますか」という問いかけでは答えにくい状況にある場合にも，活用することができる。これは，ビネットそのものよりも，ビネットを用いてどのように調査を実施運営するかという課題である。

　インタビューについては了解を得て録音し，トランスクリプトにして分析を

しているが，この問いかけやインタビューのやり取りが，文脈的リアリティの把握に及ぼす影響については，インタビュー数の少なさから，明確にはできておらず，引き続き検討の必要がある。

　ビネットを用いた調査は，その用い方にも重要である。本研究プロジェクトの場合は，インタビューに用いているが，そのインタビューをどのように行うか，どのような枠組みを持つのか，あるいは持たないのか等，研究目的，対象，その他の状況に応じた方法の設計が必要である。本研究プロジェクトでは，福祉ガバナンスという鍵概念とそれを分析・検討するための枠組みを設定していたことで，インタビュー調査の中で，把握が必要な情報や，それらがインタビューからは得られないことの判断の根拠を探るためのツールとして機能した。これはどのビネット研究でもいえることかどうかはわからないが，本研究プロジェクトにおいては，ビネットとあわせて分析枠組みをもつことで，文脈的リアリティへの接近がしやすくなった。

　本研究プロジェクトにおけるビネットを活用してのインタビュー調査の対象者の選定は，事前に方法論的枠組みを設定して行ったというより，むしろ研究プロジェクトメンバーそれぞれのもつ人的ネットワークに頼るものであった。海外に赴いて実施する調査は，調査者の通常の業務との調整から，限られた時期にのみまた限られた時間での調査実施となりやすい。インタビューのための協力者や場所，時間，国によっては通訳の確保など，留学や海外研修など長期にわたる滞在期に構築しその後も関係性を継続しているネットワークがあるからこそ比較的スムーズに調整することができたといえる。調査対象者は各国でそれぞれ窓口になってくれた人や大学，団体などの都合との調整もあり，結果として，各国異なる調査対象者の属性（大学教員，研究者，現任ワーカー），インタビュー方式（個別，グループ）となっている。研究方法の開発も含め探索的な性格をもつ本研究プロジェクトにとっては，そうしたバリエーションから，調査対象者の選定やインタビューの実施方法について今後より本格的な調査実施にむけての実り多い示唆を得た。

　先に，ビネットを用いたインタビュー調査の対象者の選定については，方法

論的枠組みを特に設定していなかったと述べたが，現任ワーカーと，大学教員などの研究者を対象とすることについて，それぞれ予測されるメリットやデメリット，メリットをいかしデメリットを克服できるよう，インタビュー調査を主軸としつつもそれを補足するあるいはもっと積極的には方法論的トライアンギュレーションを可能とする他のデータの収集方法についても議論はしていた。その議論の中では，現任ワーカーからはより具体的な実践やローカルな文脈が，また研究者からは実践者ほどの具体性には欠けるかもしれないが，一つの地域や団体，ワーカーの経験のみに依らない内容が引き出せるのではないかという推測があった。調査対象者の数が決して多くはないため強い根拠基盤とはなりえないが，調査から気づいたことは，研究者であってもビネットにあるようなケースやあるいはコミュニティのリソースなどについて調査している場合は，かなり具体的な内容を聞き出すことができた。また地域の状況についても，他地域と比較し，全国的な傾向との比較のうえで，その地域の状況について聞き出せるという点では，必ずしもある地域を基盤として実践をしているワーカーのみが地域について把握しているというわけでもないようであった。

　インタビューによっては，研究者と実践者とが同じ場に参加するグループインタビューも行った。立場の違い，複数でのインタビューは，インタビューの最中に協力者間で内容の確認がなされ，情報をより豊富化させることもあった。その一方で，協力者間の関係性や立場の違いが，グループインタビューという方式をマイナスに働かせたのではないかという状況の観察もなされた。

　文脈的リアリティをつかむというところで，こういったことがどれだけ影響をあたえるかは，今後の検討課題である。

（2）困難事例の事例検討と分析枠組み

　地域生活における支援困難事例に対する生活支援の方法の探求を目的とした実証研究をしているのが岡田（2010）である。支援者が意識するさまざまな「支援困難事例」を分析調査し，個別問題から政策に至る課題と解決方法についての研究である。岡田の研究の背景にある問題意識は，ソーシャルワーカー

が生活課題を抱えるたくさんの対象者と向き合いながら，政策的解決への方向への関心を示さず，個別事例の困難さの解決を「ミクロ実践のまま閉じてしまっている」（岡田 2010：4）ということである。ミクロ実践では解決困難な支援困難事例を，政策課題にどのように結び付けていくのかということを，支援困難事例の検討を通じて行おうとしているものである。

　岡田は，支援者にその事例が困難と認識させている構造を明らかにするために，生活支援の構成要素には7つの課題（①対象者の課題，②支援者の課題，③対象者を取り巻く環境の課題，④支援者を取り巻く環境との間の課題，⑤対象者と対象者を取り巻く環境との間の課題，⑥対象者と支援者との間の課題，⑦支援者と支援者を取り巻く環境との間の課題）があり，支援者が困難と思う要素として6つの困難性（①対象者と支援者の課題認識の面で生ずる困難，②対象者と支援者の解決行動の面で生ずる困難，③課題自体の困難性，④サービスにまつわる困難性，⑤支援者側の条件としての困難性，⑥支援のしくみに関する困難性）があること，そしてこれらがそれぞれにかかわりがあるものとして整理している。6つの困難要素は，「対象者と支援者の関係から生ずる課題（①②）」と，「対象者と支援者の関係に影響を及ぼす課題（③④⑤⑥）」の2つになる。複雑に絡み合っている困難を生み出す要因を，まさに紐解く作業である。この枠組みを用いて事例を分析することにより，複雑に絡まっている困難の要因を明らかにし，それへの対応の検討のための手立てとなる。

　岡田は，保健師とソーシャルワーカーからなる自主的な研究会で事例検討会をもち，15の困難事例の検討において，この枠組みを用いて整理を行っている。岡田は検討には家族や本人が参加できるようになるのが大きな目標であるが，こうした事例検討を通じて，「難しい生活課題を抱えている人々の視点」からみることで，人々の生活のあり方をより深く理解することにつながり，（支援）方針がより現実的なものになることを指摘している（岡田 2010：74）。

　また一つの事例検討が一つの事例として終了するのではなく，困難要素の枠組みを用いた分析から，「その地域の支援サービスの評価や課題を明確化する道が開ける」（岡田 2010：4）ことを指摘している。そして支援者個々の対応

力が広がるとともに，支援者集団として，また相談機関としての対応力が向上し，「一つの事例の課題から地域のケアシステムへの責任ある発言や現行の施策評価，サービス評価の要素となる道筋をつけるだろう」（岡田 2010：4）と述べているが，こうした「開かれた事例検討」（岡田 2010：4）にするには，6つの支援困難の要素による検討の視点のように，事例検討の方法に新たな視点を加えることができると良いことを指摘している。こうした枠組みを用いての事例の検討は，岡田が事例検討会を実施した自主的な研究会においてはもちろんのことであるが，現任者らの研修等においても取り組めるのではないだろうか。

　岡田の研究プロセスとその成果から学べることは数多くあるが，本章の課題である研究方法開発とビネット調査との関わりの視点から特に抽出すべきことは，研究目的にそったよい分析枠組みをつくることの必要性である。分析枠組みは必要な情報の収集や検討のための視点を与えるとともに，見えにくいものや気づかないでいるものへの気づきを促し見える化につなげる。そして複雑に絡まった状況や文脈の把握と整理を促す分析枠組みは，できるだけわかりやすく活用しやすいものであることも必要であろう。事例・ビネットのもつリアリティへの接近の力は，こうした分析枠組みをもつことによって，より発揮できるといえるのではないだろうか。

2　ビネットを用いた調査研究と現任ワーカーの研修

（1）研修におけるビネットの活用

　ソーシャルワークの養成教育，現任者を対象とした継続的専門性の向上を目指す研修や事例検討会等において，ビネットは活用されている（米本ほか編著 2004）。カタカナでのビネットではなく，事例と呼ばれることがより一般的であるが，教育・研修において活用されるビネットは，教材としての役割を持つ。

　本研究プロジェクトにおいては，ビネットを用いて，現任ソーシャルワーカーのための研修を実施した。多忙な現任ソーシャルワーカーたちにインタ

第Ⅱ部　ビネットを用いた新しい研究・研修手法

ビュー調査に協力していただくためには，研究協力者にも何らかのメリットがあり，かつ協力していただきやすい方法として，ビネットを用いた事例検討を行う研修を大学で開催することが，当初，海外の研究アドバイザーから提案された。そこで，まず日本においてそうした研修を実施することとなった。協力者には研修がこの研究プロジェクトの一環であること，そのため倫理的配慮については，事前に書面にて説明と了承を得る形をとった。多くの現任の実践者たちのご協力をいただき，ケースメソッドを方法としてビネットを使ってのグループ討議を行った。本研究プロジェクトが実施した「研修」の調査結果と考察は，本書第Ⅳ部を参照されたい。

　当初の目的であるインタビュー調査の延長線上としての研修は，用いた研修の進め方とのミスマッチが少なからずあった。この経験と，現任者の方々との討論等からの気づきが，より明確に目的を設定した研修の実施にその後つながった。より明確化された目的とは，小地域での福祉ガバナンスを成り立たせるソーシャルワークの基盤づくり，そのための人材（コミュニティソーシャルワーカー）の養成である。現在もその試みを研究プロジェクトチームとして進めており，ある研修においては「コミュニティワーク実践研究会」として実施している。あらためて研修を現場の方々との協働で研究的に行うことに着手している。

（2）継続的な専門性の向上のための研修・研究会におけるビネットの活用

　ビネットを用いたインタビュー調査の成果を福祉ガバナンス形成という実践的課題にいかしていくことは，本プロジェクトの当初からのねらいである。この実践的課題には，福祉ガバナンスの基盤づくりとその大きな部分を占めるソーシャルワークの人材養成がある。基盤づくりや人材養成の視点からの研究も必要なのである。私たちの研究プロジェクトでは，インタビュー調査にとどまらず研修においても，ビネットを活用しているが，ビネットの活用のしかた，研修・事例研究会等の運営については，探索的段階である。そこで，事例を用いた研究として多くの学びを得た岡田（2010）の研究から，現任実践者らによ

る事例研究会や研修において活かしていくことでできることとして，先ほどの分析枠組みとともに，岡田のいう「社会的対応力」に着目してみたい。

　「『社会的対応力』とは，制度・サービスの体系，現実の生活を規定している社会保険，医療，福祉サービスなど生活関連施策を基礎に福祉サービス提供体制，サービス提供の手順，さらには社会的に獲得されている技法や支援の仕方，開発された支援方法の総称である。その中には支援者がもつ主体的な応答力も含まれる。支援者がそれに働きかけ，部分修正を加えることも含むものであり，それらが支援者を通じて対象者に伝えられる」（岡田　2010：151-152）。

　岡田（2010：148）は従来の事例検討では，「対象者と支援者の関係から生ずる課題」に関する検討が必ずなされているが，「社会的対応力にかかわる課題」については必ずしも意識的になされているとはいえず，「それは『支援者一人の力ではどうにもならないこと』，『自分の守備範囲ではない』から，『事例検討の場では少し場違いなこととして』」実践者らに認識されがちであるという。ミクロ実践に閉じてしまっている個人や組織レベルの状況がそうさせているのかもしれない。

　そこで，研究成果をいかし，支援困難の6要素を念頭に置いた重層的な事例検討のあり方を提案している。「社会的対応力」を意識した事例検討の型を創り出していく必要がある。支援困難要素を事例検討のプロセスにどのように位置づけるか，事例検討表の項目化（ツールの作成）などの検討や作業が必要となる（岡田　2010：148-151）。「社会的対応力」を意識した事例検討・研究は，個々の事例の検討から引き出される課題を集積し，支援者間で共有する。そしてさまざまな対応力を開発し，施策への発言の力を獲得していくことが現段階での課題と岡本はいう。そして，「このように事例検討を基礎として課題を積み上げて共通認識を形作り，あるいは地域福祉計画の課題と，施策，政策へと展開する活動はコミュニティソーシャルワークの活動ということもできる」と

いう。これは実践と研究がつかず離れず一体的に近い状況で取り組まれ，それをつないでいる関係者らによる学習がその実践を支えるということではないだろうか。その中にはより実践志向の学習，また研究志向の学習があるかもしれない。こうした学習のプロセスにおいて，研修や研究で用いる事例・ビネットと分析枠組みがつくりだされるべきなのかもしれない。

3　よりよい実践のための学びと探究
―― 研究と実践をつなぐ協働学習に向けて

（1）ソーシャルワークの知識マネジメント

　これまで調査研究，また教育・研修のツールとしてのビネットの活用について論じてきた。本項では，ビネットを用いた調査や研修を通じて明らかになってきた研究課題についてツールとしてのビネットではなく，調査研究の運営にかかわる課題に焦点を当てて論じたい。この課題は，ビネットを活用した本研究プロジェクトの実施により改めて課題認識を強めている事柄であるが，ビネットの活用の有無にかかわらずソーシャルワークの研究方法開発に関わることであることを最初に断っておきたい。

　ソーシャルワークはその実践，研究のそれぞれにおいて，多様な知識を活用する。それらの知識には，普遍性をもった社会科学や自然科学の理論を基盤とした知識，対人援助に関わる理論を基盤とした知識，様々な理論や法制度等から演繹されたソーシャルワーク理論，実践から機能的に構築されたソーシャルワーク理論を基盤とした知識，また個人のレベルの暗黙知や経験知，集団レベルの共有化された形式知なども並べていくことができるかもしれない。こうしたソーシャルワークにおける「知識マネジメント」，すなわち誰がどのようにしてソーシャルワークにかかわる知識を創造，活用，普及していくのかという問題がある。

　この「知識マネジメント」についてはOECDの教育研究革新センターが2000年にその研究成果を公刊しており，2012年には，邦訳版『知識の創造・普及・活用――学習社会のナレッジ・マネジメント』が出されている。本書は，知識

基盤社会といわれる現代において、知識と学習、そして教育のシステムがどのように変化していくかをテーマとしている。知識マネジメントにおいて重要なのは「知識をうまくマネージ（運用）して新しい価値（発想，権力，政策，技術，資源，資本，商品，信念，鍵，学習力，生きる力など）を創造し，そうした価値を生み出す人々を育てるためには，教育のシステムが知識をいかに運用し，どう改善していくか」（OECD 2000＝2012：4）であるという。ソーシャルワークについての研究ではないが、経済，工学，医療領域における知識の創造，普及，活用性の可能性と問題点を明らかにしていく中で、教育領域の知識の創造，普及，活用性の可能性と問題点を明らかにしようとしており、領域による違い，共通点など、ソーシャルワークと照らし合わせながら読むと非常に興味深い。特に，第3章の「教育セクターへの教訓――学習システムの創造」において論じられているいくつかの事柄，知識マネジメントの中で実践者の役割をひろげていくこと，実践者がより協同的になることによって知識マネジメントのネットワークを設立し活用すること，ICTの活用，よりよい教育の研究開発の支援を目指す研究者と実践家の新たな役割と関係，実践家のための専門的開発形態の工夫などについての課題整理と提案は、ソーシャルワークの教育においてはもちろんであるが、ソーシャルワークの実践・研究においてもさまざまなヒントを与えてくれる。知識はもはや大学や研究者によってのみ創造されるものではなく、その創造，普及，活用においても、研究者と実践者の協働，実践者の役割の拡大，それを支えられる学習モデルやシステムの構築が必要である。ソーシャルワークにおいては、知識創造だけでなく、その普及や活用において、本来であれば実践者が大きな役割を担えるはずである。しかし、ソーシャルワーカーの養成教育や現任者の継続的な専門性の向上の取り組みにおいては、教育・研修の名のもとに、理解すべき知識や身に付けるべきとされるスキルが（たとえ演習形式をとっていたとしても）伝授されるタイプのものが決して少なくないのではないか。知識そのものを創造し、その普及や活用をはかるためのモデルや方法論を創り出すことにどれだけ実践者がかかわり、あるいは実践者と研究者の協働が図れているだろうか。ソーシャルワークにかかわる人々の総力

をあげて，取り組んでいく必要があると考える。知識マネジメントについての十分な取り組みがなされていないとの認識ではあるが，事例検討や事例を用いた研修，スーパービジョンなどについては，そういった状況の中でも，実践者自身による知識マネジメントや，実践者と研究者との協働による知識マネジメントが大多数とはいえないものの，見られているかもしれない。

そこから今一歩踏み出していくためには，知識の創造，普及，活用までを範疇にいれ，かつそれを支える基盤やシステムについても創造していく知識マネジメントの考え方から力をかりることが必要ではないだろうか。

実践者と研究者との協働の必要性は，ソーシャルワーク研究においても重要なテーマである。たとえば岡田（2011）は，「研究的実践者と実践的研究者との協働」の必要性を訴えており，芝野（2011）は実践モデルの開発における協働を実際に実現している。

芝野（2011）はソーシャルワークの実践と理論とつなぐものとしての実践モデル開発の意義を説明するとともにその開発例を紹介して，具体的な「実践モデル」の開発手続きを説明している。芝野によれば，「ソーシャルワーク理論と実践の間には，実践の意義を説き，実践に根拠と方向性を与えるだけでなく，ソーシャルワーカーに対して具体的な援助の手続きを示唆してくれる『ソーシャルワーク実践理論』が必要となる。しかし，そうした実践理論があったとしても，なお，実践との間には隔たりがある」（芝野 2011：1）として，この隔たりを埋め，あるいは橋渡しをする，「問題解決とニーズの充足を援助する実践の手続きを具体的に示す『もの』が必要となる」とし，それを「ソーシャルワーク実践モデル」と定義している。そしてその実践モデルの開発は，「さまざまな理論やソーシャルワーク実践理論から演繹されるだけではなく，実践モデルを作る研究者や実践家の価値観や日常の体験や経験，そして実践経験，さらに実践で協働する他の専門職の意見，加えて利用者との協働から得られるフィードバックといったさまざまな要素が関わっている。…（中略）…開発はチームで行うことが基本であると考えており，利用者がチームに参加することが極めて大切である」（芝野 2011：15）と述べていることにも，協働課題とし

ての研究の必要性の指摘が見られる。

(2) 研究と実践をつなぐ学習

　もう少し協働について論じたい。ビネットを活用した事例検討や事例研究が他の研究方法と比較して、実践者になじみがあるのは、それがリアルな生活や実践の状況への密着性を重んじるために、自分が経験している問題状況の解決や軽減といった即自的な学びのニードにこたえうるだけでなく、ともに考え状況を変えていこうとする実践共同体（community of practice）の形成に程度の差はあれつながっているからではないだろうか。

　実践共同体とは、テーマに関する関心や問題、熱意などを共有し、その分野の知識や技能を、持続的な相互交流を通じて深めていく人々からなるコミュニティである。知識と価値の共有、そして創造の場をつくる。こうしたことも知識マネジメントの観点から研究の対象として扱っていく必要があるだろう。

　フィンランドのユーリア・エンゲストロームの「文化・歴史的活動理論」（以下、活動理論）は、実践や学習へのこのような関心や問題意識に多くのヒントを与えてくれる。活動理論は、仕事や組織の現場の中で実践者たちが自ら生み出していく「学び合い」と「育ち合い」に何よりも焦点を合わせるものであり、人々が実践者として生きている「活動システム」、その中で実践者が使用する社会制度やテクノロジーを実践者自らが共同デザインするという考え方であり、エンゲストロームはこのような実践者たちの協働の学びを「拡張的学習」と捉えている（山住 2006；Engeström 1987＝1999）。活動理論は、人間の多様な行為や実践を分析し理解する枠組みを提供してくれるが、それは、人々の社会的実践をその現場において「活動システム」の理論的枠組みから捉えようとすること、と同時に、「活動システム」の変化や革新を問題にするものである。拡張による学習は、実践の活動システムの中にみられる矛盾や問題を集団的に解決するプロセスである。個々人がバラバラに短期で何かの達成を目指す個人学習ではなく、相互の学び合いと共有の過程として捉えるところにその特徴がある。

そしてその学び合いと共有の主体の中に,「当事者」の参加が見られることも特徴といえよう。最も重要な行為者である患者や利用者,その家族が実践に関与できているかどうかという問題である。

エンゲストロームは協働での学習と研究を進める「発達的ワークリサーチ」の方法としての「チェンジ・ラボラトリー（変化のための実験室）」の実践を展開している。数々のプロジェクトから一つの例をあげよう。複数の異なる医療機関,社会福祉機関を同時に利用する患者への対応の問題である。一つの機関の固定されたチームでは対応できない,患者がもつ具体的な問題状況に迅速に対応し,協働作業をいかにすばやくコーディネートするかなど,いくつかのチャレンジがつきつけられていた。患者の親と,保健センターや病院等異なる機関の実践者たちによる学びの挑戦によって,患者である子どものケアの軌跡を協働して計画し,モニタリング,計画進行の全体の責任をわかちあっていくということが目指された。このような学習・研究から,「関わりあいとしてのケア」という鍵概念がツールとして措定され,ケアアグリーメント（診療協定）も生み出された（山住 2006：123-129）。

「関わりあいとしてのケア」という概念と,私たちの研究プロジェクトにおける「福祉のガバナンス」「ケアのガバナンス」という概念には,ある近さを感じているが,その鍵概念をつくりまたそれに導かれながら進める協働の学習・研究についての実践は,本研究プロジェクトにとっても取り入れることができることが多い。ビネットの作成や活用（文字だけでなく映像なども）ももちろん学習・研究に活かすことができるだろう。

本書において示す私たち研究プロジェクトチームの研究成果は,一つの区切りをつけたものであるが,研究の実施を経て,明らかになってきた課題にチャレンジすべく,実践者の方々との協働学習的研究に着手している。実践と研究にその成果をいかせるようこの研究を継続していきたい。

参考文献

Engeström, Y. (1987) Learning by Expanding: An activity-theoretical approach to

developmental research.（＝1999，山住勝広他訳『拡張による学習──活動理論からのアプローチ』新曜社）
OECD Centre for Educational Research and Inovation (2000) *Knowledge Management in the Learning Society*, OECD Publishing.（＝2012，立田慶裕監訳『知識の創造・普及・活用──学習社会のナレッジ・マネジメント』明石書店）
岡田朋子（2010）『支援困難事例の分析調査──重複する生活課題と政策とのかかわり』ミネルヴァ書房。
岡田朋子（2011）「ソーシャルワーク実践と研究の結合」『ソーシャルワーク学会誌』（特集 ソーシャルワークの実践と理論をつなぐ）(23)。
芝野松次郎（2011）「ソーシャルワークの実践と理論をつなぐもの──実践モデル開発のすすめ」『ソーシャルワーク学会誌』（特集 ソーシャルワークの実践と理論をつなぐ）(23)。
米本秀仁ほか編著（2004）『事例研究・教育法──理論と実践力の向上を目指して』，川島書店。
山住勝広（2006）『活動理論と教育実践の創造──拡張的学習へ』関西大学出版部。

（所めぐみ）

郵便はがき

（受　　取　　人）
京都市山科区
　　日ノ岡堤谷町１番地

差出有効期間
平成28年1月
20日まで

ミネルヴァ書房

読者アンケート係 行

◆　以下のアンケートにお答え下さい。

お求めの
　書店名＿＿＿＿＿＿＿＿＿＿市区町村＿＿＿＿＿＿＿＿＿＿＿＿＿＿書店

＊　この本をどのようにしてお知りになりましたか？　以下の中から選び、3つまで○をお付け下さい。

　　A.広告（　　　　　）を見て　B.店頭で見て　C.知人・友人の薦め
　　D.著者ファン　　　E.図書館で借りて　　　F.教科書として
　　G.ミネルヴァ書房図書目録　　　　　H.ミネルヴァ通信
　　I.書評（　　　　　）をみて　J.講演会など　K.テレビ・ラジオ
　　L.出版ダイジェスト　M.これから出る本　N.他の本を読んで
　　O.DM　P.ホームページ（　　　　　　　　　　　）をみて
　　Q.書店の案内で　R.その他（　　　　　　　　　　　　　　　）

書 名　お買上の本のタイトルをご記入下さい。

◆上記の本に関するご感想、またはご意見・ご希望などをお書き下さい。
　文章を採用させていただいた方には図書カードを贈呈いたします。

◆よく読む分野（ご専門）について、3つまで○をお付け下さい。
　1. 哲学・思想　2. 世界史　3. 日本史　4. 政治・法律
　5. 経済　6. 経営　7. 心理　8. 教育　9. 保育　10. 社会福祉
　11. 社会　12. 自然科学　13. 文学・言語　14. 評論・評伝
　15. 児童書　16. 資格・実用　17. その他（　　　　　　　）

〒
ご住所

Tel　　（　　）

ふりがな　　　　　　　　　　　　　　　年齢　　　　性別
お名前
　　　　　　　　　　　　　　　　　　　歳　　男・女

ご職業・学校名
（所属・専門）

Eメール

ミネルヴァ書房ホームページ　http://www.minervashobo.co.jp/
＊新刊案内（DM）不要の方は×を付けて下さい。　□

第Ⅲ部　小地域福祉ガバナンスと
　　　　　ソーシャルワークの国際比較

第6章　調査概要と分析の枠組み

　本研究の目的は，小地域・コミュニティを基盤とした福祉コミュニティ形成の力動とそこへのソーシャルワークの関与について，「福祉ガバナンス」という概念を手掛かりに理論的・実証的に明らかにすることである。「ソーシャルワークの展開により，小地域のガバナンスが形成される」との仮説に基づき，具体的には既存の社会福祉制度では十分に対応することができないケース，いわゆる「制度の狭間」に対する援助のあり方を通して，4カ国の問題解決手法を調査し，比較分析することとした。

1　5つのビネットと分析枠組み

（1）調査の方法と分析枠組み

　本研究では研究目的に照らし合わせ，既存の福祉制度やサービスでは十分に対応することが困難と思われる事例を参考に，複数のビネットを用いたインタビュー調査を実施した。ビネットを提示する前に，以下では，調査の方法および分析枠組みについて説明する。

1）調査の目的

　以下で示すように，本研究では5つのビネットを用い，4カ国を対象にインタビュー調査を実施した。ビネットは特定の状況やそこにおかれた登場人物の状況についての比較的短いストーリーであり，研究目的に沿ってインタビューから情報を引き出すツールである（詳細第4章）。本調査の目的は，各国における調査結果を次の2点について検証し，国際比較の視点から分析することである。

① 日本において「制度の狭間」にある困難事例に対して，各国ではどのような対応がされているのかを明らかにする。
② 調査対象国の対応方法にみられる差異を明らかにする。

2）調査の手順

　本調査研究では「困難事例」の定義についての議論から始めた。社会福祉の相談援助における困難事例とは，援助を提供する側からみて支援が困難とされる事例であり，そうした解釈は先行研究においても共通している[1]。

　日本においては近年，いわゆる「制度の狭間」に該当するケースに対してコミュニティソーシャルワーカー（以下，CSW）や地域に配置されたソーシャルワーカー等福祉の専門職が相談援助を提供する事業が推進されてきた。そのため，本研究ではそれらの事業が関与した事例を「困難事例」と想定し，その具体事例の中からビネットを作成することとした。今回参考にしたのは，2004年度から大阪府社会福祉協議会が実施している社会貢献事業にかかわる事例[2]と，2005年度から大阪府が実施しているコミュニティソーシャルワーク機能推進事業にかかわる事例[3]で，それらの事業報告書を参考に複数の事例を抽出し，ビネットを作成した。

　選択した事例は，複合的な福祉課題を抱えている当事者に対して，地域の専門職（もしくは専門機関）が相談援助を提供し，当事者が抱える当面の課題を整理し生活の立て直しを図った事例である。なお，それらの事例について，事例本来のもつ特質を失わないように配慮しながら，事例全体の構成を調整する目的で加工を施し，最終的に5つの事例を設定した。

　5つの事例からビネットを日本語で作成し，そのビネットを英語と韓国語に翻訳し，イギリス，ノルウェー，アメリカの調査では英語訳のビネットを使用し，韓国の調査では韓国語訳のビネットを使用した。ビネットの作成にあたっては，限られたインタビュー時間を効率的に使うために，また各国の特徴をできるだけ多く引き出せるように，文章をできるだけ簡素化することに努めた。

　本調査では調査協力者に対し事前にビネットを送付している。それは回答の

準備をしてもらうことと，その回答に適任のインタビュイーを推薦してもらうためである。

3）分析枠組みとインタビューガイド

　社会福祉の相談援助は多岐にわたり，それらは単純に比較できるものではない。本研究では，そうした相談援助過程の多様性に配慮しながら，各国における相談援助の特徴を導きだすために，次の5つの点から分析枠組みを想定し，インタビューガイドを作成した（表6-1参照）。

　第1に「発見」とは，各ビネットにおいて「問題となっている実態」を最初に発見した人物や機関を指す。ここでいう発見とは，相談援助の俎上にあがるきっかけになる最初の接触である。一般的には，行政の相談窓口や専門機関に所属する職員等による発見が想定されるが，その他にも近隣住民やボランティアなどインフォーマルなセクターによって発見されることも含めて考える。なお，家族は当事者と同ユニットとして扱い，発見の範疇には含めないが，家族が通報するなど，行政や専門機関に連絡を取る場合は，その連絡先を第一発見者と考える。

　第2に「キーパーソン」とは，相談援助の過程において中心的な役割を担う人物や機関を指す。「キーパーソン」と「発見」者が必ずしも同一であるとは限らない。また，「キーパーソン」は「発見」者同様，インフォーマル・セクターも含めて考える。なお，家族がキーパーソンとなることはあり得るが，そうした事例はケース依存的である（家族の有無によって異なる結果が想定される）ため，家族以外の存在がキーパーソンとなりえないときに限り，最後の選択肢として家族をキーパーソンとする。

　第3に「連携」とは，相談援助を提供する過程で連携した人物や関係機関を指す。連携のあり方は多様であるため，ここではその内容も含めて整理する。連絡調整や情報共有などの一時的な連携関係であっても，連携対象として記述し，分析に含める。

　第4に「導入された資源」とは，相談援助の過程において導入された社会的資源（物的，経済的）を指す。既存の制度やサービスが適用された場合には，

第6章 調査概要と分析の枠組み

表6-1　分析の枠組み

発　見 (First Contact)	誰が最初にケースを発見したか。 どのように発見したか。
キーパーソン (Key Persons)	個別の支援において中心的な役割を果たしたのは誰であったか。
連　携 (Collaboration)	支援を提供する過程でどの機関の誰とどのように連携したか。
導入された資源 (Mobilized Resources)	支援の過程でどのような資源（物的，経済的）が導入されたか。既存の制度も含む。
マクロな支援 (Macro Approach)	個別の課題を地域の課題として位置づけているか。 計画や政策への反映，地域の取り組みを拡大できているか。

それらが該当する。なお，一般的に社会資源というと人的資源を含むが，「キーパーソン」や「連携」の内容が人的な社会資源に該当するため，内容の重複を避け「導入された資源」には人的資源を含まず，それらの人物や機関によって提供されたサービスやプログラムを記述する。

　第5に「マクロな支援」とは，個別の相談援助を普遍的な枠組みで捉え，地域や自治体等より広範な対象に支援を還元するような援助実践を指す。ソーシャルワークにおけるジェネラリスト・アプローチでいうところのマクロ・ソーシャルワークに含まれる相談援助であり，具体的にはネットワーク化，組織化，開発，計画化，政策化，ソーシャルアクション等が含まれる。

　なお，この枠組みは各対象国においてインタビューを実施する際にガイドラインとして用いた。

4）インタビュー調査の流れ

　インタビュー調査は事前に送付したビネットを使って実施した。

① インタビュイーに5つのビネットの中から自分が回答したいビネットを選んでもらう（書類の順番通りに進めたものもある）。
② 調査者がビネットを読み上げ，インタビュイーと内容についての理解を確認する。その時に，各国でよくある事例かどうかも確認する。
③ 次に調査者は表6-1にある分析枠組みに沿って作成したインタ

ビューガイドをもとに,「発見者は誰か」「キーパーソンは誰か」「連携する人は誰か,連携する機関はどこか」「どのような資源が導入されるか」「マクロな支援は行われるか」という順番でインタビューを行う。
④　インタビュイーは自身が担当する地域(もしくは,想定される地域)で同様の事例が発見された場合,どのような支援が提供されるかについて回答する。
⑤　調査者は分析枠組みを参考にインタビュイーの回答を整理し,各項目について確認を行う。

また本調査は福祉ガバナンスについての調査でもある。特に各国のソーシャルワークが展開される環境,社会資源などに関する資料や情報も入手するために,施設見学や制度の詳細についてのヒアリングも別途,実施している。

本インタビュー調査の実施にあたっては,「日本社会福祉学会研究倫理指針」を遵守している。インタビュイーに対しては研究の趣旨と目的を説明したうえで,調査協力への承諾を得た。また本調査は実際の個別事例を扱うものではないが,インタビューで登場した個人名などについてはプライバシーに配慮し,個人が特定されないようにしている。またインタビュイーについても自由な発言を期待するため,匿名扱いとすることをあらかじめ伝えている。

(2) ビネット作成に用いた5つの事例

ビネットを作成するにあたり,第1に日本国内においてさまざまなかたちで表面化している「制度の狭間」の実態が反映されたものであること,第2に,調査の実行可能性(調査を行ううえで1つのビネットに関するインタビューに一定の時間を要し,かつ海外で調査を行う時には通訳を介する可能性もあること)の2点を考慮したうえで,最終的に5つの事例を抽出した(表6-2)。

これらの事例は,どれも現行の日本の社会福祉制度で十分に対応しきれず,ソーシャルワーカーなどによるきめ細かな対応が求められた事例である。以下で示す5つの事例では,実際の実践事例を参考に,事例が発見につながるまで

第6章　調査概要と分析の枠組み

表6-2　抽出した5つの事例

事例①	夫から暴力を受けていた妻子に対する生活再建までの支援ケース
事例②	認知症が原因で家にゴミを溜め込んでいる高齢者への支援ケース
事例③	育児放棄がみられた母子家庭の子どもへの学習支援ケース
事例④	多重債務を抱えた知的障害者の家族への経済的自立支援ケース
事例⑤	認知症の高齢者夫婦への日常生活自立支援事業の利用支援ケース

	支援の対象	事例の特徴	課題
事例①	30代女性と3人の子ども	ドメスティックバイオレンス	生活の場の確保
事例②	80代女性	認知症によるゴミの溜め込み	衛生面の改善
事例③	30代女性と2人の子ども	ネグレクト	児童の放課後保育と学習支援
事例④	60代の両親と2人の子ども	家計管理，知的障害，ひきこもり	多重債務の解決等
事例⑤	80代と70代の夫婦	認知症の高齢者夫婦	住居の確保と金銭管理

の内容と，発見後にどのような対応がなされたかに分けて示した。また，各事例の最後に5つの分析枠組みによる整理を表の形で示している。以下，ビネット作成に使用した日本国内の実例を示す。

1）事例①　夫から暴力を受けていた妻子に対する生活再建までの支援ケース

① 発見まで

ドメスティックバイオレンスの被害者は36歳の母親とその3人の子ども（長男15歳，長女12歳，次男1歳）である。母親は21歳の時，前夫と結婚し3人の子どもを設けた。2人目の子どもを出産した後は，パートで働いていたが，体調を崩した夫の看病のために仕事を辞め，生活保護を受給しながら家事，育児と夫の看病に専念していた。

しかし，夫は次第に暴力的になり，その暴力が徐々にエスカレートしたことで，長男は家を出たいと口にするようになった。そのうち，子どもに対する夫の暴力が深刻になったため，母子4人で家を出て，児童相談所の支援により民間シェルターへ緊急避難した。

② 発見後

民間シェルターの職員から，地域に配置されているCSWに連絡が入り，この家族が地域で自立生活するための支援を要請され，関わることになる。

CSWはまず，民間シェルターから民間アパートに引っ越すための資金（引っ

越し資金，火災保険，敷金）を借りるために，社会福祉協議会の貸付制度の申請支援をし，民間アパートへの引っ越しを支援した。また，CSWは民生委員や地域のボランティア・グループに連絡し，キッチン用品などの物品援助を得ることになった。

引っ越しは無事完了したが，新たな生活に変わったストレスなどから長男と長女が激しくけんかをすることが多くなったため，CSWと児童相談所職員が介入し，長男は児童養護施設に一時入所することになった。また，住居が確定したことで，CSWが生活保護の申請支援を行った。

生活保護の受給が確定するまでに半月ほどかかったので，CSWが民間の福祉資金を申請し，食材の支援（現物給付）を4～5日に一度行った。

生活保護受給決定後は，CSWや児童相談所職員，生活保護のケースワーカー，社会福祉協議会の担当者で集まり，母親も含めて定期的にケース検討会議を行っている。また，夫に対して接近禁止命令を発令するかどうかで，警察とも定期的に連絡を取っている。

事例①　夫から暴力を受けていた妻子に対する生活再建までの支援ケース（日本国内）

発　　見	児童相談所（当事者からの連絡）
キーパーソン	コミュニティソーシャルワーカー（CSW）
連　　携	コミュニティソーシャルワーカー，児童相談所職員，民間シェルター職員，社会福祉協議会職員，福祉事務所ケースワーカー，民生委員，地域ボランティア，警察
導入された資源	生活保護制度による給付，社会福祉協議会の貸付制度，民間の福祉資金，児童養護施設
マクロな支援	定例ケース検討会議のコーディネート

2）事例②　認知症が原因で家にゴミを溜め込んでいる高齢者への支援ケース

① 発見まで

一戸建ての家に一人で生活をしていた83歳の女性は，数年前から認知症が進行したようで，町なかで無料配布している新聞や雑誌などを家にもって帰り，それらを家の中に溜め込むようになっていた。また，この女性は3年くらいお風呂に入っていないようで，服を着替えることもなかった。生活に必要な食材などは近隣のスーパーなどで惣菜を買うなどして，自分で食事をつくることは

なかった。近所に義理の息子夫婦が住んでいるが，女性とは連絡を取ることはなく，支援を提供することも，申請することもなかった。

女性は，市の配食サービスを利用していたため，配食サービスの配達員が気になり，介護保険事業所のケアマネジャーに連絡した。

② 発見後

連絡を受けたケアマネジャーは，女性の家を訪問したが，他者の関わりを拒む傾向があり，当初は家の中にあがることさえできなかったが，何度か訪問を繰り返し，女性の話を聞く中で，次第に打ち解け，女性がデイサービスに関心をもっていることがわかったので，介護保険制度の利用申請をし，認定を受けた結果，要介護度3の認定結果となった。

女性はデイサービスに通うことになり，伸びていた爪を切り，定期的にお風呂に入り，服を着替えるようになった。その結果，地域の老人会の会合にも足を運ぶようになった。

ある日，女性が近隣を散歩しているときに転倒し，腰椎を圧迫骨折した。救急車で病院に運ばれ，しばらく寝たきりの状態が続いた。そのような事故もあり，義理の息子夫婦も次第に介護にかかわるようになった。

現在は，デイサービスに週3回通い，ホームヘルパーを週2回，配食サービスを週3回利用しながら，在宅での生活を継続している。また，関係機関が定期的に集まり女性の支援に関するケース検討会議を開催し，そこには地域の民生委員と老人会の会長も参加している。

事例②　認知症が原因で家にゴミを溜め込んでいる高齢者への支援ケース（日本国内）

発　見	配食サービスの配達員（配達時の気づき）
キーパーソン	ケアマネジャー
連　携	ケアマネジャー，配食サービスの配達員，ホームヘルパー，民生委員，老人会会長，病院，義理の息子夫婦
導入された資源	介護サービスの利用
マクロな支援	定例ケース検討会議のコーディネート

3）事例③　育児放棄がみられた母子家庭の子どもへの学習支援ケース

① 発見まで

31歳の母親と子ども2人（長女12歳，長男10歳）は，7年前の離婚を契機にその地域に住むようになった。当初から母親は自立意欲が強く，生活保護を受給しながら仕事と子育てを両立してきた。しかし，朝早くに家を出て，夕方に帰宅する生活で，家事を十分にこなすことができず，家の中は常に散らかっている状況である。

長女は数年前から母親を手伝うようになり，調理や洗濯など，家事を担うようになった。母親の帰宅が遅くなることがしばしばあり，長男が近隣を夜遅くまでうろついているところがたびたび目撃されていた。長男は小学校4年生にもかかわらず，小学校2年生程度の学力しか身に付いていない。

この家族のことは，地域の定期的なケース検討会議でとりあげられることがあり，地域のCSW，生活保護のケースワーカー，民生委員の間で，近況を確認し合うようにしていた。

② 発見後

介入の契機になったのは，長男が友人と火遊びをしていて，近所でボヤを出したことであった。長男は警察に補導され，子ども家庭センターが介入し，母親によるネグレクトが原因なのではないかと，母親への指導が行われた。

実際には母子の関係は良好で，母親も可能な限り子育てをしているが，仕事が忙しいと十分に子どもの相手ができないのが現実である。今後，同様の事件が起こった場合は，長男を児童養護施設に入所させるという処遇方針が決まった。

地域の定期的なケース検討会議で，この家族のことが話し合われ，小学校の先生や，スクールソーシャルワーカー（以下，SSW）が加わり，地域による支援について検討した結果，CSWが所属するコミュニティセンターでボランティアをする大学生が週に1回，長男に勉強を教えるプログラムを始めることになった。CSWと生活保護のケースワーカー，母親，長男が一度会議を開き，一緒に勉強する約束を交わした。

その後，母子の生活が特に改善されたわけではないが，長男は定期的にコミュニティセンターに通っている。コミュニティセンターでは，長男の勉強の遅れを取り戻すような支援を提供すると共に，この家族が地域とつながりをつくることができるよう支援している。

事例③　育児放棄がみられた母子家庭の子どもへの学習支援ケース

発　見	生活保護のケースワーカー（日常の相談に加え，警察に保護されたことがきっかけになった）
キーパーソン	コミュニティソーシャルワーカー（CSW）
連　携	コミュニティソーシャルワーカー，生活保護のケースワーカー，民生委員，警察，子ども家庭センター，小学校の先生，スクールソーシャルワーカー（SSW），学生ボランティア
導入された資源	学生ボランティア
マクロな支援	学習支援プログラムの開発

4）事例④　多重債務を抱えた知的障害者の家族への経済的自立支援ケース

① 発見まで

父親（65歳）と母親（61歳，軽度の知的障害あり），アルバイトをしている長男（26歳，知的障害あり）とひきこもりの次男（23歳）の4人家族で，父親が自営業（配管工事）を営みながら家族を養ってきた。しかし父親が2年前に脳梗塞で倒れ，それ以来，母親のパートと長男のアルバイトによる収入で生計を立てていたが，それらの収入では家賃の支払いや医療費などが足りず，長男名義で消費者金融から借金をし，また長男のクレジットカードで買物をしていた。借金の総額は，消費者金融から600万円，クレジットカードは50万円に達し，利息を返済するのも精いっぱいの状況になってしまった。

父親が入院している病院の医療ソーシャルワーカー（以下，MSW）から知的障害者の支援団体に連絡が入り，そこのソーシャルワーカーが家族全体への支援を開始した。

② 発見後

CSWが家を訪問し，母親の相談に乗ったところ，それまでは父親が家計のやりくりなどすべて担ってきたため，誰も家計を管理することができない状況であった。そこで，まずは長男の債務を整理するために知的障害者支援団体の

ソーシャルワーカーが弁護士を紹介し、債務整理の手続きを進めた。

次に、CSWは社会福祉協議会の日常生活自立支援事業の利用申請を進め、家族がこれ以上債務を増やさないように、金銭の管理を提供することにした。しかし、父親の入院が長引き、医療費がかさみ、母親も白内障の手術を必要としていたことから、医療費の減免手続きと高額医療費免除の申請手続きを父親の入院先のMSWが行い、医療費が家計を圧迫することを抑えた。

以上のような支援を行ったが、世帯の収入は、長男一人のわずかな収入（月額約12万円の給与と月額2万6,000円程度の障害手当）のみであり、家族3人の食費代を支払うのが精一杯である。しかし、生活保護を申請するにも、次男が同居している限りは就労義務が求められ受給が認められない。

そうした中、父親の死亡を機に、長男が一人暮らしを始め（知的障害者支援団体のソーシャルワーカーが引っ越しや書類の申請手続きなどを支援）、母親がパートに復帰、次男がアルバイトを始めたことで、支援はとりあえず終結した。

事例④　多重債務を抱えた知的障害者の家族への経済的自立支援ケース

発　見	医療ソーシャルワーカー（父親の入院がきっかけ。家族の医療費支払い能力の欠如。）
キーパーソン	障害者支援団体のソーシャルワーカー
連　携	障害者支援団体のソーシャルワーカー，医療ソーシャルワーカー，弁護士
導入された資源	医療費の減免，高額医療費免除
マクロな支援	―

5）事例⑤　認知症の高齢者夫婦への日常生活自立支援事業の利用支援ケース

① 発見まで

国民年金のみで生活を営むこの高齢者夫婦（夫81歳、妻77歳）には、子どもや兄弟など支援を求めることができる親族は誰もいなかった。夫は関節炎の症状が年々悪化しており、家の中を自由に歩くことが困難になってきている上に、認知症がある。妻にも認知症の症状がある。2人とも介護保険制度の要介護認定を受けたことがなく、サービスを利用したこともない。

2人は住み慣れた集合住宅で暮らしていたが、金銭管理ができなくなり、家賃を6カ月以上滞納していた。督促のはがきが届いても家賃を支払わなかった

ため，管理会社から立ち退きを命じられた。対応に困った住宅管理会社の職員が集合住宅内の自治会長に連絡し，自治会長から市役所に，市役所から地域包括支援センターに支援要請の連絡が入った。

② 発見後

まず，地域包括支援センターのソーシャルワーカーが行政職員とこの夫婦を訪問し，事情を確認した。その後，両者は近隣の不動産業者を訪問し，新たな住居を紹介してもらい，引っ越しの手続きを進めた。預貯金はある程度あったので，引っ越し費用などの諸経費はすべて本人たちが支払った。

住居が安定したのち，地域包括支援センターのソーシャルワーカーが中心となり介護保険の要介護認定の手続きを進めた。医師の意見書は，近隣の開業医に往診をしてもらい，書いてもらった。同時に，今後同様の状況に陥らないように社会福祉協議会の日常生活自立支援事業の手続きをした。

要介護認定の結果，夫は要介護2，妻は要支援2と認定され，訪問介護を導入した。現在は担当のケアマネジャーが2人のケアプラン作成とアセスメントを行っている。

事例⑤　認知症の高齢者夫婦の日常生活自立支援事業の利用支援ケース

発　見	住宅管理会社から自治会長
キーパーソン	地域包括支援センターのソーシャルワーカー
連　携	自治会長，地域包括支援センターのソーシャルワーカー，行政職員（高齢福祉課），社会福祉協議会職員（日常生活自立支援事業），開業医，ケアマネジャー
導入された資源	介護サービス（訪問介護）の利用，日常生活自立支援事業の利用
マクロな支援	―

（3）実例を基に作成したビネットとインタビューガイド

前述の5つの実例をもとに日本語，英語，韓国語による5つのビネットを作成した。

――― ビネット1 ―――

〈日本語版〉

Aさん（36歳女性）は夫と息子2人（15歳と1歳），娘1人（12歳）と暮らしていた。彼女は夫が病気になる前はパートで働いていた。Aさんは夫の看病のために

仕事を辞めた後は生活保護に頼っていた。Aさんの夫は次第に暴力をふるうようになったので，Aさんは児童相談所に夫から離れて暮らしたいと相談した。児童相談所は彼らがシェルターに移るための支援をした。

〈英語版〉

　Ms A (36 years old) lived with his husband, two sons (15 years old, 1 year old) and a daughter (12 years old). Ms A had worked as a part time worker before his husband became sick. After Ms A quit her job for care of her husband, they were on social assistance. As Ms A's husband had gradually used violence, Ms A asked a Child Guidance Center to be apart from her husband. The Child Guidance Center supported them to move to a shelter.

〈韓国語版〉

　A씨 (36세 여성) 는 21살에 지금의 남편과 결혼하여 두 명의 아들 (15세와 1세) 과 딸 (12세) 을 두었다. A씨는 파트타임으로 일을 하고 있었지만 남편이 병을 앓게 되자 간병을 위해 직장을 그만 두었다. 그 후에는 생활보호수급자로서 지원을 받아 가며 생활을 유지했다. 하지만 A씨는 남편이 점차 폭력을 휘두르게 되자, 아동상담소를 찾아와 남편과 떨어져 살기를 원한다며 호소했다. 이에 아동상담소는 A씨와 자녀들을 위해 쉼터를 이용하도록 지원했다.

―― ビネット2 ――

〈日本語版〉

　Bさん（83歳）は数年前から認知症である。1人暮らしのBさんは自分の部屋に古新聞や雑誌などを集めている。Bさんは長い間，入浴もしておらず，不衛生な状態にみえ，着替えもしていない。Bさんは近所の店で何かを買って食べているが，自分で調理することはできない。Bさんの義理の息子夫婦は彼女の近所に住んでいるが，Bさんは彼らとは全くつきあいがない。Bさんは市の配食サービスを利用していたことがあり，配達員がケアマネジャーにBさんを助けてくれるよう連絡した。

〈英語版〉

　Ms B (83 years old) has suffered from dementia for a few years. Ms B lived alone and collected old newspaper and magazines in her room. Ms B seemed to be insanitary because she did not take a bath for long time and she did not change her cloths. Ms B could buy something to eat in some shops, but she could not cook by herself. Though Ms B's son-in-law and his wife lived near her house,

Ms B did not have any contact with them. Fortunately Ms B used lunch delivery from the municipality, the deliverer asked care manager to help Ms B.

〈韓国語版〉

B씨 (83세) 는 수년 전 부터 치매를 앓고 있다. 홀로 사는 B씨는 집안 가득 신문지와 잡지등을 쌓아 두고 있다. B씨는 오랫 동안 목욕은 물론 옷도 갈아 입지 않아 비위생적인 상태로 보인다. 또한, B씨는 근처 상점에서 음식을 사 먹기는 하지만 자신이 직접 요리를 하지는 못한다. 가까이에 양아들 부부가 살 고 있으나 서로 연락을 취하는 일은 없다. B씨는 관할시의 도시락배달서비스를 이용하고 있어 배달원이 이를 보고 케어매니저에게 연락하여 도움을 요청했다.

---- ビネット3 ----

〈日本語版〉

　Cさん (31歳女性) はシングルマザーで，12歳の娘と10歳の息子と暮らしている。Cさんは離婚してから，生活保護を受けて働きながら，子どもたちを育てていた。Cさんは一生懸命働いたが，家事をする十分な時間はなかった。彼女の部屋はいつも散らかっており，汚かった。

　娘はCさんを手伝って，調理や洗濯をした。息子は学校の勉強についていけず，課題を抱えていた。彼は非行にはしる恐れがあった。

〈英語版〉

Ms C (31 year old) is a single mother with a daughter (12 years old) and a son (10 years old). After Ms C divorced, she worked and brought up her children with social assistance. Ms C tried to work with her best, but she did not have enough time for housekeeping. Her room was always messy.

Her daughter helped Ms C for cooking and washing their clothes. But her son had some troubles with a drop in scholastic ability. He was feared to become delinquent.

〈韓国語版〉

　C씨 (31세 여성) 는 홀로 12살 딸과 10살 아들을 키우며 지내고 있다. C씨는 이혼 후 생활보호수급을 받으며 일과 육아를 병행해 왔다. C씨는 열심히 일을 하다보니 가사에 신경쓸 여유가 없어 집안은 늘 어수선한 상태였다.

　딸은 요리와 세탁을 하며 C씨를 도왔다. 하지만, 아들은 학교수업을 따라가지 못하는 상황이고 여러 과제를 안고 있다. 또한, 비행을 저지를 우려마저 있

第Ⅲ部　小地域福祉ガバナンスとソーシャルワークの国際比較

다.

── ビネット4 ──

〈日本語版〉

　Xさん家族は，父親（65歳），母親（61歳，知的障害あり），長男（26歳，知的障害あり），二男（23歳，ひきこもり）の4人家族である。父親は2年前の骨折が原因で下半身不随となり，生計を立てられなくなった。父親は仕事を辞めてから，母親と長男がパートの仕事をするようになった。彼らの賃金は安く，家賃や医療費を十分に稼ぐことができずに，長男は借金をし，日々の生活でクレジットカードを使うようになった。650万円もの借金ができ，その利子も払えない状況である。

〈英語版〉

　Family X has 4 members, Father (65 years old), Mother (61 years old, mental retardation), the oldest son (26 years old, mental retardation), and the second son (23 years old, 'hikikomori'). Father was paralyzed below the waist due to cerebral infraction two years ago, and he could not work for their family anymore. After Father quit his job, Mother and the oldest son worked as part time workers. As their income was not enough for rent and medical bill, the oldest son made a loan and used his credit card for their daily life. The total amount of loan has become 6,500,000 yen (around 60,000 EUR) and they could not pay even interest on a loan.

〈韓国語版〉

　X씨 가족은 4인가족이다. 아버지 (65세), 어머니 (61세, 지적장애), 큰아들 (26세, 지적장애), 작은아들 (23세, 히키고모리). 아버지는 2년전 골절상으로 인해 하반신불구가 되어 생계를 책임질 수 없게 되었다. 아버지가 일을 못하게 되자 어머니와 큰아들이 파트타임으로 일을 하기 시작했다. 하지만, 수입이 적어 월세와 의료비를 마련하기에는 턱없이 부족했다. 때문에 큰아들이 대출을 하였고, 생활비는 신용카드로 충당했다. 결국 빚은 650만엔 (한화 약9000만원) 에 이르렀고 이자조차 낼수 없는 상황이 되었다.

── ビネット5 ──

〈日本語版〉

　Eさん（85歳）は妻（80歳）と2人暮らしである。彼らには55歳の娘がいて，その娘は近所に住みこの老夫婦の生活を支えることができる。Eさんは15年前に心筋

梗塞を経験してから移動に困難がある。またEさんには記憶障害もあり，進行している。彼は日常生活にほとんど関心を示さない。Eさんは不衛生な状態にあり，入浴，着替え，起床，就寝に介助を必要としている。妻がEさんの世話をしていたが，彼女はもはや食事の準備もできる状態ではない。

〈英語版〉

　Mr E (85 years old) lives with his wife (80 years old). They have a daughter (55 years old) who lives nearby and is able to help them. Mr E had a heart attack 15 years ago and he has had mobility problems. He also suffers from memory loss and is disoriented. He shows no interest in the daily activities in the household. Mr E is incontinent, requires assistance washing and getting dressed, as well as getting up and going to bed. His wife, who provides his care, is no longer able to prepare his meals.

〈韓国語版〉

　E씨 (85세) 는 아내 (80세) 와 단둘이 살고 있다. 집 가까이에는 두 노부부를 보살필 수 있는 딸 (55세) 이 살고 있다. E씨는 15년전 심근경색을 앓고 난 후 이동이 곤란한 상황이며 기억장애마저 진행되고 있다. E씨는 일상생활에 관심을 거의 보이지 않는다. 비위생상태이며, 목욕이나 옷 갈아 입기, 취침, 기상시는 누군가의 도움이 있어야 한다. 아내가 E씨를 돌봐 왔지만 지금은 식사준비조차 힘든 상태이다.

インタビューガイド（英語版）

1. First Contact	Who found the case first?
	How did he/she find it?
2. Key Persons	Who works mainly to manage the case?
3. Collaboration	Which organizations work together to solve the problems?
	How social workers work for the case?
4. Mobilized Resources	What kind of law exists for the case?
	How the social system supports the case?
	What kind of organizations, social service professionals work for the case?
	(If some economical resources is necessary) who pays for management of the case?
5. Macro Approach	Do you have any experiences that an individual issue developed (or influenced) social policies in their community?

インタビューガイド（韓国語版）

발견 (First Contact)	누가 최초로 사례 (케이스) 를 발견하였는가？ 어떻게 발견하였는가？
주 역할수행자 (Key Persons)	개별지원에 있어 중심적인 역할을 수행한 자는 누구였는가？
연계 (Collaboration)	지원하는 과정에서 어떤 기관의 누구와 어떻게 연계하였는가？
거시적 지원 (Macro Approach)	개별과제가 지역적 과제로서 다루어지고 있는가？ 계획 또는 정책에 반영하거나 지역차원의 활동으로서 확대되었는가？ 즉, 「복지거버넌스」가 구축되었는가？
자원활용 (동원) (Mobilized Resources)	지원과정에서 어떠한 자원 (인적, 물적, 경제적) 이 활용되었는가 (기존의 제도를 포함한다)？

（4）ビネット作成における課題

　ビネットを用いた国際比較調査では，厳密には，一国の事例を取り上げるのではなく，調査対象各国の事例から「困難事例」と考えられる事例を抽出する必要もあるだろう。本研究では日本における困難事例に限ってビネットを作成した。ビネットの作成方法についてはさらに議論を重ね，ビネットを用いた国際比較の方法を精緻化する必要がある。

2　対象国の選択と各国の調査概要

（1）対象国の選択理由

　本研究では4カ国（イギリス，ノルウェー，アメリカ，韓国）を調査対象とした。これらの4カ国の抽出はMeeuwisseによるソーシャルワークのレジーム分類を参考にしている（第4章参照）。これらの国々を福祉国家レジーム分類でみると，イギリスとアメリカは自由主義レジーム，ノルウェーは社会民主主義レジーム，韓国は東アジアレジームとされる。この分類方法ではイギリスとアメリカは同じグループに分類されることが多いが，両国は福祉国家成立の歴史が異なり，ソーシャルワークの基盤となる社会福祉制度も大きく異なる。本研究はソーシャルワークの国際比較とともに，そのガバナンスを比較することを目的とす

るので，社会福祉制度が異なる4つの国を対象としたことは妥当と考える。また研究会のメンバーがこれらの国々の福祉制度やソーシャルワークを研究していたことも対象国の選択理由の一つである。このことは調査の前に現地の制度の把握が可能であり，また調査の協力を得やすく，事前の調査計画の立てやすさにつながる。

　本研究では，日本において「制度の狭間」に落ちてしまいがちな困難事例を取り上げ，各国でソーシャルワークがどのような対応をし，どのような福祉ガバナンスが展開されているかを調査しようするものであり，比較項目を緩やかに設定している。比較項目の設定により，調査対象国はおのずと変わってくることは前章で紹介した先行研究でも明らかである。

　次にイギリス，ノルウェー，アメリカ，韓国の順で，各国の調査概要を整理する。

（2）各国の調査概要
1）イギリス調査概要
① 調査期間

2013年2月27日～3月1日。

② 調査地

ブライトン・アンド・ホヴ市近郊の大学社会福祉学部1カ所，ダラム・カウンティ内の大学社会福祉学部1カ所。イギリスではブライトン・アンド・ホヴ市（人口27.3万人）近郊とダラム・カウンティ（人口51.3万人）を調査地に選んだ。一つの市だけでは情報に偏りが生じると考え，また地域による違いにも関心があったため，2地域で調査を実施した。首都ロンドンはイギリスの中でも特殊性が強く，市内における地域福祉の取り組みが多様性に富んでおり，代表性という面で課題が多い。そのため調査のしやすさという点で，ロンドンから列車で約1時間のところにあるブライトン・アンド・ホヴ市近郊と，イギリス北部のダラム・カウンティを調査対象地として選んだ。

③　インタビュイーと調査方法

各地の大学社会福祉学部の研究者6名。初めはブライトン・アンド・ホヴ市近郊とダラム・カウンティで1名ずつの研究者（事前に面識あり）にメールで調査協力を依頼したが，その研究者からの紹介で最終的にはブライトン・アンド・ホヴ市近郊で3名，ダラム・カウンティで3名の研究者の協力を得ることができた。イギリスでは研究者の専門分野が明確に分かれているため，5つのビネットを示して，回答可能なビネットを選んでもらい，個別のインタビュー（各1時間程度）を行った。6名のうち，5名はソーシャルワークが専門で，1名は社会政策が専門である。今回はソーシャルワーカーへの調査はできず，その点では課題を残しているが，今後，現地の大学研究者との協力のもと，現地のソーシャルワーカーの研修の一環として，本調査を共同で実施する可能性を見出した。

④　調査者

日本人研究者2名（専門はソーシャルワーク，福祉政策）。

⑤　使用したビネット

各大学の窓口になっていただいた大学研究者には調査依頼とともに事前にメールにてビネットを送付。ビネットの選択は調査対象者に任せた。結果として，ビネット1（夫から暴力を受けていた妻と子のケース）とビネット4（多重債務を抱えた知的障害者の家族のケース）については選択されず，ビネット2（認知症が原因で家にゴミを溜め込んでいる高齢者のケース）を3名，ビネット3（育児放棄がみられた母子のケース）を1名，ビネット5（認知症の高齢者夫婦のケース）を1名が選択した。残る1名は，時間の都合で，ビネットを選択しての回答は得られなかったが，調査協力者自身が国際比較調査，ビネットを用いた調査の経験があり，調査についてのアドバイスをもらった。

⑥　使用言語

英語のビネットを使用し，通訳を介さず，英語で実施。通訳を介さないことで限られた時間を効率的に使えた。録音して，後日，音声データを確認することで聞き取りの内容を確認した。

第 6 章　調査概要と分析の枠組み

2）ノルウェー調査概要

① 調査期間

2011年8月24日～8月26日。

② 調査地

オスロ市内の社会福祉系大学2カ所，ベルゲン市内の社会福祉系大学1カ所。ノルウェーでは首都オスロ市（人口60万人）と第2の都市ベルゲン市（人口20万人）を調査地に選んだ。一つの市だけでは情報に偏りが生じると考え，また地域による違いにも関心があったため，2地域で調査を実施した。この2市を選択した理由は，調査者が福祉システムの調査を行った実績があり，福祉資源や行政組織についての情報を事前に入手しており，準備がしやすいためである。また両市には社会福祉系（ソーシャルワーカー養成）の大学があり，大学研究者の調査協力を得やすいという利点もある。近年の国際比較調査では1カ国から2地域を抽出するケースがみられるが，大きな都市ともう一つは特徴が異なる地域（たとえば過疎地域等）を抽出することが多い。ノルウェーは地域で文化的特徴があり（文化的クリーヴィッジ），バルト海に面するオスロ市は他のスカンジナビア諸国の福祉モデルと似たところが多く，北海に面するベルゲン市は独自の文化を持つ。その意味で2つの都市の抽出は妥当性がある。

③ インタビュイーと調査方法

社会福祉系大学の研究者，市ソーシャルワーカー（高齢者介護課）。ただし各回で調査対象者の構成が異なっており，詳細は次のとおりである。

　ⅰ　オスロ市内福祉系大学での調査：児童福祉を専門とする大学研究者1名（2時間）。

　ⅱ　オスロ市内福祉系大学での調査：児童福祉，高齢者介護，生活保護等を専門とする大学研究者3名（3時間）。

　ⅲ　ベルゲン市内福祉系大学での調査：主に高齢者介護を専門とする大学研究者3名とベルゲン市高齢介護課職員（ソーシャルワーカー）1名

（4時間）。

　結果として，ⅰは大学研究者1人，ⅱは大学研究者のみ3人，ⅲは大学研究者と高齢者介護分野のソーシャルワーカーの組み合わせであった。ノルウェーでは福祉系大学の研究者はソーシャルワーカーとして現場勤務の経験があることが多く，今回も研究者のソーシャルワーカーとしての実務経験からの話をベースにした内容を聞くことができた。ⅲでは，研究者とソーシャルワーカーが同席したため，実際のソーシャルワークの話に研究者の背景説明が加わり，ガバナンスの調査という点では理想的な調査形態と考えられる。ただし人数が多い分，時間も必要となる。

　④　調査者

　日本の大学研究者（専門はソーシャルワーク，公共政策，北欧研究等）7名

　調査者は7名で構成したが，調査において各研究分野の視点からの質問が可能となり，調査後の検討会でも多角的な議論が可能となるため，ガバナンス調査としては好条件といえる。ただしインタビュイーが1人の場合，調査者の人数があまりに多いと相手に対する圧迫感を与えるので，配慮が必要である。

　⑤　使用したビネット

　3回の調査を通じて，最終的にはすべてのビネットを使用した。ⅰではインタビュイーとなった研究者の専門分野が児童福祉であったため，ビネット3（育児放棄がみられた母子のケース）・4（多重債務を抱えた知的障害者の家族のケース）を使用した。ⅱではインタビュイーの研究者3名は，それぞれ児童福祉，生活保護，高齢者介護の専門であったため，すべてのビネットを使用した。ⅲでは研究者もソーシャルワーカーも高齢者介護が専門分野であったため，ビネット2（認知症が原因で家にゴミを溜め込んでいる高齢者のケース）・5（認知症の高齢者夫婦のケース）のみを使用した。ノルウェーではイギリスと同様に，研究者も，ソーシャルワーカーも専門が明確に分かれていて，分野を横断した質問は不可能であった。

　⑥　使用言語

　ビネットは英語で作成したものを使用。現地語通訳は状況に応じて利用。今

回は大学研究者をインタビュイーとしたので,英語の使用が可能であり,ビネットは英語のものを使用した。今後,利用者や一般市民を対象に調査を実施する場合には,現地語版のビネットが必要となる。

　ビネットを用いた調査では,調査者とインタビュイーのコミュニケーションがより重要となり,また複雑な内容を質問することがあるため,通訳に高い技術が必要となる。オスロで実施したⅰⅱの調査は,ノルウェー語の通訳を介して実施したが,ベルゲン市で実施したⅲの調査では通訳を介さずに英語で実施した。地方都市では適当な通訳を見つけることは難しく,またⅲでは参加者数が多く,通訳を介しての議論は効率が悪かった。通訳の利用は長所と短所があり,判断が難しいが,技術が高い通訳を得られる場合は積極的に利用することがよいと考えられる。一方,技術が高い通訳を得ることが難しい場合,参加者数が多い場合などは,英語で直接行う方が効率的である。

3)アメリカ調査概要

① 調査期間

2011年10月25日。

② 調査地

ニューヨーク市内のNPO1カ所。アメリカでは研究会メンバーのネットワークからニューヨーク市内のNPOを選んだ。

③ インタビュイーと調査方法

NPOに勤務する医療ソーシャルワーカー(大学でソーシャルワーカー教育に携わった経験を持つ)。事前にメールで調査協力を依頼し,同時にビネットも送付した。回答は主にインタビュイーの当該団体での経験が前提となっている。

④ 調査者

日本の大学研究者1名(専門はソーシャルワーク)。

⑤ 使用言語

英語のビネットを使用し,通訳を介さず,英語で実施。通訳を介さないことで限られた時間を効率的に使える。

4）韓国調査概要

① 調査期間

2011年11月2日～11月5日。

② 調査地

ソウル特別市。

③ 調査対象者

社会福祉系大学の研究者，ソーシャルワーカーで詳細は次のとおりである。

　調査ⅰ：ソーシャルワーカー3人，市福祉課職員1人（プレ調査）

　調査ⅱ：ソーシャルワーカー5人，市福祉課職員1人

　調査ⅲ：大学研究者3人

　インタビュイーは韓国在住の現地協力者に調整を依頼した。本調査を実施する前のプレ調査で次の4つの課題が浮上した。第1に，現地視察のプログラムも用意されており，調査時間の十分な確保がむずかしかった。第2に，他の団体が同席したままインタビューを開始したため，インタビューに参加したメンバー全員に場の設定に対するとまどいの雰囲気があった。第3に，調査対象者が安心して本音で話せる場作りができなかった。インタビュイーのメンバー構成，また対象者外の人の同席については配慮が必要である。第4に，時間配分のミスであり，質問項目に入る前に，事例に対する印象を聴取することから初めてしまったため，時間が足りなくなってしまった。

　これらの反省点を踏まえて，次の点に注意して本調査を実施した。①インタビューの冒頭では「こういうケースは韓国にはありますか」と投げかけるにとどめ，印象は聞かずに質問項目に沿って進めること，②インタビュイーから事例の設定に対して質問があった場合は，こちらの用意した事例の解説をするのではなく，「ここにある情報からあなたが思い浮かべる状況があったとしたら，それはどんな状況でどうなるのかを聞かせて欲しい」という質問に変えて投げかけること，③一つの事例については15分程度で終了させることとし，できるだけすべての事例に対して意見聴取できるように進めることとした。

④　調査者

日本の大学研究者2名（専門は共にソーシャルワーク）。日本語と韓国語が使用できるソーシャルワーク研究者が調査を実施したため、ノルウェーで発生したような通訳の問題は生じなかった。調査者自身がネイティヴレベルの現地語を使えることは理想的である。

⑤　使用言語

ビネットは日本語と韓国語のものを使用。

3　調査方法についての課題

本調査の経験をふまえて、調査方法についての今後の課題を整理する。

（1）調査対象者の選定

イギリス調査においては、インタビュイーがすべて研究者であった。良かった点としては、全国的な動向や傾向についての情報とともに、地域についての情報が得られたことである。またソーシャルワークの実践ではなく、インタビュイー自身の調査の経験から、ビネットで示したケースについての情報を得ることができた。一方で、特定の地域や団体等の実践やその経験を踏まえて、実施時点でのより具体的な情報については、現任のソーシャルワーカーに調査協力を依頼する方が望ましい。

インタビュイー6名すべてがイギリスの大学の博士号を持つが、そのうち2名はイギリス以外の出身で（台湾・ギリシャ）、1名はカナダでの現場経験と大学教員の経験を持っていた。そのため、インタビューの中で、イギリスと他の国の比較や、比較研究の課題等についても問題意識や関心を共有することができた。1（インタビュイー）対2（調査者）でのインタビューは、人数が少なく、じっくりと話を聞くことができた。その分、情報量も多かった。

インタビューガイドに沿って5つの枠組みにあたるすべての情報が得られているのは、調査者側から、5つの枠組みにそのものあるいは関連した質問を投

げかけたからである。そのため，情報が得られたことだけでなく，インタビューイーがもつ「連携」「マクロな支援」などのソーシャルワークに用いられる概念の捉え方についても確認しながらインタビューすることができた。

　調査では同じケースについて複数名に聞くことができた場合と，そうでない場合があった。複数から聞くことができると，得られる情報が豊かになるだけでなく，個人の知識や考え経験に限定されたものなのかそうでないのかの判別が可能となる。できれば同じケースについて複数の協力者を得たい。

イギリス調査

調査対象者	長　　所	短　　所
研究者1名×6回	じっくりと話を聞くことができる。 質問がしやすい。 複数名に実施することにより，理解が深まる。 回答の客観性が高まる。	限られた滞在時間のなかで，時間調整が難しい。

ノルウェー調査

調査対象者	長　　所	短　　所
（1）研究者1名	話をゆっくり聞ける。 短時間で実施可能。	主観論に終始する可能性がある。実践現場のリアリティから乖離している可能性がある。
（2）研究者3名	お互いが発言内容を確認し合うため，客観性が高まる。 またお互いの発言の中で気づきがあり，会話がはずむ。	実践現場のリアリティから乖離している可能性がある。過去にソーシャルワークの実務経験があっても，すでに制度や運用状況が変わっていることもある。
（3）研究者3名とソーシャルワーカー1名	実際のソーシャルワークの話に，研究者の解説が加わり，話が立体的になる。 実践現場のリアリティからの乖離は少ない。 またお互いの発言の中で気づきがあり，会話がはずむ。	人数が多くなるため，調査に時間がかかる。メンバー調整に手間がかかる。

韓国調査

調査対象者	長　　所	短　　所
異業種，多人数	異なる職種により，複数の角度での見解を聞くことができる。	参加者に上下関係や利害関係などで回答に影響を受ける（＝配慮が必要）。進め方に工夫が必要。時間配分が難しい。

　国際比較をするにあたり，インタビュイーの条件を合わせる必要があるのではないかという問いが残る。インタビュイーの対象を各国で統一するか，各国の事情に合わせた方法を選択するかということよりも，むしろインタビュイー選定の理由付けが重要である。イギリスやアメリカの場合は，ベテランの専門職がいるので，必ずしも大学研究者を対象にする必要はないというように，各国で専門職の資質や事情が異なるためである。

　ノルウェーのソーシャルワーカー養成大学の教員は過去にソーシャルワーカーとして働いた経験を持っていた。1人に対するインタビューより，グループインタビューの方が参加者同士のディスカッションがあるので，より客観的な意見になっていたように思われる。同時に複数者に対するインタビューの方が望ましいと思われる。また研究者とソーシャルワーカーが同席するケースが最も効果的と思われる。

（2）ビネットで使用する表現・用語――ソーシャルワーカー・キーパーソン等

　ビネットで使用する表現・用語について検討する必要がある。ノルウェーでは「キーパーソン」という語がうまく伝わっていないような印象を受けた。「最終的に責任を持つ人」「最終判断をする人」などの方が通じる。それは各国のソーシャルワークのシステムに違いがあるためである。ノルウェーでは，「マクロな支援」（Macro Approach）の話はほとんど出されなかった。しかし高齢者介護では「コミューネ選挙の争点になっている」などの話題が出ており，それは調査者による積極的な解釈が必要となる。ソーシャルワークの仕組みが国ごとに違うため，ワーディングは十分に検討する必要がある。

　「あなたの国でソーシャルワーカーはどの分野で，どのような仕事をしてい

るか」という設問をいれた方がよいとの指摘を受けた。ノルウェー調査では，ソーシャルワーカーが「ソシオノーム（社会福祉士資格者）」と「ソーシャルアルベータレ（現場のワーカー）」の語が混ざって使われていた。また「児童保護士」はソーシャルワーカーに入るのかどうか。「あなたの国ではソーシャルワークは今のどの分野で最も活躍しているか」という設問を入れた方がよい（たとえば，近年のノルウェーでは若年失業，児童虐待，薬物使用，移民のインテグレーションという回答だった）。確かに国や時代によってソーシャルワークが活躍する場は異なる。

　コミュニティワークを専門とする研究者（イギリス）からのアドバイスとして，「ガバナンス」をみる場合には「連携」の他に，誰がどのように決めるのか，また決定への参加等についての設問が必要という指摘があった。指摘のとおりであり，イギリス，ノルウェーのソーシャルワーカーにとっては措置決定が大きな仕事である。ここでも「連携」を通じて問題解決をはかろうとする日本の福祉ガバナンスの仕組みと，行政決定に基づき問題解決をはかろうとするノルウェーやイギリスとの手法の違いに気づかされる。

（3）専門分野が明確に分かれる国とそうでない国

　今回の調査では日本の地域福祉の事例でビネットを作成したが，ノルウェーでは高齢者に関する事例は「保健」（health care），障害者や生活保護に関する事例は「社会的ケア」（social care），児童に関する事例は「児童保護」（child protection）というように専門分野が明確に分かれている。そのため，事業別にインタビューを依頼せざるを得なかった。特にイギリスとノルウェーでは分野が異なると回答が全く得られなかった。これは国の事情によって異なると思われる。

（4）支援対象者の収入情報が必要な国

　ビネットの内容については，ノルウェーでは「この程度でよい」という反応であったが，イギリスでは「対象者の所得などの情報が欲しい」という意見が

あった。ユニバーサルサービスが前提とする北欧諸国と所得によりサービス利用が規定される国の違いがある。ビネットの情報として本人の収入に関する情報を必要とする国がある。

(5) 通訳をどうするか

インタビューでは（必要な場合，通訳を介して）現地語を使った方がよい。法律の名前，専門職の名前が英語に訳されると後に文献調査でフォローアップする際にわからなくなる。またノルウェーの場合，インタビュイーも英語が母国語ではないこともあり，双方の理解で誤解が生じる恐れがある。ただし通訳の技量は重要である。

	長　所	短　所
現地語の通訳あり	技術の高い通訳であれば，やりとりが円滑に進み，極めて有効。報告書作成時に効率的である。	通訳の時間が余分にかかる。インタビュイーとの間でコミュニケーションがうまくとれない要因になることもある。通訳者の技術が問われる。
現地語の通訳なし（英語で実施）	インタビュイーとの間でコミュニケーションがとりやすい。限られた調査時間を有効に使える。	インタビュイーが現地語を英語に翻訳する際に，適当な翻訳でない可能性がある。調査者が意図する内容を十分に伝えられない可能性がある。調査対象者が緊張する可能性がある。

現地語の通訳を利用した場合でもインタビューは録音し，再度，聞き返すことが必要である。音声データを聞き返すことで，当日に聞き取れなかった要点を新たに見つけることが多い。たとえば，「マクロな支援」や「導入された資源」をインタビュイーの語る言葉から間接的に発掘できる場合もある。

法律名やその成立年などはインタビュイー自身が間違えている場合があるので，文献によるフォローアップは必ず必要である。

注
(1) 代表的なものに,岩間伸之(2008)『支援困難事例へのアプローチ』メディカルレビュー社。
(2) 社会福祉法人大阪府社会福祉協議会『社会貢献事業』(社会貢献事業報告書(平成16年度)より引用。
(3) 大阪府資料より引用。

(斉藤弥生・所めぐみ・室田信一)

第7章 調査結果と各国の比較

1 調査結果のまとめ

　本章では，5つのビネットを用いたインタビュー調査の結果を総括する。各国の特徴についての詳細は第3節にまとめている。

（1）夫から暴力を受けていた妻子に対する生活再建までの支援ケース

　表7-1は夫から暴力を受けていた妻と子のケースを各国ごとにまとめている。

　「発見」をみると，日本に実際にあったケースでは母親本人が児童相談所に連絡をしている。児童相談所に連絡をしたということは，自分自身が夫の暴力を受けたという通報ではなく，経済的に困窮し育児ができないことを理由に援助を申し出た。ノルウェーでは本人の通報も考えられる他，子ども自身がSOSを発信することもある。また緊急避難センターは人口515万人のノルウェー国内に50カ所も設置されており，母親が暴力を受けた時点での緊急対応が可能となっている。韓国でも母親本人や子どもの通報の可能性が高く，また生活保護受給者の場合は行政が発見することが多い。比較をすると，ノルウェーが最も早い段階で発見される可能性が高いようであった（ただし，イギリスではこのビネットに対する回答が得られていない）。

　「キーパーソン」をみると，日本ではコミュニティソーシャルワーカー（以下，CSW）が中心的な役割を担うことになった（このことはコミュニティソーシャルワークの事例集からケースを抽出したことによる）。ノルウェーでは「キーパーソン」という語にほとんど反応が見られなかった。インタビューの中では，もっ

第Ⅲ部 小地域福祉ガバナンスとソーシャルワークの国際比較

表7-1 夫から暴力を受けていた妻子に対する生活再建までの支援ケース

	日 本 (実際に発生したケース)	イギリス	ノルウェー	アメリカ	韓 国
発 見	当事者(母親)から児童相談所に連絡	―	救急病院等の医療機関 児童保護センター 社会福祉事務所 緊急避難センター 保育所,学校 子ども自身がSOS電話で通報 近隣の人が通報 本人の通報	(発言なし)	当事者(母親)から通報(ホットラインなど利用) 子ども自身の通報 学校社会福祉士 社会福祉館や地域児童センター 行政(生活保護受給者の場合) 近隣住民,家族
キーパーソン	コミュニティソーシャルワーカー		(発言なし)	ホームヘルプ支援事業のソーシャルワーカー 相談を受けた職員	(初期は)児童保護機関の職員や民間機関の職員 (他のサービス体系に移ると)同居の場合,健康家族支援センター
連 携	コミュニティソーシャルワーカー 児童相談所職員 民間シェルター職員 社会福祉協議会職員 福祉事務所ケースワーカー 民生委員 地域ボランティア 警察	―	対処が可能な機関につなぐ 緊急避難センター 精神科カウンセリング 家族セラピー 心理士やソーシャルワーカーによる相談 精神科ポリクリニック 児童保護センター 社会保険事務所(介護手当給付)	心理療法を専門とする団体 法人内の他のプログラム(青少年支援プログラム,不登校予防プログラム) 学校	家庭暴力相談所 児童保護専門機関 地域社会福祉協議体 健康家庭支援センター 警察 学校 社会福祉関連機関 弁護士
導入された資源	生活保護給付 社会福祉協議会の生活資金貸付制度 民間の福祉基金 児童養護施設	―	(発言なし) ※上記と重なる	ケースマネジメント(家探し,生活雑貨の提供等) 緊急時用のリネン,食料,オムツ類などの提供	生活保護給付 緊急生活費 緊急住居費 民間企業の後援金 社会福祉関連機関の学習支援等の各種プログラム

118

第7章　調査結果と各国の比較

	日　本 (実際に発生 したケース)	イギリス	ノルウェー	アメリカ	韓　国
マクロな支援	定例ケース会議のコーディネート	—	(発言なし)	住宅政策にかかわるアドボカシー活動	(発言なし)

とも適切な部署が対応するという回答であった。アメリカでは相談を受けたNPO職員がキーパーソンとして問題解決にあたり，インタビュー対象となったNPOではホームヘルプ支援事業を行っていたため，その担当者が対応するという回答であった。韓国では，初期の段階は児童保護専門機関の職員などで，対応が決まると利用するサービス体系の中でキーパーソンが決まる。

「連携」では，日本ではCSWが中心となり，児童相談所職員，民間シェルター職員，民生委員等と連携して問題の解決にあたった。ノルウェーでは対処可能な機関につなぐという回答であり，連携先としてはカウンセリング等の心理的ケアの部門とのコンタクトが多いようであった。ノルウェーではカウンセリング等のサービスが安価（もしくは無料）で受けることができることによる。また児童保護センターの役割も大きい。またノルウェーの特徴としては，夫の介護で妻が仕事をやめるという状況は想定しにくく，仮にそれがあったとしても妻は家族介護手当が支給されるため生活保護の対象になることは考えにくいということであった。アメリカではNPO内の複数のプログラムとの連携が考えられ，また相談をうけたNPOの中で適当なプログラムが見つからない場合は，他団体との連携をはかる。韓国では，家庭暴力相談所，児童保護専門機関，健康家族支援センター等が連携すると考えられるが，地域社会福祉協議体の役割もある。日本でも地域ボランティア，民生委員などの連携が考えられ，地域住民の関与がある点は日本と韓国は共通する。ノルウェーでは地域住民との連携は想定されていない。

「導入された資源」では，日本のケースでは生活保護給付，社会福祉協議会による生活資金貸付などが利用され，また母親による育児が困難であるとすれ

ば児童養護施設の利用も検討された。韓国は生活保護給付などで対応するという点で日本の対応と似ている。ノルウェーは前述のとおり，生活保護の前に，他の給付（たとえば夫の介護のために妻に支払われる介護給付や失業手当など）がある。アメリカではNPOが実施するプログラムの中からの資源を活用する。

「マクロな支援」においては，日本のケースではCSWが中心に定例のケース会議が開かれるようになっていたが，他国ではマクロな支援に対する発言はみられなかった。アメリカではインタビュー対象のNPOでは住宅政策の向上にむけたアドボカシー活動を行っていた。

（2）認知症が原因で家にゴミを溜め込んでいる高齢者への支援ケース

表7-2は認知症が原因で家にゴミを溜め込んでいる高齢者のケースを各国ごとにまとめている。このケースは各国の回答が揃い，比較的，どの国にもみられるケースのようである。

「発見」について，実際に起きた日本のケースでは配食サービスの配達員が発見している。イギリスでも配食サービス配達員，家庭医などが発見する可能性が高い。ノルウェーでは後期高齢者の生活状況はすでに行政が把握していることが多いというが，配食サービス，親族，医師，隣人による発見もある。韓国の特徴は老人ドルボミサービス（一人暮らし高齢者に対する安否確認，健康・栄養管理等の生活教育，情緒的支援等）などであり，また統長，班長といった地域リーダーによる発見も多い。アメリカは5カ国のなかで特徴的で，個人情報保護の意識が強く，近隣からの通報は考えにくいという。

「キーパーソン」は，日本では介護保険制度によるケアマネジャーであった。イギリスの場合は経済的ニーズのある場合は自治体のソーシャルケア部門のソーシャルワーカーであり，介護ニーズがある場合はケアマネジャー，または家庭医がキーパーソンとなる。ノルウェーもイギリスに似ており，介護ニーズがある場合は自治体の介護サービス判定員，社会的支援ニーズがある場合は自治体のソーシャルワーカーが担当する。韓国も介護ニーズがある場合は，在家老人福祉センターのソーシャルワーカーで，自立と判定された高齢者には社会

第7章 調査結果と各国の比較

表7-2 認知症が原因で家にゴミを溜め込んでいる高齢者への支援ケース

	日　本（実際に発生したケース）	イギリス	ノルウェー	アメリカ	韓　国
発　見	配食サービスの配達員	配食サービス 家庭医 消防サービス 警　察	後期高齢者はすでに自治体に登録されていることが多い。 配食サービス担当者 親族，医師 隣　人	個人情報保護の問題があり，このようなケースでは近隣住民からの通報はほとんどない。 NORC（高齢者密集地域プログラム）	老人ドルボミサービス事業所職員 長期療養センター職員 近隣住民 統長，班長
キーパーソン	ケアマネジャー	（経済支援ニーズがある場合）自治体のソーシャルケア部門 （要介護の場合）ケアマネジャー，家庭医	（介護サービス利用を伴う場合）介護サービス判定員 （介護サービス利用をしない場合）自治体ソーシャルワーカー	（法人内の）高齢者サービスのケースマネジャー	（要介護認定を受けた場合）在家老人福祉センターのソーシャルワーカー （要介護認定で自立判定の場合）社会福祉館，老人福祉館のソーシャルワーカー
連　携	ケアマネジャー 配食サービス ホームヘルパー 民生委員 老人会会長 病　院 義理の息子夫婦	自治体と保健医療機関の連携 民間非営利団体（アルツハイマーソサエティ等） ケアサービス企業 教　会 メモリークリニック 精神医療 心理的ケア	（介護サービス利用を伴う場合）医　師 訪問看護（身体介護） （介護サービス利用をしない場合）自治体ソーシャルワーカー 家　族	配食サービス デイサービス（他法人による） ホームヘルプ事業所 青少年プログラム	地域社会福祉協議体 （認知症の場合）痴呆相談センター，老人総合福祉館，在家老人福祉センター（要介護認定を受けた場合）デイサービスセンター，精神疾患があれば精神保健センター，認知症の場合は保健所の訪問看護師
導入された資源	介護保険サービス（訪問介護，通所介護） 配食サービス	（支援を必要とする場合）居宅サービス 居住施設 （医療ニーズが高い場合）ナーシングホーム （公的支援を必要としない場合）配食サービス	ホームヘルプサービス 配食サービス ショートステイ 老人ホーム	配食サービス デイサービス ホームヘルプサービス 世代間交流プログラム	（発言なし） ※上記と重なる

121

第Ⅲ部　小地域福祉ガバナンスとソーシャルワークの国際比較

	日　本（実際に発生したケース）	イギリス	ノルウェー	アメリカ	韓　国
マクロな支援	定例ケース会議のコーディネート	家事援助ランチ，デイサービス等　民間非営利団体による代弁活動	（発言なし）	プログラム開発と予算要求　介護者家族の会の組織化	老人ドルボミサービスは，社会ニーズに対応して政策化

福祉館等のソーシャルワーカーが対応する。アメリカではNPOの高齢者サービスのケースマネジャーが担当する。アメリカ以外の国では，介護ニーズの有無で担当者が決まるという点が共通している。また他のケースに比べ，高齢者関係の課題では，どの国もキーパーソンになりうる人が比較的明確である。

「連携」では，日本のケースではケアマネジャーを中心に，配食サービス，ホームヘルパー，民生委員，親族などのかかわりが見られた。イギリスでは自治体，保健医療機関，アルツハイマーソサエティなどの民間団体，教会などのかかわりがみられた。ノルウェーでは自治体のソーシャルワーカー，医師，訪問看護，家族とのかかわりがみられた。アメリカでは配食サービス，デイサービスなど，NPOが行っているプログラムの連携がみられた。韓国では地域社会福祉協議体の役割が大きく，その他に認知症関係の機関やサービスのかかわりが多い。それぞれの国の特徴がみられ，イギリスでは民間団体のかかわりも重要視されており，日本や韓国では地域のインフォーマルなかかわりがみられる。

「導入された資源」は，どの国も居宅系介護サービスで似ている。

「マクロな支援」としては，日本では定例ケース会議が行われるようになった。イギリスでは民間非営利団体による代弁活動，アメリカではプログラム開発，予算要求，介護家族の会の組織化がみられる。韓国の老人ドルボミサービスは社会ニーズから発生してできた制度とみれば，マクロな支援の一つと考えることができる。

第 7 章　調査結果と各国の比較

このケースについては，各国のそれぞれの特徴がみられるものの，他のケースに比べて相対的に組織化されており，各国での対応に共通点も多い。

（3）育児放棄がみられた母子家庭の子どもへの学習支援ケース

表 7-3 は育児放棄がみられる母子のケースを各国ごとにまとめている。このケースも各国の回答が揃い，比較的，どの国にもみられるケースのようである。

「発見」については，日本のケースでは町をうろうろする子どもを警察が保護したことをきっかけに生活保護のケースワーカーが第 1 発見者となった。イギリスではこのケースにおいて，第 1 発見者となりうるのは，学校，警察，医療機関があげられた。ノルウェーもほぼ同様であるが，児童保護センター，緊急避難センターの役割が大きい。これはすでに述べてきたように，児童虐待やドメスティックバイオレンスの防止には力を入れていて，地域単位で多くの拠点を持つことが特徴としてあげられる。韓国でも生活保護受給者の場合は行政のソーシャルワーカーで，一般的には学校や社会福祉館であることが多い。

「キーパーソン」については，日本の場合は（コミュニティソーシャルワークの事例集からケースを抽出したため）CSWであった。イギリスとノルウェーは行政職が担当するという点で共通しており，共に自治体の児童保護サービスのソーシャルワーカーの担当となる。アメリカはNPOの青少年プログラムの職員であり，韓国は社会福祉館のソーシャルワーカーがキーパーソンとなる。

「連携」については，日本の場合は，CSWを中心に，生活保護ケースワーカー，警察，学校，民生委員，学生ボランティアなどが関わっていた。イギリスでは学校，地域のファミリーセンター，更生サービス機関，警察，民間非営利団体（若年の家族介護者支援）などがかかわり，行政と民間団体の連携がみられる。ノルウェーでは児童保護士，臨床心理士，学校など公的な専門職のかかわりが強いが，12歳以上の子どもはケース会議に参加して自分の希望を述べることができる点が特徴的である。アメリカでは学校や教育委員会，放課後プログラム，路上アウトリーチプログラムなどの連携がみられる。韓国では児童保

第Ⅲ部 小地域福祉ガバナンスとソーシャルワークの国際比較

表7-3 育児放棄がみられた母子家庭の子どもへの学習支援ケース

	日 本 (実際に発生したケース)	イギリス	ノルウェー	アメリカ	韓 国
発 見	生活保護のケースワーカー(警察の保護がきっかけ)	学 校 警 察 医療機関	救急病院,一般病院 児童保護センター 緊急避難センター 社会福祉事務所 学校,保育所	—	学校のソーシャルワーカー 社会福祉館 行政機関(洞事務所)の福祉職公務員(生活保護受給者の場合)
キーパーソン	コミュニティソーシャルワーカー	自治体児童サービス担当課のソーシャルワーカー	この家族が住む地域の社会福祉事務所のソーシャルワーカーまたは児童保護士	青少年プログラム(法人内)のスタッフ	社会福祉館のソーシャルワーカー
連 携	コミュニティソーシャルワーカー 生活保護のケースワーカー 民生委員 警 察 子ども家庭センター 小学校 スクールソーシャルワーカー 学生ボランティア	自治体 学校 地域のファミリーセンター 更生サービス機関 警 察 民間非営利団体によるヤングケアラー支援プロジェクト	児童保護士 臨床心理士 医師 12歳以上であれば,子ども自身もケース会議に参加が可能(薬物使用があれば)その関連機 関 学 校	学 校 放課後プログラム 路上アウトリーチプログラム 教育委員会 夜間学級 警察官	児童保護専門機関 地域児童センター 学 校 健康家庭支援センター (地域によっては)市民団体 福祉系大学
導入された資源	医療費の減免 高額医療費の免除	民間非営利団体による親のためのコミュニティサポート	児童保護サービス ホームヘルプ派遣 (本人が望めば)ボランティアによるサポートコンタクト	放課後プログラム	生活保護給付 民間団体の資金援助
マクロな支援	—	コミュニティフォーラムの形成	(発言なし)	教育委員会と協力して新たな教育プログラムを開発	公民協働による児童青少年ネットワーク

護専門機関，地域児童センター，学校などの連携がみられる。

「導入された資源」は，日本の場合は医療費の減免や高額医療費の免除などであった。韓国も同様で，生活保護や民間団体からの生活資金援助が考えられる。日本や韓国が金銭面での援助という特徴があるのに対して，イギリス，ノルウェー，アメリカでは実際のサービスによる支援の色彩が強い。イギリスでは親に対する民間非営利団体によるサポートがあり，ノルウェーでは児童保護サービスの中にホームヘルプ派遣等が想定される。ノルウェーではビネット1（夫から暴力を受けていた妻と子のケース）でもみられたように児童保護においては行政の介入とかかわりが強い。アメリカではNPOによる放課後プログラムが提供される。

「マクロな支援」については，日本のケースは生活保護対象という行政措置となったため，マクロな支援はみられなかった。イギリスではコミュニティフォーラムの形成がありうる。アメリカではNPOが教育委員会と協力して新たな教育プログラムを開発することが想定される。韓国でもアメリカのように公民協働で児童青少年ネットワークが形成されることが想定される。

(4) 多重債務を抱えた知的障害者の家族への経済的自立支援ケース

表7-4は多重債務を抱えた知的障害者の家族のケースを各国ごとにまとめている。このケースは今回使用した5つのビネットの中でも最も複雑な事例であり，日本の社会福祉制度の狭間に落ち込んでしまった例ともいえる。日本でも頻発している事例ではないが，調査対象国でも多くの回答を得ることはできなかった。たとえば，ノルウェーでは「このようなケースはまずありえない」という前提での回答であり，韓国でもこのようなケースはすでに行政が把握していることを想定していた。ノルウェーでこのようなケースが発生しない理由は，知的障害のある人の情報は行政に登録されており，行政がその人々の出産育児の状況や生活状況を把握し，生活支援を行っているため，多重債務を抱えるまで放置されることは考えにくい。

「発見」については，日本のケースでは父親の入院がきっかけで，父親の入

表7-4　多重債務を抱えた知的障害者の家族への経済的自立支援ケース

	日　本 (実際に発生 したケース)	イギリス	ノルウェー	アメリカ	韓　国
発　見	医療ソーシャルワーカー (父親の入院がきっかけ)	―	(国内にこのようなケースはあり得ない)	―	(すでに行政が把握している可能性が高い)
キーパーソン	障害者支援団体のソーシャルワーカー	―	自治体の特別コーディネーター	知的障害者支援団体のソーシャルワーカー	精神保健社会福祉士，臨床心理士，精神保健看護師
連　携	障害者支援団体のソーシャルワーカー 医療ソーシャルワーカー 弁護士	―	ナーブ(職業安定所と社会保険事務所を統合した組織)	NPOに所属する家計相談の相談員	―
導入された資源	医療費の減免 高額医療費の免除	―	ケアサービス 精神科カウンセリング 住宅補助 生活保護 住宅改造 借金返済のための助言	(知的障害者用)住宅支援制度 民間の法律相談	―
マクロな支援	―	―	(発言なし)	知的障害者支援団体とのネットワークづくり	―

院先の医療ソーシャルワーカー(以下，MSW)が問題を発見した。

「キーパーソン」は，日本のケースでは，障害者支援団体のソーシャルワーカーが担当したが，ノルウェーで仮にこのようなケースがあったとしたら，自治体の特別なソーシャルワーカーが対応することが想定される。アメリカでは知的障害者支援団体のソーシャルワーカーが想定される。

「連携」では，日本のケースでは，障害者支援団体のソーシャルワーカー，MSW，弁護士等の連携がみられた。ノルウェーでは(仮にこのようなケースが発生した場合であるが)，ナーブ(Arbeids- og velferdsforvaltning, NAV)という職業安定所と社会保険事務所を統合した機関による対応が想定される。アメリカ

ではNPOに所属する家計相談専門の相談員による対応が想定される。

「導入された資源」は，日本では医療費減免，高額医療費の免除など金銭面での援助があった。これに対し，ノルウェーでは（仮にこのようなケースが発生した場合であるが），ケアサービスや精神科カウンセリング等のサービスとともに，住宅補助，生活保護などの経済的支援も想定される。

「マクロな支援」については，アメリカでは知的障害者支援団体とのネットワークが想定される。

（5）認知症の高齢者夫婦への日常生活自立支援事業の利用支援ケース

表7-5は認知症の高齢者夫婦のケースを各国ごとにまとめている。このケースも各国の回答が揃い，比較的，どの国にもみられるケースのようである。

「発見」については，日本のケースでは，住宅管理会社から自治会長へ連絡があった。イギリスでは家族，家庭医，近隣が発見者となることが考えられる。韓国では統長，班長，社会福祉館のソーシャルワーカーで地域活動の中から発見されることが想定される。ノルウェーで発言がなかったのは，このようなケースも，行政がすでに把握していることが理由として考えられる。

「キーパーソン」は，日本のケースでは地域包括支援センターのソーシャルワーカーであった。イギリスでは自治体のソーシャルケア部局のソーシャルワーカー，医療ニーズがある場合は家庭医が想定される。アメリカではNPOの住宅支援プログラムのケースワーカーが担当する。

「連携」は，日本のケースでは，自治会長，地域包括支援センターのソーシャルワーカー，行政職員，社会福祉協議会職員，ケアマネジャーなどの連携がみられた。イギリスでは家庭医，保健師などの連携が想定される。アメリカでは，住宅管理会社，家族，行政，NPOの高齢者支援プログラム等の連携がある。韓国では地域社会福祉協議体，介護関係の市民活動団体，痴呆相談センターなどの連携がある。

「導入された資源」は，日本のケースでは介護サービスと日常生活支援事業であった。イギリスでは医療サービス，ノルウェーでは各種介護サービスや施

表7-5　認知症の高齢者夫婦への日常生活自立支援事業の利用支援ケース

	日本（実際に発生したケース）	イギリス	ノルウェー	アメリカ	韓国
発見	住宅管理会社から自治会長へ通報	家族 家庭医 近隣	―	―	統長，班長 社会福祉館のソーシャルワーカー （生活保護受給者の場合は）洞事務所のソーシャルワーカー
キーパーソン	地域包括支援センターのソーシャルワーカー	自治体ソーシャルケア部局のソーシャルワーカー （医療ニーズが高い場合は）家庭医	―	住宅支援プログラム（法人内）のケースワーカー	―
連携	自治会長 地域包括支援センターのソーシャルワーカー 行政職員（高齢福祉課） 社会福祉協議会職員（日常生活支援事業） 開業医 ケアマネジャー	家庭医 保健師 民間委託のソーシャルケアサービス	―	住宅管理会社 家族 行政（adult productive services） 当該団体の高齢者支援プログラム 後見人申請支援の団体	地域社会福祉協議体 セマウル婦女会，お母さん会等の市民活動団体 医療機関 痴呆相談センター
導入された資源	介護サービス 日常生活支援事業	医療サービス	1日3回程度のホームヘルプ 配食サービス ナーシングホーム短期入所 デイサービス レスパイトサービス ナーシングホーム入所	家族 ホームヘルプサービス 後見人 当該団体の高齢者サービス（配食，デイサービス）	ボランティアによる見守り 簡単な医薬品の給付
マクロな支援	―	―	ナーシングホームの不足が市議会議員選挙の争点	権利擁護（危機回避への介入，自己決定の尊重）	―

設入所も考えられる。アメリカではNPOが提供する高齢者サービス，他団体のホームヘルプサービス等の利用が考えられる。韓国ではボランティアによる見守りと簡単な医薬品の提供が考えられる。

「マクロな支援」としては，ノルウェーではナーシングホームの不足が市議会議員選挙の争点になりうる。またアメリカでは権利擁護の動きにつながることが想定される。

2 各国のソーシャルワークの特徴

イギリスでは，保健医療サービスとソーシャルケアのシステムの分離から派生するさまざまな問題が議論されてきた。コミュニティでの自立生活を支えるコミュニティケアにかかわる根拠法に，「1990年国民保健医療サービスとコミュニティケア法」や「保健医療サービスとソーシャルケア法」などがあり，2つのシステムの責任や役割・機能の分担，連携・協働などについて一定の明確化が進められてきた。しかし，国民，利用者，患者の立場からするとわかりにくい状況がある。自分のもつニードが医療なのかソーシャルケアなのか，どのように判定されるかによって，利用できるサービスや自己負担がかわる。また国レベルの法や枠組みのもとであっても，利用できるサービスや負担に地域よる違いがあることから，「郵便番号宝くじ」と揶揄される状況がある。「適格基準」を判定する役割をもつソーシャルワーカーは「ゲートキーパー」であり，本調査のビネットのようなケースにおいて，アウトリーチなどによる「発見者」となることは考えにくい。「キーパーソン」となりうるのは，アセスメント・判定におけるキーパーソンである。「連携」については，ニードがどのように判定されるか，適格基準によってサポートが必要とされるかどうかによって，かわってくる。イギリスのソーシャルワーカーの多くは自治体に雇用されており，主要な役割はアセスメントや調整であり，サービスの開発やコミュニティ・ディベロップメントなどマクロアプローチの主導的役割は担っていないようである。そうした役割は民間組織やコミュニティに期待されている。

第Ⅲ部　小地域福祉ガバナンスとソーシャルワークの国際比較

　ノルウェーのソーシャルワークは「スカンジナビアモデル」（第4章第1節参照）の特徴を示していた。このモデルにおいては高等教育を受けたソーシャルワーカーのほとんどが基礎自治体であるコミューネに雇用される公務員であり，課題の解決にあたり大きな権限を持っている。またMeeuwisse et al.（2009）の示すとおり，このモデルでは行政システムの中でソーシャルワークが展開されており，課題発見から法律への適合がはかられ，法律に基づいて，資源が導入されている。特に児童保護，介護の領域は行政システムとして高いレベルで組織化されていた。ソーシャルワーカーは支援者でありながら，同時に措置決定上で大きな権限を持つ管理者でもある。

　「連携」「資源導入」についての回答がややあいまいであったのは，「連携」する対象機関や専門職が同じ自治体内の部署や組織であり，「導入される資源」のほとんどが自治体直営のサービスであるためだと思われる。インフォーマル部門の組織などとの連携はほとんど想定されていないようだった。

　またノルウェーの調査では「マクロな支援」に対する発言がみられなかったことも，スカンジナビアモデルのソーシャルワークは地域活動や社会運動の面では強い特徴を持たず，これもMeeuwisse et al.（2009）が示すとおりであった。スカンジナビアモデルのソーシャルワークは，社会問題を顕在化させるというよりは予防介入の特徴が強いとされているが，今回の調査でも「発見」についての回答で，このようなケースはすでに行政が把握していることが多いという発言が多かったことにその特徴がみられる。

　アメリカ（当該NPO）では，多様なプログラムを提供しているため，法人内の連携によって豊富な支援のオプションを提示することが可能になっており，これまで十分対応できていなかった社会や地域の課題に対して，年月をかけてプログラムを開発してきた。専門職が第一線でかかわっているために，地域におけるニーズの把握やアセスメントが常時行われており，その延長にプログラム開発が位置づけられている。支援を提供するうえで，職員が共有する当該NPOの理念があり，現場での細かい判断はソーシャルワーカーに委ねられている。

地域住民と協力するという実態はほとんどないが，多様な専門機関と連携することは頻繁におこなわれている。したがって，地域住民との間に形成されるガバナンスではなく，法人内のマネジメントがまずガバナンスとして求められ，次に他の専門機関との連携がガバナンスを構成する要素になると思われる。

「マクロな支援」に関しては，法人として取り組んでいるアドボカシー活動と連動させる形でマクロ支援につなげている。また，マクロな支援のあり方も多様で，ロスマンの3つのモデルでいうところのコミュニティ・デベロップメント，ソーシャル・プランニング，ソーシャルアクションがすべて含まれている。

韓国では，福祉サービスのデリバリーシステムは基本的にトップダウン型という特徴がある。一方，現場では，社会福祉士や精神保健社会福祉士等の有資格者がソーシャルワーカーとして要支援者と直接関わっている。これまで地域の生活課題に対して，ニーズの発見やアセスメントなどは，民間機関のワーカーが主要な役割を果たしてきた。とりわけ，連携や資源の動員においては，ボランティアや企業等，インフォーマル資源を積極的に活用しながら支援されてきた。このようなソーシャルワークの展開における公民の隔たりを踏まえ，近年は地域社会福祉協議体や希望福祉支援団といった，公民協働を目指したガバナンス機構が設置・運営されている。これは地域でなかなか見えにくい課題や複雑で解決に困難な課題に対応するための新たな仕組みと考えられており，これらの機関がもつソーシャルワーク機能の進展が期待されている。

3　各国の小地域福祉ガバナンスの特徴

本節では各国で実施した調査結果を整理し，5つのケースについての比較を行う。調査結果はインタビューの承諾のもとに録音したものをすべて文字におこし，整理して資料として保存している。本節ではその概略を示し，また，各ケースにみられるその国の特徴や最近の動向を示した。

（１）夫から暴力を受けていた妻子に対する生活再建までの支援ケース

――― ビネット１ ―――

　Aさん（36歳女性）は夫と息子２人（15歳と１歳），娘１人（12歳）と暮らしていた。彼女は夫が病気になる前はパートで働いていた。Aさんは夫の看病のために仕事を辞めた後は生活保護に頼っていた。Aさんの夫は次第に暴力をふるうようになったので，Aさんは児童相談所に夫から離れて暮らしたいと相談した。児童相談所は彼らがシェルターに移るための支援をした。

１）イギリス

このビネットを選択したインタビュイーはなかった。

２）ノルウェー

このようなケースでは，対象者はさまざまなシステムを利用する可能性が考えられる。たとえば　Aさんが病気であれば，医療機関のソーシャルワーカーに相談ができる。怪我の状態にもよるが，妻が大怪我をして救急病院に搬送された場合は，その重篤性から対応を考える。救急病院には，たとえば強姦にあった，性的虐待を受けた，またその未遂でも，そのような経験をした人々を受け入れるための専門職が配置されている。経済的困窮で生活資金が必要な場合は，社会福祉事務所のソーシャルワーカーが対応する。Aさんが夫の暴力に恐怖を抱いており，さらに危険な状態であれば緊急避難センターでの滞在も可能で，夫に隠れて引っ越しをする支援も行政が行う。

また家庭内暴力が始まった初期の段階で，家族セラピーを受けることも可能である。ノルウェーでは２回も同様の暴力が発生した場合は，専門職の介入が必要と判断される。「夫のことは言えない（ドメスティックバイオレンスの場合）」「親のことは言えない（児童虐待の場合）」という問題が必ず存在するが，被害者が心の中を語ることができる場所をつくり，それを被害者に勧めることが大事である。被害者が家族のしがらみで行き詰っている状態から抜け出し，心の中を話せる環境をつくることが専門職の役割である。

① 発　見

第一発見者は救急病院，一般病院，児童保護センター（barnevern），社会福

第7章　調査結果と各国の比較

祉事務所（socialkontor），緊急避難センター（krisissenter）など，いろいろな可能性が考えられる。このようなケースであれば，どこに行っても，問題解決にあたって適当な部署に紹介されることになる。ノルウェーでは病院でも，保育所でも，どこでも暴力の形跡が見つかればすぐに問題解決への対応が始まる。医療，福祉，保育等の分野で働く職員は，家庭内暴力を発見した場合には，必ず通報することが義務づけられている。また子どもには，子ども用SOS電話番号が教えられており，子ども自身が通報することも可能となっている。近所の人が隣人の児童虐待に気づき，児童保護センターに通報する場合もある。児童保護センターは家庭内暴力の通報を受けた場合，一定の期間内に調査を行い，状況を明確にしなければないことが定められている。

②　キーパーソン

「キーパーソン」についての発言はなかった。

③　連　携

通報を受けた人が自分の担当ではないと判断した場合，問題解決が可能な機関につなぐことが重要と考えられており，ノルウェーではこの連携がよく機能している。問題を理解できても対処できないことも多く，そういう場合は対処ができる専門職を見つけ，その力を借りる。

緊急避難センターに，母親Aさんと子どもたちが一時的に避難することも想定できる。緊急避難センターは，入所判定の必要がなく，本人が必要と判断すればすぐに利用できる。緊急避難センターでは今後の生活設計について助言を受けることができ，怪我などがある場合は病院に連絡し，必要な治療を受ける。また緊急避難センターから問題解決にあたり適当な専門職につなぐことになる。緊急避難センターの職員にもソシオノーム有資格者（259頁）が増えている。

Aさんに対しては，精神科カウンセラー，家族セラピスト，ソーシャルワーカー，臨床心理士など，さまざまな専門家が問題解決にあたる。たとえば，精神科ポリクリニックは公的機関としてオスロ市内では各自治体区に設置されているが，精神科医師や臨床心理士が配置されている。家族セラピーが受けられる民間クリニックもあるので，Aさんが診察を受けることも想定される。

ノルウェーの各自治体は児童保護センターを運営しており，児童保護士（259頁）が問題解決にあたる。ノルウェーではしつけやお仕置きなどを理由に，親が子どもに体罰を与えることを禁止している。子どもを殴る親がいれば，児童保護センターがすぐに動く。児童保護サービスでは，子どもに対して暴力をふるわずに，上手にしつけができるよう，親に対して子育ての助言をすることもある。児童保護センターを介して，臨床心理士や精神科の専門家が親を支援することも想定される。親に育児の能力がないとみなされる最悪の場合では，親と子どもを分離させることもある。

このケースでは，Aさんは仕事を辞めて夫の面倒をみているが，夫の看護のために妻が仕事を辞めることはノルウェーではまず考えられない。夫の世話は自治体の介護部門の仕事である。もしAさんが仕事を辞めざるを得ないとすれば，Aさんは在宅で看護する場合に支給される看護手当の給付を社会保険事務所に申請することも可能である。

④　導入された資源

「導入された資源」についての発言はなかった。

⑤　マクロな支援

「マクロな支援」についての発言はなかった。

---- **ノルウェーの特徴** ----

夫の看病や介護を理由に妻が仕事を辞める状況は考えにくい点がノルウェーの特徴といえる。夫の世話は自治体の介護部門の管轄となり，在宅で訪問看護や訪問介護を利用することができるので，妻Aさんは仕事を辞める必要はない。もしAさんが仕事を辞めて在宅で看護を希望する場合には看護手当の給付対象となり，生活保護受給の前に国民保険制度からの給付が想定できる。たとえば妻Aさんが離婚した場合，一人親給付を受けることができ，さらに状況によっては保育給付，教育給付，就業をするために必要な費用の給付などがある。

緊急避難センターはノルウェー国内に約50カ所あり，暴力の被害者や暴力に会う恐れのある人を対象にしている。利用者の半数は在住外国人の被害者で，宿泊だけでなく通所の利用もある。面談を受けて問題の解決を目指すが，だいたい4週間を目処に宿泊が可能となっている。職員は児童保護，保健医療，教育等の分野の専門職を配置している。2010年1月に法改正があり，必要な人は誰でもシェルターを利

用することが可能となり，男性の利用も可能となった。暴力の5要素（身体，精神，性，経済的，社会的孤立）が条文として明文化され，身体暴力については警察が接近禁止命令を出せることになった。

またインタビューの中で，カウンセリングの受診がよく語られていたが，医療保険により一部負担で利用することができる。利用者負担の上限が決まっており，年間1,350クローナを超える分については医療費給付の対象となる。

3）アメリカ

① 発 見

「発見」についての発言はなかった。

② キーパーソン

当該団体がホームレス支援事業（homeless family program）を受託していた時には，家族がシェルターから地域での生活に戻るための支援を行っていた。具体的には家を探すところから始まり，家具や生活雑貨を調達するところまで支援する。プログラムの責任者は当該団体のソーシャルワーカーだが，現場の職員はソーシャルワーカーとは限らず，ホームレス支援の専門職員（ケースワーカー）である場合も考えられる。

ホームレス支援事業を受託している場合であれば，ホームレス支援事業のケースワーカーが担当する。青少年支援プログラムへの橋渡しや他団体への橋渡しなどもケースワーカーが担う。

ホームレス支援事業を受託していない場合であれば，相談を受けた職員が他団体を紹介したうえで，青少年支援プログラムに興味があるようなら，プログラムの参加を促す。もし他に紹介できる団体がない場合，法人としては特別な方針を設けていないが，現場の裁量で可能な限り，相談を受けた職員が支援を提供する。

③ 連 携

心理療法を専門とする団体，教会，法人内の他のプログラム（青少年支援プログラム，不登校予防プログラム），学校との連携が考えられる。

ドメスティックバイオレンスのケースの場合，かつて居住していた地域から

離れなければならないので，ソーシャルワーカーは転居先の新たな地域で活動する諸団体などと関係構築をするための橋渡しをするだろう。また，当該団体ではカウンセリングを提供していないが，カウンセリングが必要であれば，心理療法などに特化した他の団体を紹介する。また，信仰があれば，その家族が地元の教会に参加できるように橋渡しをする。

15歳の子どもに関しては，地域になじむことができるよう，地域内の団体が提供する放課後プログラムを紹介して参加を促す。また転校がきっかけで不登校になる危険性も考えられるので，不登校を予防するためのプログラムも紹介する。放課後プログラムは，学習の遅れを取り戻すという目的だけではなく，家族関係の状態を確かめることも意識する。

④ 導入された資源

受託しているホームレス支援サービスを通して，ケースマネジメント（家探し，生活雑貨）を提供する。また法人が緊急時用のリネンや食料，おむつ類などを蓄えているため，それらを提供するなどの支援が考えられる。

⑤ マクロな支援

当該団体は住宅政策のアドボカシーに継続的にかかわっている。具体的には，シェルターや低所得者向け住宅の不足の問題，悪質住宅の問題などの改善を市に対して訴えてきているので，必然的にそうしたアドボカシー活動につながる。

── アメリカの特徴 ──

住民が抱える課題に応じた支援プログラムが開発され，提供されているところがアメリカの特徴と言える。シェルターでの生活から地域生活へ移行するためには，NPOが政府から受託しているホームレス支援事業をとおして，ホームレスに特化した相談支援とサービスの提供を行っている。子どもに対しては，青少年支援プログラムや不登校予防プログラムのように，想定される課題に応じて多様なプログラムが提供されている。それらのプログラムは，現場の支援の中で自発的に始まった活動が，予算化され，事業として定着したものである。そのように地域を基盤に活動するNPOなどが，現場のニーズにもとづいて開発された多様なプログラムを提供し，相談の内容に応じてそれらのプログラムを組み合わせて支援するという形が特徴として確認された。

その一方で，相談に応じているNPOが前述のようなプログラムを提供していな

い場合は，現場の裁量で可能な限り対応することになるため，そこではインフォーマルな資源や他の関係機関のサービスにつなぐなど，日本のコミュニティソーシャルワーカーに近い対応が想定される。

　また，調査の中で教会との連携について言及されたことは興味深い。信仰による制約はあるものの，ワーカーが教会に期待している機能は，日本において地縁組織に期待する機能と類似しており，地域におけるインフォーマルな資源として位置づけられていることがわかる。情緒的なつながりなど，NPOでは十分に提供することができない地域と家族の紐帯を強化する機能を教会に期待しているのである。

　個別支援を提供するNPOがアドボカシー活動にもかかわっている点も特徴として挙げることができるだろう。

4）韓　国
①　発　見

　Aさん自身が直接相談所に通報する。ホットラインを使い，家庭暴力相談所に連絡することも考えられる。またAさんの子どもが，直接連絡する可能性がある。児童虐待に対する意識が高まってきた結果，特に最近は学校から被虐待を受けている子ども自身からスマートフォン（携帯電話）を利用して通報してくることもある。

　学校社会福祉士や，社会福祉館・地域児童センターなどの職員が，家で生活を聞く，家庭訪問などを通じて，家庭環境を含めてみる中で，子どもたちの置かれている状況や事情を発見することもある。このケースのように生活保護を受けている家庭であれば，管轄の洞事務所（役場）や住民自治センターが定期的に訪問し状況を把握しているので，もし問題が発生したら担当公務員が最初に発見する可能性が高い。

　家庭内暴力については，近隣から警察に通報がある場合もある。社会福祉館の職員や同じ町に住んでいる地域住民，家族など，代理人によって通報されることがある。

②　キーパーソン

　民間シェルターに行く前には，保護機関の職員がキーパーソンとなる。児童保護専門機関が介入して一時保護をする。また，「韓国女性の電話」や家庭暴

力を専門としている民間機関が介入して，お母さんと子どもの安全のために，一緒に支援する可能性もある。民間シェルターに行く等，他のサービス体系に移ると，その機関でまた新たなキーパーソンが決まる。

　仮にAさんが家族と一緒にいることを望む場合は，父親の暴力から家族の安全が守られることが重要である。「健康家族支援センター」では夫婦相談プログラムや社会福祉館で継続的にモニタリングを実施するなど，子どもの見守りや家庭暴力についてモニタリングをする。Aさん母子が父と離れて暮らすことを望み，引っ越しをする場合，公共機関は子どもの転校が父に知られることがないように手配をし，生活保護が受給できる支援するが，一人親家族支援法による支援になる可能性が高い。Aさん母子がシェルターでなく，地域社会で暮らす場合は，緊急生計費支援として住居確保支援がある。緊急住居支援として入居できる住宅を優先的に探してから，生活保護受給を支援する。ここまでが公的な措置であり，その後，子どもの学習や心理治療などを支援することが民間の役割となる。

　夫からAさん母子を離して保護をするためには，主として児童保護専門機関が事例管理（ケースマネジメント）をする。このようなケースは生活保護と関連しているので，洞事務所（役場）住民生活支援課の社会福祉担当職員がかかわり，シェルター（家庭暴力相談所）の職員（社会福祉士もしくは資格を持っていない職員）の3者が主としてかかわる。シェルターから地域社会に出た場合は，地域の社会福祉館がかかわることになる。

　③　連　携

　家庭暴力相談所や児童保護専門機関などが事例管理をする中で，経済的支援や住居費が必要と判断した場合，それらの措置を区役所など公的機関に，離婚訴訟などの法律関係の問題は弁護士に依頼する。地域社会福祉協議体の中に，実務協議体などもあるが，まだ期待できる水準には至っていない。最近，きめ細かいセーフティネットを担保するために，実務者間の活発なネットワークが形成されているが，地域の特性や文化などの要因でうまく機能しているところは少ない。伝統的にこの種のケースは「官」が管理しているという固定観念も

根強い。

　女性に対する暴力については女性家族部，虐待については保健福祉部が管轄している。しかし政府から地域社会レベルまで，統合された形でのサービスが提供されているとはいえない。

④　導入された資源

　社会福祉館など，その地域で支援活動をする機関の間で後援金を設置し，緊急支援費を提供していることもある。公的機関では生活保護費と一時的な緊急支援費を給付する。自治体ごとに別枠の予算で緊急保護費を設け，生活保護の支給や緊急支援を行うこともある。また「暖かい冬過ごし」募金がある。

　住居支援では，企業の社会貢献が関わっており，全国レベルでも緊急資金を支援する事業もある。公的機関より民間による支援が大きい。

⑤　マクロな支援

「マクロな支援」については発言はなかった。

--- **韓国の特徴** ---

　韓国は日本と同様に，夫の看病等のために仕事を辞める状況が考えられる。疾病の程度にもよるが，看病のために仕事を辞めた場合に，生計費として公的資金が支給されることもある。Aさんの場合は，国民基礎生活保障制度からの給付が想定される。また，Aさんが離婚をした場合，一人親家族支援法制度の対象となり，子ども養育費等の福祉給付や，低所得一人親家族住居支援サービスなどを受けることが想定できる。他にも，健康家族支援センターの一人親家庭への家族相談や生活支援を受けることも考えられる。

　家庭内暴力による緊急避難先としては，民間シェルターではなく，主に国の傘下機関になる。全国にある家庭暴力相談所（196カ所）と家庭暴力被害者保護施設（70カ所）に避難し，一時保護を受ける。家庭内暴力は子どもの被害を伴うことが少なくなく，その場合，児童保護専門機関がかかわることもある。いずれも社会福祉士や関連分野の専門職が配置され，相談や自立生活支援を行っている。

　家庭暴力相談所を利用する人は，Aさんのように被害当事者が約8割を占めており，家族・親戚，近隣住民もいる。利用にあたっては，ほとんどが電話と来訪による相談である。家庭暴力被害者保護施設の利用は，家庭暴力相談所からの入所が多いが，警察や社会福祉関連施設からも少なくない。両機関の相談支援に携わる人には，社会福祉士等の専門相談員だけでなく，非常勤職員やボランティアも多くかかわ

わっている。家庭暴力相談所の場合は6割近く，家庭暴力被害者保護施設には3割近くの非常勤職員やボランティアが相談支援を行っている（女性家族部〔2012年6月〕「2011年度家庭暴力保護施設及び相談所等の運営実績」）。

　家庭内暴力のケースには，前述の機関や団体だけでなく，地域社会福祉協議体と連携することがある。このケースを含めて，「認知症が原因で家にゴミを溜め込んでいる高齢者への支援ケース」（表7-2），「認知症の高齢者夫婦への日常生活自立支援事業の利用支援ケース」（表7-5）のインタビューでも言及された地域社会福祉協議体は，2003年社会福祉事業法の改正にもとづき設置されている。保健，福祉，宗教，学界，市民団体等の代表で構成される委員会組織で，業務の円滑な遂行のために実務協議体が置かれている。実務協議体の主な業務は，地域福祉計画の策定，社会福祉サービス及び保健サービス機関の連携と協力の強化である。地域社会福祉協議体の構成員（委員）は，市郡区庁長が任命し委嘱する医療・保健・福祉に関する学識経験者，医療・保健・福祉事業所の代表者，公益団体からの推薦者，福祉・保健・医療を担当する自治体職員などで構成される。

（2）認知症が原因で家にゴミを溜め込んでいる高齢者への支援ケース

―― ビネット2 ――

　Bさん（83歳）は数年前から認知症である。1人暮らしのBさんは自分の部屋に古新聞や雑誌などを集めている。Bさんは長い間，入浴もしておらず，不衛生な状態にみえ，着替えもしていない。Bさんは近所の店で何かを買って食べているが，自分で調理することはできない。Bさんの義理の息子夫婦は彼女の近所に住んでいるが，Bさんは彼らとは全くつきあいがない。Bさんは市の配食サービスを利用していたことがあり，配達員がケアマネジャーにBさんを助けてくれるよう連絡した。

1）イギリス

①　発　　見

　ビネットにあるように配食サービススタッフが第一発見者になりうる。配食サービスは，多くの場合は自治体がサービス提供者に委託している。医療関係者，本人が登録している家庭医（general practitioner：GP）が発見者となって，自治体のソーシャルケア部門につなぐことも考えられる。

　本人がどこに住んでいるかにもよる。このケースのような「セルフネグレク

ト」のケースの調査を行ったが，いくつかのケースでは消防サービスが最初の発見者であった。彼らは火事の危険性があることから，このケースを専門機関につなぐが，本人が集めているのが古新聞や古雑誌であるから，環境衛生（environmental health）の部署ではない。公営住宅であれば住宅担当者（housing officer）につなぐこともありうる。家庭医がつなぐことも考えられる。自分で買い物をしているが，徘徊などがなければ警察が発見者となることはない。

すでに配食サービスを利用していることから，自治体ソーシャルワーカーのアセスメントは受けているはずである。家族がいなければ，配食スタッフから自治体ソーシャルワーカーにつなぐ。

② キーパーソン

この女性のニードが，医療ニードなのかソーシャルケアニードなのか。必要なサービスと，経済的能力についての自治体のソーシャルケア部門によりアセスメントが行われる。ソーシャルケアサービスが主なサポートになるだろう。

保護（safeguarding）の対象となるほどの状況ではないようにみえる。コンタクトがとれる家族がいなければ，基本的なケアのパッケージの提供により本人が自宅で暮らし続けられるよう，ケアマネジャーにその調整が要請されるだろう。その際には本人の医療記録の情報が必要であり，登録している家庭医との連携が必要となる。不衛生な状況が深刻であれば，行政の環境衛生部署の関与が考えられる。家族がいない中，本人の健康と安全を脅かす危険がありそうな場合は，本人がこのままの状況で生活できる力（capacity）があるかどうかのアセスメントが行われる。自分で料理をしていることから，ガスを付けたままにしてしまう危険等の問題が考えられる。自宅での自立生活の維持に大きな影響を与える「リスク」についてのアセスメントが行われる。

自治体のソーシャルワーカーによる「再アセスメント」が実施されるだろう。

③ 連　携

自治体，保健医療機関の連携が考えられる。またケアに関わる民間非営利団体，ケアサービスを提供する営利組織との連携も考えられる。教会に通っているようであれば，教会が関わる可能性も考えられる。この地域ではなくロンド

ンの例であるが，アフリカ・カリビアン系のコミュニティの高齢者らが，自治体のサービスではなく，教会によるサポートを好み，実際に教会は宗教的なサービスとともに高齢者たちにとって実用的なサービスも提供している。

　本人のニーズがソーシャルケアにあるのか，医療的なケアにあるのかによる。おそらくこのケースの場合，コミュニティ（自宅）での暮らしを維持するということであれば，ケアマネジャーが，ソーシャルケアのパッケージを調整するか，あるいは医学的な診断を得て適切な送致（referral）ができるよう，メモリークリニックにつなぎ，メモリークリニックの多職種チームと連携して支援にあたる。作業療法士の支援も考えられる。医療的なニードが高い場合は，医学的な診断の後，精神医療や心理的なケアが主にかかわることが考えられる。

　認知症の診断がなされれば保健医療サービスが主な支援を担うが，地域での生活の継続のために，民間非営利組織によるサポートや本人が参加できる活動の提供が考えられる。アルツハイマーソサエティ（Alzheimer's society）のような認知症を専門としている民間非営利組織などは，公的なサービス提供機関と並んでサポートを提供するが，その他にも家族や近隣といったもっとインフォーマルなサポートも考えられる。現政権は「大きな社会」（Big Society）をスローガンとして，こうしたインフォーマル，ボランタリーな活動を支持している。

　④　導入された資源

　支援に用いられるサービスは，アセスメントの結果による。自宅での生活の支援が必要な場合は居宅（home care）サービスが，あるいは自宅での生活が難しく施設入所が必要な場合，居住施設（residential home）への入所が考えられる。自治体のソーシャルケア担当部局によるニードのアセスメントと資産調査を受ける必要があり，その結果により入所や利用料の負担額が決まる。医療ニーズが高い場合は，国民保健医療サービスのナーシングホームへの入所がありうる。

　アセスメントの結果によるが，自宅での生活の維持をサポートする居宅サービスの利用，あるいは清潔や整頓ということからサポート付きホームの利用も

考えられるのではないか。サービスの利用については，適格性要件（eligibility criteria）により認定されるレベルによって決まる。自宅生活の維持の場合，そのリスクのアセスメントでは，近隣のサポートの状況等もアセスメントすることとなる。地域のデイセンターなどに本人が関心をもつかもしれない。サービスとまでいわないものであっても，見守りの状況がとれるような資源が必要である。近隣のサポートは軽いレベルのコミュニティによるサポートで，たとえば隣家の人が，本人の自宅での事故等に気づけるような見守りなどである。地域によっては（取り組みのパイロットエリア），まちの中心部を認知症に優しい（dementia friendly）コミュニティにしようと現首相が提唱している「認知症への挑戦」（Dementia Challenge）という取り組みが見られる。例として，デイセンターなどがあるが，この取り組みでは，コミュニティ・カフェや，情報や資源につなげるための資源の拠点（resource hub）のようなものがつくられている。ただし，地域によりその取り組みのレベルはかなり異なる。また認知症の場合，本人の家のすぐ近く，馴染みのある場所にあるかどうかが，バスを使わないとそこまで行けない場合よりもはるかに（その利用のしやすさや効果）よいといえる。

　本人が自立生活の維持を望んでいる場合，「意思能力に関する法」（Mental Capacity Act），サービス提供に関しては「ケアサービスへの公平なアクセスのためのガイダンス」（Fair Access to Care Services Guidance），「保健医療とソーシャルケアサポートに関する法」（Health and Social Care Support Act）などにそって支援が行われる。

　メモリークリニックは保健医療サービスであるが，その中の多職種チームの中にソーシャルワーカーが必ず配置されている。もしそこで薬物治療を受けることになれば，コミュニティ精神科看護師（community psychiatric nurse）による訪問看護，服薬のモニタリングが行われる。これは国民保健医療サービスのため無料である。

　配食だけでなく，洗濯や清掃などの自宅での生活を支える家事援助が必要である。家事援助が入ることで，人とのコンタクトができる。また孤立している

ようなので，連絡のない家族とつなぐこと，地域の人々や同じような立場の人々とかかわれるような活動に参加できるよう地域の認知症グループや高齢者のためのランチグループやデイケアにつなぐことが支援として考えられる。支援のネットワークの中に本人が入ることで，支援システムから「気づかれていない」状況を変え，支援システムが本人の変化に気づきやすくなることで，支援システムがもっとサポーティブなものになるだろう。

⑤　マクロな支援

当事者にかわって必要な法律やサービスをつくることを代弁する民間非営利団体，特にこうした団体の全国組織は，代弁活動やソーシャルアクションに携わっている。通常そういった団体はソーシャルワーカーからなる団体ではない。個人的にはソーシャルワーカーの役割というより，コミュニティディベロップメント（ワーク）の役割だと考えている。かつては，自治体のソーシャルワーカーがコミュニティグループや代弁グループをサポートすることがあったが，現在では自治体のソーシャルワーカーの役割とは考えられていないと思う。専門職というよりも，サービス利用者やその家族などの当事者の力が大きい。

認知症のために自分で助けを求められない場合には代弁者（mental capacity advocate）の任命が考えられる。その代弁は個々のケースのためのものである。ソーシャルワーカーが，ソーシャルアクションを起こしている人々をサポートすることがあるかもしれないが，自分たちがアクションを起こすことは現実的には考えにくい。非常に多くのケースをかかえており，サービス開発の必要があるかもしれないが関与は限定的である。

このケースのように見守りが必要だが孤立している人々をどうやって地域の中で把握するか。1軒1軒を訪ねて確認すること，登録してもらうことなどが考えられているが，うまくいっていない。登録はアップデートが必要だができておらず，地域内の関係者がそれぞれバラバラにリストをもっており連携ができていない。

第7章 調査結果と各国の比較

> **イギリスの特徴**
>
> （1）「ゲートキーパー（gatekeeper）」としてのソーシャルワーカー
>
> いずれの国においてもソーシャルワークの重要な役割・機能として「アセスメントの実施」があげられるだろうが，イングランドの特徴としては，そのアセスメントが，国のガイドラインに基づいて各自治体によって設定される「適格基準」（eligibility criteria）にそって行われることがあげられる。財源やサービス資源に限りがあるため，この基準でサービス提供の優先順位が決められる。財政難によるサービス削減が起こった場合など（現状としてそれが起こっている），サービスを利用できるのがより限定した人々になる。そうした状況について，インタビュー調査協力者はソーシャルワーカーが結果的にますます「ゲートキーパー」の役割を担うこととなっており，限られた資源の「分配」（rationing）は，その人のニードに応じたものとは必ずしもなっていない状況がおきているという。
>
> （2）地域における福祉ガバナンスの特徴
>
> 保健医療とソーシャルケアの連携や協働については，法律や政府のガイドラインに示されているように，各自治体において関係専門機関の連携・協働はある程度はかられている。また利用者・患者の参加についても，強調されている。その一方で，住民との連携や参加は，コミュニティ・ディベロップメントやコミュニティ・インヴォルブメントに含まれているものの，実際には住民組織というよりは，民間非営利団体やボランティアグループなどが，「コミュニティ」とみなされている。

2）ノルウェー

① 発　見

ノルウェーではＢさんのような人は社会福祉事務所にすでに登録されていることが多い。法律の規定にはないが，後期高齢者を訪問し，生活状況の把握を行っている自治体もある。

食事に困る高齢者はまず市の配食サービスを利用するので，その機会に状況が登録される。このようなケースでは親族が医師等の専門職に相談するなど，周辺の人がメッセージを発することで支援が始まる。行政に対して，親族，医師，配食サービス担当者などからの通報が考えられる。

数は多くないが，近所からの連絡も考えられる。隣人からの連絡があれば，すぐに社会福祉事務所は本人を訪問する。他人に害が及ばない限りは，行政が

強制的措置をとることはなく、サービス利用はあくまでも本人の意思が尊重されるが、自治体のソーシャルワーカーは本人が支援を受け入れる気になるまで信頼関係を築こうと努力する。

② キーパーソン

（介護サービスの利用に至る場合は）自治体が介護サービス判定員を派遣して、ケアプランをつくる。ケアプランの作成では本人の希望を聞くことが大事だが、認知症高齢者の場合、医師や看護師が本人に代わって最終判断を行うことが法律上可能である。

（介護サービスの利用に至らない場合は）自治体のソーシャルワーカーがアセスメントを行う。いざというときの連絡先などをあらかじめ確認し、状況をシステムに登録する。本人の状況に応じて配食サービスの回数を増やすなどして対応する。サービス利用を拒否された場合は、強制的な対応はせずに、サービスを受ける気になるまで待つ。時間や症状についてフォローアップを続けていく。また今後のために介護や訪問看護部門にも連絡をしておくことが重要だと思われる。

③ 連　携

（介護サービスの利用に至る場合は）ノルウェーでは身体介助は訪問看護に含まれるが、これらのサービスはケアプランに基づき、無料で受けることができる。掃除や洗濯などの家事援助はホームヘルプで行われているが、所得に応じた自己負担がある。Bさんの場合、生活リズムを保つために、週に1〜2回のデイサービスも必要と考えられる。

近隣からの連絡は受けても、本人のプライバシーを保護する視点から近隣の援助を受けることはほとんど考えられない。近隣関係がよく、新聞があふれている、2〜3日反応がないなど、近隣の人が社会福祉事務所に連絡する場合もあるが、ソーシャルワーカーが本人のことを近隣の人に話すことはない。世話好きの隣人に対しても同様である。

社会福祉事務所に名前を登録する際には、コンタクトパーソンとして家族の連絡先も登録することになる。家族が遠くに住んでいる場合でも、家族がコン

タクトパーソンになるのが普通で，家族から拒否されることはほとんどない。また特別なことがない限り，担当のソーシャルワーカーが家族に連絡をとることもない。

④　導入された資源

「導入された資源」についての発言はなかった。

⑤　マクロな支援

「マクロな支援」についての発言はなかった。

ノルウェーの特徴

ノルウェーでは他の北欧諸国と同様に，基礎自治体であるコミューネが福祉サービス提供を大きな責任を担っている。人口約450万人のノルウェーに434コミューネが存在し，およそ半数以上のコミューネは人口5,000人以下でかなり小規模である。南北に細長い地形から，自然環境もコミューネごとで状況がかなり異なる。

ノルウェーでは社会サービス法が，地域で行う福祉の理念や基本事項を定めている。北欧諸国にみられる社会サービス法は地方分権を前提にしており，基礎自治体に福祉サービスの提供責任を負わせている。社会サービスの法の目的は，「(a) 経済的，社会的保障を向上させること，人間の価値と社会的地位の一層の平等化を図ること，社会的問題の予防を図ることであり，(b) 個人に自立した生活と居住の機会を提供すること，および地域において他の人々と積極的に，有意義な共存を実現することである」（第1条第1項）。また「社会サービスはコミューネにおける生活条件に精通していなければならず，社会的問題を作り出す，あるいは長期化させる展開に対して，特別な注意を払うべきである。そして，そのような問題を防ぐための方法を模索するべきである」（第3条第1項）とし，社会的問題の予防に力を入れる点は他の北欧諸国と共通する。

社会サービス法2条では「行政の責任分担」が明記されており，「コミューネは本法律に基づき，前述の任務のうち，中央政府の任務とされない部分についての責任を負う」（第2条第1項）とされ，社会サービスの実施責任がコミューネであることが事実上定められている。さらに国と広域医療の責務を明文化している点がノルウェーの特徴で，広域医療では専門医療を行うこととし（第2条第4項），国の役割として当該官庁は社会サービスに基づく供給を監視し，評価を加え，必要であれば法律改正を行う（第2条第5項）とされている。さらに当該官庁はコミューネや県に対して，守秘義務を超えて，情報や通知を要求し，施設等に立ち入りを要請することができる（第2条第5項）。

第Ⅲ部　小地域福祉ガバナンスとソーシャルワークの国際比較

> 社会サービスの内容は、「(a) 病気、障害、高齢あるいはその他の理由によって特別な支援を必要とする人たちに対する実用的な支援と訓練、(b) 特別に重い負担の介護を担う家族や個人に対して、休息を提供するためのサービス、(c) 障害、高齢、あるいは社会的問題のために支援を必要とする個人や家族とのコンタクト、(d) 障害、高齢、あるいはその他の理由のために支援を必要とする人に対する施設あるいは24時間対応の介護付き住宅の設置、(e) 特別に重い介護負担を担う個人に対する現金給付」(第4条第2項) となっており、この規定を根拠に、ほとんどのコミューネでホームヘルプ、訪問看護、緊急アラーム、配食サービス、介護手当 (現金給付) などを整備している。

3) アメリカ

① 発　見

個人情報保護法の問題があるので、ケースマネジャーが近隣住民から情報の提供を受けるということはない (慎重にしている)。ただし、例外として、ニューヨーク発で全米に広がったNORC (Naturally Occurred Retirement Community) というプログラムがある。ある区画の住民の51％以上が60歳以上の場合、NORCとしての申請を市の高齢課に提出し、NORCとしての認定を受けることができる。ひとたびNORCとして認定された地域の集合住宅には専門職が配置され、相談窓口を設けたり、プログラムを実施したり、集会を開いたりする。その中で、住民から情報提供を受けることもできる。

② キーパーソン

当該団体では、このようなケースに積極的にかかわるようにしているが、団体が提供する高齢者サービスの理念の一つは、在宅で生活したい高齢者の在宅生活を極力支えるということである。過去数年間にわたりいくつかのプログラムを立ち上げながらそうした理念を達成できるように努めてきた。

このようなケースには、高齢者ケースマネジメントチームが対応することになる。市が定めた条件を満たさない限りこのチームが対応することはできないが、経済状況などを考慮すると、おそらくBさんは基準を満たすと思われる。ケースマネジャーは、まず電話でアポイントメントを取り、後日に家を訪問し

アセスメントを行う。その際に家の中の状況を確認し，Bさんに危険がないかを把握する。

③　連　　携

当該団体のケースマネジャーが当該団体の提供するサービスにつなぐ。また必要に応じて他団体が提供するサービスにつなぐこともある。

④　導入された資源

当該団体は配食サービスを提供しているので，配食サービス担当の職員が訪問時にBさんの状況を確認するように努め，担当のケースマネジャーと密に連絡を取るようにする。また当該団体はデイサービスも提供しているので，ケースマネジャーがデイサービスにつなぐ可能性もある。認知症高齢者を対象にしたデイサービスがあるので，認知症ケアを提供することが可能である。当該団体はホームヘルプサービス事業を行っていないが，ケースマネジャーが他団体が提供するホームヘルプサービスの利用を勧めることもできる。

当該団体は世代間交流プログラムを実施している。これは10代の青少年が高齢者の家事（買い物や電球交換など）を手伝うプログラムであるが，ケースマネジャーが高齢者のニーズを確認し，必要に応じて青少年ボランティアを派遣することも考えられる。青少年にとっては就労訓練を兼ねた社会体験になる。世代間交流プログラムは，高齢者のケースマネジャーと若年者サービスのコーディネーターが連携をとることで成立しているが，高齢者と青少年を引き合わせた後は，ケースマネジャーが直接青少年に連絡を取るようにしている（連携の簡略化）。

⑤　マクロな支援

住宅問題の場合，政策的なアドボカシーを展開するが，高齢者サービスの場合，具体的な資源の供給が求められるため，マクロな支援はプログラム開発によっておこなわれる。ただし，過去にはニューヨーク州政府に対して，高齢者サービスのさらなる必要性を訴えて予算増を求めてきたという背景はある。介護者家族の会の組織化もおこなってきており，継続して組織化を支援している。

> ── **アメリカの特徴** ──
>
> 　アメリカには日本のような介護保険制度は存在しない。しかし，政府がNPOに委託して提供する高齢者ケースマネジメントサービスが存在し，収入などの条件が満たされれば，アセスメントを通してさまざまなサービスが調整され提供される。インタビューを通してサービスの質にまで言及することができなかったため，ここでは質について考察に加えることは難しいが，サービスの種類やその内容に関しては，日本や他の国と大きく異なることはなく，むしろアメリカ独自の取り組みも存在する。
> 　しかし，何よりも特徴的なことは，ケースマネジメントを受けるために条件が設定されていることだろう。各種サービスの利用条件はサービスごとに設定されているため，ケースマネジメントを受けなくても条件を満たしていればサービスを利用することは可能であるが，生活全体のアセスメントと相談援助を提供するケースマネジメントを受けることはできない。Bさんのようなニーズを抱えた高齢者の場合はケースマネジメントが重要になってくるが，収入や家族構成などの条件次第では対象から除外されてしまうという問題がある。
> 　一方，在宅での生活を継続するためにフォーマルとインフォーマルの多様なサービスが提供されている点がアメリカの特徴でもある。配食サービスや認知症高齢者対象のデイサービス，ホームヘルプサービスといったフォーマルなサービスが提供されている一方，学生のサービスラーニングの一環として提供される世代間交流プログラムやNORCのように住民同士の助け合いの仕組みを構築するコミュニティ支援まで，さまざまな支援プログラムが検討されている。また，そうしたプログラムを開発すること（マクロな支援）が積極的に行われている点もアメリカの特徴といえよう。

4）韓　国

①　発　見

　韓国では生活保護受給者かどうか等，所得に関係なく，一人暮らし高齢者に対し，公的サービスとして，安否を確認する「老人ドルボミサービス」を提供している。このケースの場合，韓国では，配食サービスを行う前に，そのサービスが適切かどうかをアセスメントする際に発見できる。

　長期療養センターが一番早く発見する可能性もある。長期療養センターは，現在，急増しており，営利法人等の熱心な長期療養センターは利用者を確保す

るために地域を積極的に回っている。

　近所の人が住宅団地の管理事務所に苦情をいうか，永久賃貸住宅団地には社会福祉館が併設されていることが多いので，社会福祉館に苦情を言ってくることで発見されることも考えられる。また社会福祉館のソーシャルワーカーがたまたま地域に出かけた時に発見することもありうる。

　洞ごとに決められる統長，班長が発見する可能性もある。統長，班長は地域住民の状況を詳細に把握しているため，彼らが町を歩くなかで，このようなケースを発見し，社会福祉館や長期療養機関に伝えることがよくみられる。長期療養保険制度によるサービス機関には，訪問サービス機関の数が非常に多いが，その機関が統長，班長を利用者の確保のために活用することもある。食事サービスを利用していたら，配食サービス提供者が発見することになる。

② 　キーパーソン

　問題解決における優先順位により，中心的な役割を担う主担当者が決まる。発見後，統合事例管理会議，ソルーション会議，事例検討会議などで対応したり，地域社会福祉協議体で事例検討をすることもある。

　在家老人福祉センターがこのような事例を発見した場合は，同センターのソーシャルワーカーが中心となる問題解決にあたる。

　要介護認定を受けていない場合は，地域総合社会福祉館や老人福祉館が対応することになる。要介護度が認定された場合は，介護保険給付として，社会福祉館のデイサービスセンターを利用する可能性がある。可能性は低いが，精神疾患が原因であれば，精神保健センターもかかわる可能性もある。認知症と判定されれば，保健所の訪問看護師が関わることもある。

③ 　連　　携

　地域社会福祉協議体のメンバーの中には在家福祉連合会のメンバーがいる。在家福祉連合会で扱う事例でより深刻なものは，地域社会福祉協議体の事例として扱うことになることもあり，地域社会福祉協議体ではその事例について，より具体的な調査や管理を行うことがある。Bさんが認知症であれば，痴呆相談センター（法律上の名称）の介護職員，老人総合福祉館のソーシャルワー

カー，区ごとに設置されている在家老人支援センターの職員が連携して対応する。

在家福祉連合会は社会福祉士で構成されているが，定期的に会議を開き，情報共有やサービスの重複などについて話し合う。またこのようなケースがあれば他の機関にも同じ事例があるか確認作業をして，解決策を考える。

地域社会福祉協議体は区福祉政策課が事務局となり，必要がある時に在家福祉連合会に協力を求める。定期的な連携はない。このようなケースでは，社会福祉士，昼間保護センターのケースマネジャーや訪問看護師がかかわることがあるが，同じ機関（場所）にいれば，連携はとりやすい。韓国では，2006年から地域福祉計画と保健医療計画を4年ごとに策定するようになったが，この2つの計画の策定の事務局を務めることが公的機関の役割である。保健医療と福祉の連携が強調されているがなかなか困難である。

④　導入された資源

「導入された資源」についての発言はなかった。

⑤　マクロな支援

2007年に「老人ドルボミサービス」ができる以前は，高齢者が死亡してから1年後に発見された事件が起こり社会的議論となった。生活保護受給者であれば，行政の目も届き，民間機関からの支援も受けられる。しかし経済的問題以外の要因で保護や支援が必要にもかかわらず，放置されている高齢者がたくさんいる。このような状況の中で「老人ドルボミサービス」が導入され，一人暮らしの高齢者は，所得に関係なく，見守りサービスを受けることができるようになった。

韓国の特徴

韓国は2007年の老人長期療養保険制度（日本の介護保険制度に該当する）の導入を期にして，要援護高齢者へのケアシステムの構築に向けて法制度の整備や関連政策が展開されている。高齢者率は現在12.2%（2013年）であるが，2020年には15.7%，2026年には20.8%になる予測されている。このままだと，2040年には32.3%となり，世界2位の高齢者率の高い国になると見込まれている。

こうした急速な高齢化に伴って，要援護高齢者へのケアシステム構築が急がれている。高齢者の生活環境や要援護状態に合わせた仕組みづくりが進められている。加齢や老人性疾患等により，1人で6カ月以上の日常生活が難しい高齢者は，老人長期療養保険制度の対象となり，介護認定審査を受けて施設サービスや在宅サービスを受けることができる。介護認定を申請したが，自立判定の場合は，老人ドルボミ総合サービスを利用すること（2007年スタートしたバウチャー事業）ができる。老人ドルボミ総合サービスの利用を希望する際には，高齢者本人，もしくは家族等が国民健康保険公団に申請を行い，要介護認定調査を受けなければならない。認定の結果，長期療養等級外Ａ，Ｂ（介護度は1〜3等級，等級外ＡとＢ）と判定された場合，住民登録上の住所地の邑面洞住民センター（基礎自治体の役所）に申請書を提出し，所得調査を受ける。サービス利用者の選定は市郡区の当該事業チームが行い，結果を通知する。利用者負担は所得水準に応じて無料〜4万8,000ウォンとなっている（2013年）。

　また，介護サービスは必要でないが，一人暮らしで，日常生活を営むことが難しい高齢者には，老人ドルボミ基本サービスがある。同サービスは，日常生活を営むことが難しい高齢者と一人暮らしの高齢者のニーズに応じて，安全の確認，日常生活訓練，家事支援，活動支援等の福祉サービスを提供する公的サービスである。市郡区（邑面洞）では，住民登録表記載上の一人暮らし高齢者や，各行政区域の地域リーダーである統長や班長によるアウトリーチにより発見された一人暮らし高齢者に対して，現況調査を年2回実施し，所得，健康，住居，社会的コンタクトの状況等を評価し，調査結果により保護の必要が高い順で利用対象者を決めるため，高齢者自身はサービス利用の申請をする必要はなく，本人の利用料負担もない。

（3）育児放棄がみられた母子家庭の子どもへの学習支援ケース

――― ビネット3 ―――

　Ｃさん（31歳女性）はシングルマザーで，12歳の娘と10歳の息子と暮らしている。Ｃさんは離婚してから，生活保護を受けて働きながら，子どもたちを育てていた。Ｃさんは一生懸命働いたが，家事をする十分な時間はなかった。彼女の部屋はいつも散らかっており，汚かった。

　娘はＣさんを手伝って，調理や洗濯をした。息子は学校の勉強についていけず，課題を抱えていた。彼は非行にはしる恐れがあった。

1）イギリス

① 発　見

このようなケースで，親自身が自治体の児童サービス担当課に助けを求めて来ることは稀である。助けを求めることで，わが子が自分のもとから離されて保護され，自分が納得できない介入が行われるのではないかとの不安をもち，公的な機関に助けを求められない親が少なくない。このケースで想定できるのは，例えば子どもの通う学校が発見者となり，自治体の児童サービス担当課へつなぐことである。この子どもがいつも授業中に眠っていたり，空腹であったり，服装の乱れや汚れが見られる，また成績が急に下がったりといったサインが長く続いていたり複数見られる場合には，学校は自治体につなぐだろう。あるいは「非行」が見られることから，警察が発見して自治体児童サービス担当課につなぐかもしれない。このケースからは，保健医療機関や医師の関与はあまり考えられないが，もしこの子どもがけがをさせられているようであれば，医師が発見にかかわるかもしれない。

② キーパーソン

安心安全な状況で子どもが生活できていない，またその疑いがある場合，発見者は，自治体児童サービス担当課につなぐ。自治体は，通告・送致・相談を受け付けた場合，審査する義務が規定されている。第一段階としての審査を行い，必要な支援を決定・調整する。当該児童が置かれている状況や問題の複雑さにより，第一審査の後，担当ソーシャルワーカーによるコア・アセスメントと称するさらに詳細な審査・調査・判定が行われ，当該児童，家族，関係諸機関とともに必要な支援の決定・調整がなされる。

③ 連　携

関係諸機関の連携・協働の不十分さが，死に至るほどの深刻な虐待ケースの問題点として認識されており，関係諸機関の連携・協働は，関係法規，政府によるガイドラインにより，必ず取り組むこととなっている。このケースの場合，自治体，学校，地域のファミリーセンター（家族支援），情報・アドバイス提供機関，更生サービス機関（予防も含め），警察，ヤングケアラー支援プロジェク

第7章　調査結果と各国の比較

ト（親や兄弟などの介護や介助，家事をしている子どもを政府からの補助を受けて，民間非営利団体が運営）などの関与・連携が考えられる。

④　導入された資源

前述の「連携」であげられている機関・団体等による支援サービス・サポートがアセスメントを通じて調整される。子どものため，親のためのコミュニティサポートが，民間非営利団体，宗教団体などによって運営されている。同じような境遇の子どもたち（親たち）との出会いの機会と場を提供，子どもたちのためのアクティビティや行事の実施，子どもや親が休息をとり，仲間と知りあえ，孤独を防ぐ活動を行っており，役割・機能としてはソーシャルワークのようであるが，ソーシャルワーカーはそういったサポートの直接的提供はしていない。

⑤　マクロな支援

コミュニティの関係諸団体の組織的連携・協働を進める役割をソーシャルワーカーは担うのかとの質問に対し，ソーシャルワーカーにその時間がないとのことであった。力のあるコミュニティは，コミュニティフォーラムをもっている。そこで地域の様々な団体が出会うことができた。よいアイデアであるが，現在はかってほどは見られない。ある非営利団体が傘下の団体のフォーラムをもつこともある。こういったもの基盤としてできているととてもよいが，現在それが十分に基盤となっているかということは言い難いとのことである。

イギリスの特徴

(1) イギリスの児童保護

深刻な児童虐待ケースに，自治体が迅速かつ適切に対応できていないこと，関係機関の連携の不全の問題は，メディアでも大きく取り上げられ，社会的なサポートを必要とする児童・家族へのケアへの政府・自治体の責任の所在，関係機関の連携・協働などの明確化が，児童保護に関わる法の制定や政策ガイドラインの策定等において進められてきた。児童保護について定める法は1989年児童法（the Children Act 1989)，2004年児童法（the Children Act 2004）である。前者において，自治体は児童の安全と福祉を守るために，社会的ケアが必要な児童にサービスの提供やアセスメントについての義務があること，後者には，児童のウェルビーイ

ングに責任をもつのはソーシャルサービス機関だけではなく，警察，学校，保健医療サービス機関などにもその責任があり，関連機関による連携・協働を義務づけている。

　イギリスにおける児童保護の全般的責任は教育省にあり，地方自治体は地域の児童の安全を守る委員会を設置し，教育省から出されている指針『子どもたちの保護のための協働――子どもたちの保護と福祉の促進のための指針』に沿って，その自治体地域で児童やその家族とかかわる専門職らが従うべき手順書を作成しなければならない。地域児童保護委員会には自治体，保健医療機関，警察，そして地域の一般人が入る。

(2) ダラム・カウンティの例

　ダラム・カウンティ（人口51.3万人）では，自治体と保健医療機構の協働で，「One Point」という子どもや若者，その家族のためのサポート，アドバイスなどのワンストップショップサービスを実施している。カウンティ内に10カ所の「ハブ（拠点）」が設置されており，保健師，学校看護スタッフ，ファミリーワーカー，教育福祉オフィサー，行動サポートワーカー，いじめ対応ワーカー，メンタルヘルスケアワーカー，教育臨床心理士，パーソナルアドバイザー（進路相談等），ユースワーカーが連携して相談やサポートにあたっている。

　自治体の児童社会ケアサービス担当課は，地域の児童の安全を守る委員会で承認された手順に則り，児童の安全と保護について他の関係機関と協働する上で，主導的役割をはたす。虐待などの心配がある場合の連絡や相談には，「初動対応チーム」が対応する。児童本人と家族の参加のもと，児童にかかわる医師や教員などの専門職とも連携して，アセスメントを行う。虐待等の心配についての連絡や相談がもちこまれると，審査が必要かどうかの判断がなされ，審査が必要となるとソーシャルワーカーの責任でアセスメントが実施される。第一段階のアセスメントは，当該児童のニード，保護者が適切にその児童の保護ができるのかどうかについて把握するための情報を集め，またどのようなアクションがどの機関によってとられるべきかを決めるために実施される。もし児童が深刻な危険にさらされている場合は，コア・アセスメントと呼ばれるアセスメントがさらに実施される。当該児童は「a child in need」（保護が必要な児童）として認定され（1989年児童法第17条），この法のもと，自治体は当該児童に必要なサポートを提供する義務がある。

　自治体が提供しているサービスには，学校での児童保護と連携のための児童サービス職員の派遣，児童入所施設，里親，養子縁組，若者支援，家族と同居する児童・家族へのサポートサービス（緊急対応，治療的サポート，コミュニティを基盤とした家族サポート，薬物依存サポート，アクティビティの提供など）などがある。こうしたサービスの根拠法には1989年児童法，2002年養子縁組と児童法，2004年児

第7章 調査結果と各国の比較

童法，2002年ケアを離れた人のための法，2000年ケアスタンダード法などがある。カウンティ内で児童にかかわるすべての専門職は，ニードを明らかにする際に，「Single CAF/CIN Procedure」に沿って行い，適切な支援が出来るだけ迅速にできるよう努めなければならない。これは，児童や家族のニードがユニバーサルサービスで対応できるものであろうと，虐待等で保護や特別なサービスが必要なニードであろうと，分けることなく，一つの手順の中で対応していこうというものである。これにより継ぎ目のないサービスやサポートを提供しようとするものである。

　イギリスでは，児童の安全と児童保護については，関係機関との協働を重視しつつ，自治体が主導的役割を担うこととなっている。一度連絡や相談，送致を受けると確実に対応すること，対応しなければならない期間の設定，手順等が地域の児童の安全を守る委員会で決められている。成人のサービスと比較して，児童のサービスはより責任の所在や，一度受けつけたケースの継続的な支援のためのしくみが明確である。アセスメントや支援の継続性については，自治体の児童担当ソーシャルワーカーに役割と責任が課されている。「発見者」「キーパーソン」「連携」「資源」については，ソーシャルワーカーの明確な役割・責任，また他の関係機関・専門職との連携・協働が必ずなされなければならないことから，見えやすいといえる。「マクロアプローチ」におけるソーシャルワーカーの役割は大きくなく，アセスメントやサービスの提供調整がソーシャルワーカーの主な役割となっている。

2）ノルウェー

① 発　見

　第一発見者は救急病院，一般病院，児童保護センター（barnevern），社会福祉事務所（socialkontor），緊急避難センター（krisissenter）であることが考えられる。このようなケースであればどこに行っても適当な部署に紹介されることになる。ノルウェーでは病院でも，保育所でも，どこでも暴力の形跡が見つかればすぐに問題解決への対応が始まる。医療や福祉の分野で働く人，保育所職員等公的な仕事に携わる人は，家庭内暴力を発見した場合に通報することが義務づけられている。また子どもには子ども用のSOS電話番号が教えられており，子どもから通報することもできる。近所の人が児童保護センターに通報する場合もある。児童保護センターは家庭内暴力の通報を受けた場合，一定の期間内に調査を行い，状況を明確にしなければないことが定められている。

② キーパーソン

キーパーソンは自治体（社会福祉事務所）のソーシャルワーカーである。しかしこのようなケースでは，一つの課題だけが解決しても本質的な解決につながらないため，臨床心理士や児童保護士等のさまざまな専門職がかかわるべきであり，同時に複数のサポートが必要となる。この家族が住む地域のソーシャルワーカーが担当となり，課題解決のためのとりまとめを行うことになる。

③ 連　携

子どもがかかわるケースについては，児童保護士かソーシャルワーカーが責任者となり，ケース検討会議を開く。必要に応じて，臨床心理士，医師が加わる。12歳以上の子どもは会議に出席することができ，専門職とともに計画を立てる。12歳以下の子どもであっても，どのように感じているか，何を望んでいるかなど，子どもの希望を聞くことが大切であることが法律で決められている。

子どもたちは学校で心理セラピーや精神科カウンセリングを受けることが考えられる。このケースでは息子が不登校の状況にあるので，心理学的，教育学的なサポートを受けることになるだろう。

ノルウェーであれば，児童保護サービスが介入し，母親はどうして家事ができないのか，その要因を調べる。12歳の子どもが母親に代わって家事をするということは考えられない。母親がうつ病，薬物使用などの問題が発見されれば，児童保護士は母親を関係機関につなぐ。児童保護士が家庭内の状況を観察し，また母親と話し合いを通じて，どのような支援が必要かを判断する。必要に応じて，ホームヘルパーを派遣することも考えられる。

児童保護士がかかわるケースで近隣，専門職以外に協力を依頼することはまずない。専門職以外の人に支援を依頼する例としては，サポートコンタクトがある。サポートコンタクトとは，課題を抱える高齢者，子ども，障害者，移民の人々に対して提供されるものである。たとえば，親が疲労のため育児に十分の時間がとれない場合，里親のもとで週末を過ごす等のケースがある。里親は専門職ではないが有給であり，ボランティアとは異なる。また当事者である家族が望めば，他の家族とのコンタクトをとることもある。たとえば子どもの発

育に応じた親のかかわり方について，母親が理解していないようであれば，他の家族とのコンタクトを通じて援助をすることも考えられるが，本人が望んだ場合のみである。

④　導入された資源

「導入された社会資源」についての発言はなかった。

⑤　マクロな支援

「マクロな支援」についての発言はなかった。

> **ノルウェーの特徴**
>
> （1）ノルウェーの児童保護サービス
> 　何らかの事情で，子どもを育てることができない家庭があり，そのような家庭の子どもを保護するサービスが児童保護サービス（Barnevern）である。児童保護サービス法（Lov om barneverntjenester）はコミューネと県の役割分担を決めている。県は児童養護施設の整備と運営を行い，里親の募集と採用を行い，里親に対して必要な情報提供を行いながら，コミューネの児童保護サービスの実施を支援する。コミューネは子どもや青少年に対して必要な支援をする責任を持つ。また同法では，児童保護サービスを2種類の対応策，「生活支援対応」（第4条第4項），「ケア支援対応」（第4条第12項）に分けて定義している。生活支援対応は，親と同居を続ける場合に提供されるサービスで，コンタクト支援，保育所利用，レスパイト，子ども余暇活動支援，ウィークエンドホームなどがある。また法律には規定されていないが，PMT（家庭経営トレーニング）等の教育プログラムも提供される。ケア対応支援は子どもが親と離れて生活をする選択肢であり，里親，児童養護施設の利用，精神科対応施設等の資料があり，これらの利用は家庭裁判所を通じて決定される。
> 　ノルウェーで何らかの児童保護サービスを受ける子どもは全国で5万3,150人（2013年）であり，そのうちで親と一緒に生活をしながら支援を受ける子どもが8割を占める。ノルウェーの未成年者（18歳未満人口）は125万6,233人なので，全国で4.2%の青少年，子どもたちが何らかの児童保護サービスを利用していることになる。これは児童に関する家庭問題が深刻化する前に，初期段階でのサービス提供を通じた介入が多いものと思われる。
>
> （2）オスロ市の児童保護サービス事務所の例
> 　オスロ市（人口40万人）は15の自治体区に分かれているが，各区に児童保護サービス事務所が設置されている。人口2万6,000人のセントハウスハウゲン区の児童

第Ⅲ部　小地域福祉ガバナンスとソーシャルワークの国際比較

保護サービス事務所には 9 人の児童保護士がいる。同職には大学で教育学, 社会福祉学, 児童福祉学などを専攻した人が着任している。職員 1 人当たり12から20ケースを担当するという。

児童保護サービス事務所には親, 学校, 保育所, 近隣などからの通報が入る。不登校, 非行の問題は親からの相談, また育児放棄, 性的虐待等の児童虐待は保育所, 学校, 近隣から通報が入る。通報が入ると, 児童保護サービス官は調査に向かう。暴力, 麻薬使用等が関係する場合は警察に通報する。調査後 3 カ月以内でそのケースの対応策を示す。対応策の約 8 割が生活支援対応サービスへのつなぎとなっている。

（3）生活支援対応サービスの例

問題発覚後も親子と同居を続ける家庭に提供される生活支援対応サービスに, 「ウィークエンドホーム」というサービスがある。たとえば, 民間団体で研究員を勤めるエバさん（仮名, 48歳）は 6 年にわたり, 「ウェークエンドファミリー」のホストファミリーを務めてきた。3 週間に 1 度の週末に, 11歳の少女がエバさん家族を訪ねる。この少女は, 母親と二人暮らしだが, 母親は育児と生活に疲れている。児童保護サービスでは, 母親に休息を与えるために, また同時に少女に家庭の温かさを経験する機会が持てるように, この親子に「ウィークエンドホーム」の機会を提供している。エバさんは虐待を受けていた子どもの緊急避難で, 4 週間の間, 被害を受けた子どもを預かったこともある。

低所得の家庭や失業中の親を持つ子どもに対して, スポーツクラブの利用料金を提供するのも生活支援対応サービスの一つである。子育てや生活に疲れている家庭に対し, ホームヘルパーを派遣し, 家事援助を行うケースもある。

3）アメリカ

① 発　見

当該団体のソーシャルワーカーと住民がこのケースについて情報交換をしていたという前提で以下の項目を回答。ただし, 当該団体の判断によると, このケースは必ずしも介入が必要なケースとは言い切れない。ソーシャルワーカーの役割は積極的な介入というよりも, C家族に必要な情報が届くように心がけることである。

② キーパーソン

当該団体は青少年プログラムを提供しているため, 職員（ソーシャルワー

カー）がキーパーソンになる。

　青少年支援プログラムとは，ティーンエイジャーに放課後の居場所を提供するためのプログラムで，青少年が薬物使用などの危険な行為に走らないように，その逃げ道を提供するプログラムである。青少年プログラムの職員の役割は，参加者にとって安全な居場所となるように環境を整備することや，アクティビティを提供すること，初めての参加者が場に馴染めるように支援すること，個別の相談にのること，リーダーシップや自尊心を高める活動をとおして参加者が人生設計を行えるように支援することである。進学や就職に向けて準備することも含まれる。

　なお，当該団体では10代の青少年に対する路上アウトリーチを実施しているため，アウトリーチ担当の職員（ソーシャルワーカー）が接続の部分を担当することも考えられる。アウトリーチプログラムは本来ティーンエイジャー（12～19歳）を対象としたプログラムであるため，10歳児は対象年齢外だが，このようなケースの場合，年齢を理由に黙視するということはない。一般的に，当該団体に初めてかかわる青少年の場合，当該団体に足を運ぶことをいやがるため，アウトリーチワーカーが路上で青少年との関係構築を試みた後，バスケットボールやブレイクダンスなどのプログラムに参加したり，パソコンルームで時間を過ごしたりするように促すことになる。

③　連　携

　当該団体では学校と常に連携をとるようにしている。情報の共有や学校の教育プログラムを補完するプログラムを当該団体が提供している。2人の子どもは学校の授業についていけてないということなので，放課後プログラムを紹介するなどして，学校の勉強についていけるような支援を提供することが考えられる。放課後プログラムとは青少年プログラムの一つで，学習支援のプログラムである。高校の最終学年になるとSAT（大学入学判定テスト）の学習会等も提供する。なお，放課後プログラムの職員はなるべく早い段階で保護者と面会するように心がけている。この事例のような場合，保護者が学校での教育内容に関心がなくなるか，ついていけなくなってしまっている場合が多い。そのため，

児童に対する支援同様に保護者の支援を行うようにしている。

また，当該団体では，教育委員会と連携して不登校児を対象とした夜間学級（高校）を提供している。不登校児の中には，移民の2世の場合などは特に，日中家を留守にする親の代わりに幼い弟や妹の面倒を見なくてはならない子どもがいることがある。そうした児童が夜間でも高校に通えるようなプログラムを当該団体は提供している。

青少年プログラムの中でも特にアウトリーチプログラムの職員は警察とも連携をしている。警察は青少年のたまり場をhot spotという隠語で読んでいるが，路上アウトリーチプログラムは当初その言葉を借用してhot spotプログラムと呼ばれていた。アウトリーチプログラムでは警察が青少年を補導する前に緩やかに非行を回避するように支援している。そのため，警察との密な連携が欠かせない。警察が青少年の対応をめぐって当該団体に相談を持ちかけてくることもある。

④　導入された資源

当該団体では，前述に示されているように当該団体内の資源として放課後プログラムや不登校児のための夜間学級を資源として提供している。また，以下のマクロアプローチで示すように，高校卒業認定のための教育プログラムなども提供している。

⑤　マクロな支援

連携の中で触れた夜間学級のように，当該団体では充足されていないニーズに対して新たなサービスやプログラムを開発するということを積極的に行っている。同様の方法により，当該団体は高校を中退した若者（対象年齢は16〜21歳）を対象に高校卒業の単位を取得するための教育プログラム（transition school）を開発し提供している。そうしたプログラム開発をとおして多様な教育の機会を青少年に提供することも当該団体の使命と考えている。　なお，インタビュー当時，当該団体はコミュニティカレッジと協力して，教育プログラムを終了した若者が継続して教育を受けられるようなプログラムの開発を検討している。

第7章　調査結果と各国の比較

── アメリカの特徴 ──

　他の事例からも，アメリカでは課題ごとに多様なプログラムが開発されていることが特徴として確認されてきたが，本事例はその中でも特にそうした特徴が際立つものである。インタビューに答えたワーカーからは，最終手段として行政に連絡し，児童を保護することを検討するという趣旨の発言があった。しかし，ワーカーの見立てでは，親によるネグレクトに直接介入するよりも，むしろ2人の子どもの学習支援を進めることや，非行に走らないための予防プログラムを提供することが優先される傾向にある。

　本事例では，青少年プログラムやアウトリーチプログラム，高校を中退した若者のための教育プログラムが開発され提供されていた。また，開発途上ではあるが大学と連携した教育プログラムが将来的に提供される予定である。

　それらのプログラムはどれも異なる管理者（ソーシャルワーカー）が管理しており，参加者もプログラムごとに異なる。そのため，C家族を担当するファミリーソーシャルワーカーやスクールソーシャルワーカーがいるのではなく，当該団体の場合は，青少年プログラムを担当するソーシャルワーカーがキーパーソンとなり，2人の子どもを中心に支援プログラムを調整して提供することになっていた。

　なお，青少年向けのプログラムは社会福祉系サービスの中でも大きな領域で，ニューヨーク市では次の5つの分野に予算が分かれている――学内プログラム，学外プログラム，家出・ホームレスプログラム，夏期雇用体験プログラム，その他の青少年プログラム。本事例では，学外プログラムを中心に支援を提供することになっていたが，支援の段階に応じて学内プログラムや家出・ホームレスプログラムなどを提供する部署や事業所と連携することも必要となる。

　以上の特徴からも，アメリカでは政府の予算によって提供されているプログラムを担当する専門職（ソーシャルワーカー）が中心となり支援を提供しており，この事例においては取りたてて地域住民との連携は見られなかった。

4）韓　国

①　発　見

　学校で働くソーシャルワーカー（社会福祉士）を介して発見される。また低所得者が多く住む地域の地域児童センターには「勉強部屋」というスペースがあるが，そこで働く教員からの通報も多い。生活保護受給者の場合，洞事務所（役場）で発見され，そこで統合事例管理として取り扱われる。低所得層や生活保護受給者は，すでに法的保護の枠で状況が把握されていて，公的に支援さ

れているので発見が早い。しかし一般の家庭に発生する事例は，普通，地域の社会福祉館や学校などで発見される。

② キーパーソン

公的機関や民間の関係機関が合同で事例管理会議を行い，主たる事例管理者を決めることとなる。虐待を受けている子どもに会う時間が多いという理由で，学校の教員が事例管理者になることもある。また，その子どもの家の近くに社会福祉館があれば，そこに勤めるソーシャルワーカー（社会福祉士）が見守りやモニター（評価）した方がよいと判断されれば，その人が事例管理者になる。事例管理者は，必要な資源を導入したり，問題解決のために事例に介入する。定期的な事例管理会議が必要と判断した場合は，事例管理者が関係者を集めて会議を開き，検討を行う。事例管理事業を掲げている社会福祉館では，そこに勤めるソーシャルワーカーがその事例をすべて任されることもあり，その場合，事例管理は組織の内部で解決が図られることが多い。

農漁村地域では虐待を受けた子どもが社会福祉館から離れたところに住んでいたり，力量の低いソーシャルワーカーで事例管理がうまくできない場合，社会福祉館のソーシャルワーカーに支援を求めてくるケースもある。その場合は，スーパービジョンの形態で，時には，社会福祉館のソーシャルワーカーが支援チームのコアワーカーとなって，一緒に事例管理を行う。

地域福祉協議体による統合事例管理会議では，ケースに対してサービス計画を立て，民間機関や企業，市民団体，公的機関などの中から，ケース担当に適切な機関を選び，サービスが提供されるようにする。その全体の管理運営は公的機関が行う。公的機関はサービスを直接行うのではなく，サービスのコーディネート，資源の連携，モニタリングなどを行う。

③ 連　携

統合事例管理会議に参加する機関は，児童保護機関，地域児童センター，学校，健康家庭支援センターが挙げられる。地域によっては，活発な市民団体があり，そちらが子どもの面倒をみることもある。地域に福祉系大学があれば，児童福祉分野の事例管理に関する教育や学習，研究会などを行っているので協

力が得られる。公的機関がコーディネーターの役割を担う。事例管理において公的機関と民間の協働が構築されていれば，問題解決の効率性を高めることができるが，現状はそうはなっていない。民間のサービス資源は不十分であり，このようなケースでは持続的な支援を必要とするケースが多いにもかかわらず，関連機関の連携や官民の協働のレベルは低い状況である。

④ 導入された資源

法律に則って実施される支援や生活保護費の決定などに関することなどは，公的財源で賄われる。公的財源が不足する場合は，民間財源や後援団体が賄う。

⑤ マクロな支援

ある地域では「児童青少年ネットワーク」をつくり，区庁（区役所）から事務所を借りて活動しており，公民の協働で，被害を受けている子どもの進路指導などを実施している。

4年前に，ある漁村地域で，民間機関が児童虐待の事例管理をしている様子を約2年間見続けてきた住民たちが，地域の子どものために頑張っている機関の人たちのために何かしたいという思いから，15人の住民が若干の会費を集めてこの民間機関の事業に参加するようになったケースがある。機関の職員と一緒に，活動予算を立てたり，意見交換したり，自発的に寄付を行うようにもなった。住民自らが支援を提供したり，情報交換を行っている。この住民組織の会員数は年々増えている。特に，過去に事例管理の対象者であった人が，組織の事務を総括する人になったケースもあった。

特定の事業として募金事業やモデル事業がある。2004年度に初めて国の保健家族部が，支援を要する母子世帯に3年間モデル事業を実施した。このモデル事業は臨時予算を編成し，支援を要する母子世帯という特定階層に統合サービスを提供しようとしたものであるが，この政策は成功し，この事業の主管轄庁は女性家族部に移った。さらに女性家族部はこの事業の対象を一般の母子世帯にまで広げ，「一人親家族支援センター」を誕生させた。

またサムソン社は2006年から3年間にわたり，年間15億ウォンずつの指定寄託を通じて，「我が子希望ネットワーク支援事業」として，課題を抱える家族

と子どもの支援事業を行った。この事業は好評で、サムソン社はさらに3年間の期間を延長し、100億ウォン（約10億円）規模の支援事業を行った。これは民間の資源と行政の協力で実施し、成功した事業である。行政は経済的緊急支援として現金給付を行い、民間はアセスメントとフォローアップを行う。

韓国の特徴

　韓国の児童虐待に関する実態が公表されたのは、2000年児童福祉法の改正により、児童保護専門機関が設置されるようになってからである。虐待の通報件数は年々増加しており、2001年の2,606件から、2013年には1万857件に増え、ここ10年あまり、約5倍近く増加した。

　児童保護専門機関は、被虐待児童や家族に対して相談、作業療法などの直接的サービスを提供したり、社会福祉館、地域児童センターなどといった地域の社会福祉関連機関と連携し、必要なサービスを要請する。また、生計給付、住居給付、医療給付、自立支援などが受けられるように公的資源と連携する。

　被虐待児童や家族の支援に当たって、児童保護専門機関の他に、児童虐待予防センター（2000年10月設置）がある。同センターは、児童虐待予防のために活動してきた民間機関が政府から指定を受け、児童保護サービスを行っている。また、被虐待児童の発見、保護、治療の依頼、児童虐待の予防及び防止のための広報、虐待被害者からの相談に対応し、虐待被害者及び虐待加害者及びその家庭に対する調査等を行う。また24時間対応の緊急電話が設置されており、緊急措置の必要性を判断できる専門相談員を配置している。通報を受けたら現場調査を実施し、虐待が深刻な場合、一時的に保護施設に隔離するなどの措置を取る。被虐待児童及び加害者（家族）の相談、教育など、適切なサービスを提供する。専門職は相談員6人以上を配置する必要がある。家族支援の観点では、健康家庭支援センターによる支援もあげられる。家族が抱えている問題の解決や予防のための相談サービス、教育サービスなどが提供される。

　こうした制度上の児童保護サービスだけでなく、民間企業や団体による取り組みがある。たとえば、「我が子希望ネットワーク支援事業」のように、大手企業と社会福祉共同募金会が協働して、ストレングス視点に基づいた支援を行っている。同支援事業は、全国に11カ所のセンターを設置してサービスを展開している。

第7章　調査結果と各国の比較

（4）多重債務を抱えた知的障害者の家族への経済的自立支援ケース

--- ビネット4 ---

　Xさん家族は，父親（65歳），母親（61歳，知的障害あり），長男（26歳，知的障害あり），二男（23歳，ひきこもり）の4人家族である。父親は2年前の骨折が原因で下半身不随となり，生計を立てられなくなった。父親は仕事を辞めてから，母親と長男がパートの仕事をするようになった。彼らの賃金は安く，家賃や医療費を十分に稼ぐことができずに，長男は借金をし，日々の生活でクレジットカードを使うようになった。650万円もの借金ができ，その利子も払えない状況である。

1）イギリス

このビネットを選択したインタビュイーはいなかった。

2）ノルウェー

① 発　見

このような家族が放置されている状況はノルウェーでは想定できない。Xさん家族は，第一子を出産する時からサポートされるべき家族である。ノルウェーでは知的障害のある親が出産する場合，出産が可能かどうか，育児が可能かどうかの話し合いを持ち，親権を移すかどうかなどの検討も行うことになる。もし家庭での子育てが困難であれば，子どもが普通に発育できるように適切なサポートが必要である。ノルウェーでは，障害のある人は何らかのサポートを必要とするということで自治体に登録されており，学校等の関係機関にもその情報が届いている。胎児の時から障害があることがわかることもあるし，出産時にわかることもある。出産の時から障害があることは自治体に登録されていて，段階に応じたサポートが得られる仕組みになっている。

② キーパーソン

（このようなケースの存在はありえないことが前提であるが，あえて考えれば，）子どもの年齢が18歳未満であれば，児童保護士が介入する。ただし，このようなケースであれば，子どもを育てられる環境ではないとする判断が出ていたかもしれない。

このケースでは，子どもがすでに18歳を過ぎているため，児童保護サービス

の対象ではない。困難事例では，特別コーディネーター（自治体の専門職）の支援を受けて，問題解決をはかる権利がある。また家族自身がコーディネーターを選ぶこともでき，たとえば「ナーブ（NAV）のA氏を自分のコーディネーターに」と指名して支援を依頼することも可能である。

③　連　携

ケアサービスと臨床心理士や精神科のカウンセリングを受けることになる。さらにナーブ（職業安定所）のサポート，住宅費補助や生活保護が必要になるかもしれない。

26歳の知的障害のある息子は，パートで働いており，身の回りのことができると考えられるので，親から離れて自立生活をすることが考えられる。適切な支援を受けながら，自分の経済生活をまかなっていくことができる。

父親は下半身不随で動けない状態だが，ナーブ（NAV）に連絡して，住宅改造を受けることができる。家賃が払えないようであれば安い住宅に引っ越し，住宅改造して住みやすくすることも考えられる。

借金については，ナーブ（NAV）で生活保護を受けるための手続き，借金の解決方法などの助言を受けることができる。

④　導入された資源

「導入された資源」についての発言はなかった。

⑤　マクロな支援

「マクロな支援」についての発言はなかった。

―― ノルウェーの特徴 ――

（1）知的障害のある子どもについて

ノルウェーでは，知的障害のある子どもは，法的には18歳になれば，個人でいろいろなサービスを受けることができる。親が子どもたちの面倒をみる必要はなくなり，必ずしも親元にいる必要はない。障害があっても，26歳の息子が親と同居していることはノルウェーではまず考えられない。20歳くらいになれば子ども自身が親から自立する権利があるとされ，心身に障害がある場合，特別住宅が提供され，ホームヘルパーの利用，その他の生活支援を受ける計画をたてることができる。

またノルウェーでは，経済的困窮を理由に，子どもが借金をしてまで親を助ける

ことはない。ノルウェーでは年金支給年齢は67歳であるが，誰でも最低保証年金を受けることができるため，子どもからの生活費の援助を受ける必要もない。
（2）障害のある親の子育てについて
　障害のある親は最初から経済的支援を受けることができ，出産をする時に行政と相談しながら，支援体制を考えておく必要がある。このような状態の親であれば，子育てにおいて多くの支援が必要となる。親に知的障害があれば，その子どもに対して，たとえば宿題を手伝ってくれる人の派遣を受ける等のさまざまな形のサポートが考えられる。このような家族が放置されたままになっていることはノルウェーでは考えられない。
（3）このケースの父親について
　ノルウェーではこのようなケースにおいて，父親はまだ65歳で老齢年金支給年齢ではないため，病後1年すれば疾病手当が支給されるし，職業に戻る希望があればリハビリを受けながら，あるいは違う仕事につくための教育を受けながら，2年間の手当を受けることになる。3年たっても働くことができなければ，障害給付を受けることができる。自分の意思で仕事を辞めることになれば，現役の時の60％の給与額が保障される。

3）アメリカ

① 発　見

知的障害者の支援団体が発見したという前提でインタビューを行ったため，割愛する。

② キーパーソン

このケースの場合，発見者である知的障害者の支援団体の職員がキーパーソンになり，当該団体はその団体が形成するネットワークの一部分を担うことになるだろう。

当該団体では知的障害者に対するサービスを提供していないため，当該団体が中心的な役割で知的障害者のケースにかかわることはほとんどない。ただし，障害に関する支援に積極的にかかわることはできないが，D家族が家を追い出されないように住宅サービス担当の職員（ソーシャルワーカー）がDさんの相談にのり，債務整理の手続きを支援することや，今後の家計の運用支援を提供することは可能である。しかしこのケースの場合，障害者に対するサービスの知

識やそれらのサービスへのアクセスに詳しいソーシャルワーカーがキーパーソンとなる方が望ましいと考えられる。たとえば，知的障害者のみ利用可能な政府の住宅支援制度があり，そうしたサービスの申請などは知的障害者支援団体の方が熟知している。そのため，当該団体として最も適切なかかわり方としては，知的障害者に対する支援を専門とする団体の後方支援としてかかわることである。

③　連　携

当該団体がネットワークの一部としてかかわることになるため，他の連携機関などについて十分に言及することはできない。当該団体としては，家計相談の相談員がいるので，その職員（ソーシャルワーカー）がネットワークにかかわりながら後方支援を提供することになる。ちなみに，債務整理の手続きは，弁護士に依頼するのではなく，このケースの場合，経済的に不安定であり，かつ総合的な支援が必要であるため，民間の法律相談機関に支援を求めることの方が現実的である。また，市が提供する家計相談（Financial Empowerment）の窓口が当該団体の建物の中に設けられているので，その相談窓口を紹介することもできる。

なお，たとえ当該団体がD家族に対して十分な支援を提供することができず，紹介できる他団体の目星がない場合でも，このようなケースで行政の職員が中心的にかかわることはほぼ無いに等しい。行政は児童虐待などに対応するケースワーカーや，精神保健のワーカー，市立病院の中のケースワーカーなどはいるが，その他の問題に対するストリートレベルの職員はいない。ただし，市が運営する情報紹介ダイヤルは存在するため，市民はその番号に連絡し，適切な相談機関を紹介してもらうことはできる。情報紹介ダイヤルが登場した2004年頃，その室や情報量は満足のいくものではなかったが，年々改善され，新たな情報が追加されている。

④　導入された資源

前述で示したように，政府が提供する知的障害者専用の住宅支援制度を活用することになる。

また，同じく政府が提供する家計相談（Financial Empowerment）の相談窓口をとおして民間の法律相談機関に債務整理の相談を持ちかけることになると考えられるため，法律相談機関も一つの社会資源として考えられる。

⑤ マクロな支援

当該団体ではこのケースに中心的に関与することはないので，マクロアプローチに関しても中心的にかかわる障害者支援団体に任せることになる。

アメリカの特徴

ニューヨーク市消費者局経済的自立支援課（New York City Department of Consumer Affairs, Office of Financial Empowerment）は，市の部局で，主として資産運用や家計管理について市民への情報提供，教育，相談を担う部署。債務の相談にかかわらず，ファイナンシャルプランニングなど市民の資産や家計に関する相談全般を取り扱っている。

債務の相談に関しては，家計管理の方法や，取り立て，自己破産などに関する情報をオンライン上で提供している。とりわけ，強引な取り立てや違法な取り立てから市民を守るための情報の提供に力を入れている。

また，市内に経済的自立支援センター（Financial Empowerment Center）と呼ばれる相談窓口を24カ所設置しており，それらの窓口では個別の相談にのってもらうこともできる。窓口のうちの2カ所は当該団体の建物の中に設置されている。そこでは，日本の市役所などで提供されている弁護士や司法書士による無料相談同様に，債務に関する相談員（credit counselor）による相談を提供している。また，家計管理のクラスなども提供している。

4）韓　国

① 発　見

このようなケースは，地域の精神保健センターにすでに登録されている可能性が高い。

② キーパーソン

精神保健社会福祉士，臨床心理士，精神保健看護師がなりうる。理想的なモデルとしては，専門分野を越えた学際的な連携が期待されるが，業務量が多いので予防事業や事例管理など，いくつかの業務連携にとどまっている。地域に

3分野の専門職が配置されることは法的に義務化されている。

③ 連　携

「連携」についての発言はなかった。

④ 導入された資源

「導入された資源」についての発言はなかった。

⑤ マクロな支援

「マクロな支援」についての発言はなかった。

韓国の特徴

　韓国は日本の知的障害者福祉法のように，知的障害のある人の権利と自立を支えるための法律が別途に定まっていない。障害者支援における基本法は障害者福祉法（1981年制定，旧・心身障害者福祉法）である。同法では，知的障害に関する用語が明記されておらず，障害者の定義は，身体的・精神的障害により，長い間日常生活や社会生活に相当な制約を受ける者」（第2条の1）とされている。2008年からは複数の民間団体で，地域障害者支援委員会や知的障害者福祉センターの設置，知的障害者福祉士や知的障害者相談員の配置等を規定する知的障害者特別法の法制化に向けて政府に働きかけている。

　韓国の障害のある本人や家族は，国民基礎生活保障制度による生活保護給付，国民健康保険法に基づく医療給付，重度障害者自立生活支援センターの自立生活支援サービスといった公的サービスを受けることができる。一方，民間機関による支援として，地域の障害者福祉館や総合社会福祉館などによる，起業コンサルティング，職業訓練などのサービスを利用することができる。

（5）認知症の高齢者夫婦への日常生活自立支援事業の利用支援ケース

ビネット5

　Eさん（85歳）は妻（80歳）と二人暮らしである。彼らには55歳の娘がいて，その娘は近所に住みこの老夫婦の生活を支えることができる。Eさんは15年前に心筋梗塞を経験してから移動に困難がある。またEさんには記憶障害もあり，進行している。彼は日常生活にほとんど関心を示さない。Eさんは不衛生な状態にあり，入浴，着替え，起床，就寝に介助を必要としている。妻がEさんの世話をしていたが，彼女はもはや食事の準備もできる状態ではない。

1）イギリス
① 発　見

おそらく家族（娘）であろう。そうでなければ家庭医，近隣の人が考えられる。発見者がつなぐ先は，自治体のソーシャルケア担当部局である。認知症や心臓発作など医療的ニーズについて必要な場合は家庭医が病院につなぐ。

② キーパーソン

自治体のソーシャルケア担当部局のソーシャルワーカーが，このケースのアセスメントをして，ニーズ把握とサービス提供の調整を行う。医療的ニーズが高い場合は，家庭医がキーパーソンとなる。

③ 連　携

自治体のソーシャルワーカーは，ソーシャルケアの提供者と連携して，本人のサポートを行う。ソーシャルケアの提供者は，自治体に雇われている場合もあるが，自治体から委託（outsourcing）を受けている事業者の場合もある。医療の面では，家庭医が保健師（health visitor）と連携して，この家庭への訪問を行うことも考えられる。

④ 導入された資源

高齢者のケアシステムは保健医療とソーシャルケアの混成システムのようであり，社会福祉サービスに関わる部分の責任をもつのは自治体であり，医療についてはその責任を国民保健医療サービス（NHS）が担う。社会福祉サービスの利用についてはアセスメントを受ける必要がある。自治体により基準が異なるが，利用者はサービスの利用料を支払わなければならない。一方，医療については基本的にはユニバーサルサービスであり無料である。

近隣の人々は，買い物の手助けぐらいはするかもしれないが，掃除などまではなかなかできないのではないか。同じヨーロッパでもスペインやギリシャ，イタリアなど南の国々で見られる近隣の人々がかなり手助けをしている状況は，イングランドではあまり見られない。

⑤ マクロな支援

ソーシャルワーカーの主な仕事はアセスメントをすることであり，直接的な

サービスや治療の提供，心理的なサポートをするということではない。ソーシャルワーカーはとても官僚的になってきており，かかわる仕事の範囲が狭くなっており，コミュニティワークも含まれていない。

---- **イギリスの特徴** ----

　高齢者のケアについては，医療的ケアを国の保健医療サービスが，ソーシャルケアについては自治体が責任を持つかたちとなっている。国民は家庭医（GP）に登録しており，医療的ニードが高い場合は，家庭医を通じて医療的ケアの利用につなげられる。医療サービスは基本的には無料で受けられるが，財政上の問題により，資源が限られている。自治体の社会福祉サービスは，成人（高齢・障害）サービスと児童サービスの2つに組織がわかれており，成人サービス担当課が高齢者のソーシャルケア（医療ケア以外の介護や家事援助等）の窓口となる。

　ソーシャルケアのニードのアセスメントは，窓口である自治体成人サービス担当課のソーシャルワーカーが担う。医療ケアの利用が基本的には無料であるのに対し，ソーシャルケアの利用は，多くの場合は有料であり，負担は所得や資産により決まる。自治体のもつ資源が限られており，よりニードの高い人々にターゲットを絞るようになっている。そのために使われているのが国のガイドラインに基づいて各自治体によって設定される「適格基準」（eligibility criteria）である。

　ダラム・カウンティ（人口51.3万人）では，成人のソーシャルケアの窓口として「ソーシャルケアダイレクト」を設置し，誰でも電話やメール，また直接訪問（ソーシャルケア・エリアオフィス7カ所とカウンティ事務所1カ所で対応）して情報提供や相談のサービスが受けられる。この段階の相談の担当はソーシャルワーカーではないが，相談の内容によりアセスメントが必要と判断された場合は，ソーシャルワーカーまたはケアコーディネーターがその場で，あるいは後日家庭を訪問するなどして，アセスメントを行う。

　アセスメントに用いられる「適格基準」（eligibility criteria）の基本的枠組みは政府が示している。自立にかかわる4つの項目（健康と安全の状況，自分の生活に関わる事がらについての選択やコントロール，個人としての尊厳にかかわる事項，家族やコミュニティでの生活へのかかわり）について，低度，中程度，重度，危機的状況の4つの「バンド」に分類される枠組である。現在，ダラム・カウンティでは，アドバイスや情報のサービスについては誰にでも提供されるが，自治体によるソーシャルケアのサポート・サービスの提供は，「危機的状況」と「重度」のニードがあると判定された人に絞られている。ここでいうソーシャルケアのサポート・サービスには，居住施設ケア，在宅ケア，デイケア，補助具等が含まれるが，

ダーラムカウンティでは配食サービスについて行政はサービス提供や費用負担をしていない。

ケアラーと呼ばれる家族や友人等インフォーマルな介護者のためのアセスメントやサポートも行われている。ケアラーのサポートのためのアセスメントも同様の4つのバンドに分類する枠組みによって行われる。

国の保健医療サービス、自治体のソーシャルケアとも厳しい財源・限られた資源の状況下、こうしたサービスを利用できる判定基準がますます厳しくなっている現状である。

２）ノルウェー

このような老夫婦は自宅で、さまざまな介護サービスを受けながら生活することは十分に可能である。またできるだけ自宅で生活したいと考える高齢者が多く、また自治体の財政事情からも費用がかからない在宅介護の利用を勧める。

ナーシングホームの入所基準が厳しくなり、5年前であれば確実にナーシングホームに入所しただろうと思われる人も在宅で生活するようになった。今ではナーシングホーム入所者の80％が認知症高齢者である。最近10～15年間で、ノルウェーでも在宅介護が24時間対応になってきた結果、多くの人が在宅で生活する事が可能となった。在宅では重度の介護を必要とする高齢者が生活するようになってきた。また近年では、自宅とナーシングホームの中間に位置するような新たなタイプの高齢者住宅がみられるようになった。

① 発　見

「発見」についての発言はなかった。

② キーパーソン

「キーパーソン」についての発言はなかった。

③ 連　携

「連携」についての発言はなかった。

④ 導入された資源

Ｅさんの場合、朝、昼、晩の1日3回程度のホームヘルプを受けることができると思われる。また妻も80歳の高齢であり、かつ虚弱であるため、両者への

食事サービスが提供される。Eさんがナーシングホームでの短期入所を利用すれば、妻は友人に会うなど、自分の時間を持つことができる。またデイサービスの利用も考えられる。ずっと夫婦で暮らしてきたので、妻にとって一人暮らしになることはつらい選択かもしれないが、Eさんには記憶障害もみられるのでナーシングホームへの入所申請も可能である。

政府は同居する家族の支援策として、レスパイトサービスの利用を進めている。レスパイトサービスを3週間利用して、同居する家族が元気になったケースもある。介護サービスの利用にあたっては、収入に応じた料金を支払うことになるが、身体介助のホームヘルプは無料である。ナーシングホームに入所すると年金の85％が利用料金となり、在宅介護は本人にとっても割安な選択肢である。

⑤ マクロな支援

ベルゲン市ではナーシングホームに待機者が増えている。在宅介護が重視されても、必要なときにはナーシングホームに入所する権利があるという点が自治体選挙の争点にもなっている。

---- ノルウェーの特徴 ----

ノルウェーのホームヘルプサービスの内容は、他の北欧諸国や日本と異なっている。たとえば、ベルゲン市ではホームヘルプは家事援助（practical aid）に限られており、入浴介助と食事介助は訪問看護（nursing aid）に含まれている。組織が異なるために、ケースによって、ホームヘルプが主にかかわるか、訪問看護が主にかかわるかが異なっていた。2011年10月に新法ができ、在宅ケアとして、ホームヘルプと訪問看護の連携が強化された。

ベルゲン市（人口20万人）では、市内に10自治区（bydel）があり、介護サービス提供の単位となっている。ベルゲン市は2005年に介護サービスの民間委託を決定した。ホームヘルプでは、コミューン直営サービスは廃止され、それに代わり、コミューネ出資のホームヘルプ事業者KFが設立された。つまりベルゲン市では自治体直営のホームヘルプは存在せず、市内にコミューネ企業KFと民間事業者がホームヘルプを提供している。その後、サービス選択自由化制度が始まったが、KFはホームヘルプ全体の85％のシェアを持ち、民間事業者は全体の15％程度のシェアである。市内にあるKF以外の8つの民間事業者は小規模であり、複雑なケース等に

は対応が難しく，民間事業者のサービスを利用していた人も重度になるとKFに乗り換える人も多い。首都オスロでは大規模な介護事業者が営利目的で事業を展開しているが，ベルゲン市の民間事業者は小規模である点が特徴である。ノルウェーは北欧諸国の中では民間委託の比率が低いが（たとえばスウェーデンでは全国で18％，ストックホルムでは60％），その理由はソーシャルワーカー組織（職能団体，労働組合）と政府や自治体の関係が強く，中央労使交渉において厳しい基準を要求するため，福祉職の労働条件が良い。ノルウェーにおける人件費の高さは営利事業者が参入しにくい理由となっている。

　介護予防の視点が採り入れられ，介護サービスは少数の重度の利用者がより多くのサービスを利用できるようになり，軽度の人は民間事業者からサービスを購入する形態が現れた。自治体は資源を拡散させずに，重度の人に資源を集中させる政策に転じている。

　ナーシングホームでは市内全体の３％が民間事業者に運営委託されており，在宅サービスに比べると民間委託の度合いは低い。

3）アメリカ

①　発　　見

「発見」についての発言はなかった。

②　キーパーソン

　当該団体ではまず住宅支援のケースワーカーが対応することになる。次に在宅での生活が可能かどうかを判断するために高齢者支援のケースマネジャーが訪問し認知症の状態を確認する。当該団体の高齢者支援ケースマネジャーは全員認知症の症状を判断するための訓練を受けている。

③　連　　携

　住宅支援のケースワーカーはまずは家賃の支払いが滞らず，家から追い出されないように支援する。当該団体は本人と管理会社の仲裁を試みることが多い。家賃が滞りなく支払われていれば，この家族はしばらく在宅での生活を継続できる。この世帯が引っ越す必要がある場合，それは自立生活が困難である可能性が高いので，別のアパートに引っ越すというよりもケア付き住宅や老人ホームへの入所を促すことになる。いずれにしても，家族の判断が重要になるが，仮に家族がいないときには行政の判断にゆだねるしかない。当該団体がこの家

族の引っ越し先を決めるということはできない。

　高齢者支援ケースマネジャーは，早い段階で家族に連絡をとることを試み，連絡を取ることができれば，家族に判断を下してもらうことになる。家族が在宅生活を希望するということであれば，「認知症が原因で家にゴミを溜め込んでいる高齢者のケース」(ビネット２)で紹介したような高齢者サービスを紹介する。ただし，当該団体が在宅生活は困難(危険)であると判断したときにはその旨を家族に説明する。いずれにしても家族の積極的な支援を求めると同時に当該団体がサービスの調整を行う。必要であれば裁判所に後見人の申請手続きを行う必要があるため，後見人申請を専門とする団体を紹介する。

　経済的なものを含め高齢者虐待のケースには行政 (adult protective services) が介入し，後見人手続きの申請や施設入所などを進めることになる。このようなケースの介入においては，特に，行政が緊急介入する場合，行政は一方的にケースを判断し措置として介入するため，家族や本人の意向が反映されない可能性が高い。そのため，当該団体では可能な限りの支援を提供したうえで，必要に応じて行政につなぎ，最初から行政に連絡することはしない。

　この高齢者世帯の権利を守ることが重要である一方で，家族の安全を守る必要もあり，さらに本人たちの自己決定を尊重する必要がある。主観的判断と客観的判断の狭間で職員は悩むことになる。家族に誰も関与しないように支援することもあるし，積極的に関与するように支援することも考えられる。

④　導入された資源

「導入された資源」についての発言はなかった。

⑤　マクロな支援

「マクロな支援」についての発言はなかった。

---- **アメリカの特徴** ----

　この事例では高齢者支援のワーカーではなく，住宅支援のワーカーがキーパーソンとなり，まずは住宅の問題として対応する点が特徴的である。日本では住宅支援を専門とするワーカーの整備が十分ではないが，今後，地域包括ケアの一環として住まいの支援が位置づけられると，アメリカ同様に住宅支援を柱に支援が組まれる

ことも考えられる。

　また，アメリカの場合，Eさんのような事例であっても地域住民と協力するという実態はほとんどないが，各方面の専門機関と連携することは頻繁におこなわれている。したがって，地域住民との間に形成されるガバナンスではなく，まず法人内のガバナンスが求められ，次に他の専門機関との連携によってガバナンスが構成される。しかし近年，行政が既存プログラムの予算をおさえるために，ソーシャルワーカーの人件費を削減する代わりに「ケースアシスタント」という有償ボランティアによる相談支援の展開が提案されているため，新たな形態で地域住民との連携が模索されている。

　Adult Protective Servicesは，18歳以上で，精神障害・知的障害・身体障害（加齢によって引き起こされる障害も含む）が原因で虐待を受けている疑いがある個人に対して，ニューヨーク州が必ず提供しなければならない相談援助サービスである（ニューヨーク市の場合は，市の行政が事業を推進している）。利用にあたって収入条件が課されることはなく，障害等が理由で自立生活を送ることに課題があり，かつ周囲に支援する人が誰もいない時に相談を寄せることができる。最初の相談は電話で行われるが，次に担当のケースワーカーが家を訪問してアセスメントを行い，サービスを紹介し調整するなどの支援が提供される。

4）韓　国

①　発　見

　韓国でもよくみられる事例である。介護保険制度の利用を申請したが，要介護認定で自立と判定され，介護保険サービスを利用することができない人々の名簿は社会福祉館に公文書として送られる。社会福祉館のソーシャルワーカーは，この名簿に基づいて支援を行う。中でも生活保護受給者の高齢者を優先に情報提供が行われ，電話で一次的な相談を行う。しかし，自立判定とされた一般高齢者に対しては，社会福祉館や洞事務所（役場）から支援があることは考えにくい。このケースの場合は，統長や班長が大きな役割を果たす。統長や班長は担当エリアに暮らす高齢者の状況変化の把握や地域福祉機関へ連絡などの役割を担っている。

　韓国ではこのようなケースに対し，「よい近隣たち」というモデル事業の実施を検討している。本モデル事業では統長や班長が困難事例の発見の役割を担

うことが期待されている。

　②　キーパーソン

「キーパーソン」についての発言はなかった。

　③　連　携

セマウル婦女会（セマウルは「新しい村」という意味）をはじめ，お母さん会など各種の市民活動団体が各地域でさまざまな活動を行っており，学生の安全や一人暮らし高齢者の見守りなどもしている。地域の医療機関と連携して，簡単な救急薬品の支給や診療を実施している。認知症や老人性疾患のある高齢者に対応するために，痴呆相談センターが設置されている区もある。痴呆相談センターのセンター長は医師であることが多く，近所の病院から委託を受けて運営する。

また地域社会福祉協議体は地域内の医療機関と協定を結んでおり，ニーズのある高齢者が必要に応じて診療を受けられるよう支援している。地域社会福祉協議体に医者は直接参加していないが，痴呆相談センター職員が参加している。

地域社会福祉協議体には，児童，老人，障害者などの分野別分科会がある。その上に統合事例管理分科があるが，ここには保健福祉関係者が参加している。地域社会福祉協議体に関する法律は，保健と福祉の連携の必要性をうたっており，地域社会福祉協議体に保健福祉関係者がそれぞれ参加するのは法律上の義務である。地域社会福祉協議体によっては，高齢者対応グループの中に，痴呆相談センターと保健所の職員が参加していることもある。地域社会福祉協議体の分科会メンバーとして，ソーシャルワーカーが行政職員と一緒に会議に参加することはあるが，医師や看護師が直接参加することはない。

　④　導入された資源

「導入された資源」についての発言はなかった。

　⑤　マクロな支援

「マクロな支援」についての発言はなかった。

―― 韓国の特徴 ――

　韓国の高齢者ケアにおける法制度を整備する中で，最近，認知症に特化した「痴

呆管理法」(2012年施行) が定められた。同法は認知症の予防や治療・療養への総合的対応を目指し (同法第1条)，市・郡・区 (基礎自治体) の保健所に痴呆相談センターを設置している。認知症有病率が8.8% (2010年) から9.7% (2020年) に増加すると予測される中で，認知症に対する社会的負担を軽減するための対応策である。

痴呆相談センターは，認知症患者の登録・管理，認知症の予防・教育・広報，認知症患者および家族訪問・管理，認知症の早期検診などの業務を行っている。同センターには，精神保健社会福祉士，精神保健臨床心理士，精神保健看護師の資格をもつ専門職を配置することになっている。

「夫から暴力を受けていた妻と子のケース」(ビネット1) のところでも述べたが，地域社会福祉協議体は，韓国の地域における福祉ガバナンスの形成において，大きな役割を果たす。認知症夫婦のケースにおいても，関連機関や専門職間の連携やチームアプローチにおいて重要な機能をもっている。最近は，これをより拡大させた公民協働のガバナンス機能が組織化し「希望福祉支援団」(2012年開始) として制度化された。

「希望福祉支援団」は，統合サービスの提供体系として全国の市・郡・区に設置されたもので，複合的なニーズを持つ対象者に，統合事例管理を通して公共・民間の給付・サービス・資源等を連携・提供している。

また，統合事例管理，地域の公共・民間資源の管理，緊急的福祉，個別事例管理及び訪問型サービスの連携体系の構築，邑/面/洞 (ウップ/ミョン/ドン) 住民センター (市郡区の下位行政単位) の福祉業務を指導監督など，さまざまな機能を持っている。

「希望福祉支援団」が主に対象としているのは，基礎生活受給者 (生活保護受給者) およびボーダーライン層にいる人々の脱貧困・貧困予防を目指し，地域住民全体の多様な福祉ニーズに能動的に対応することである。組織は，人材の規模および業務分担等を考慮し，自治体ごとに多様な形態を持つことができる。たとえば，サービス連携チームの拡大，'チーム'単位の支援団を新設，'課'単位で支援団を構成するなどである。業務内容は，①複合的なニーズを持つ事例管理対象者を住民センターから希望福祉支援団に依頼すること，②より丁寧なニーズ調査，統合事例管理会議の実施及び総合サービス提供計画の策定，モニタリングすること，③邑/面/洞住民センターと，訪問型サービスの体系化等を通じた事後管理支援体系のために連携し協力すること，④地域社会福祉協議体を中心に公共および民間の協力強化を通じた地域単位の統合サービス提供体系を構築すること，⑤社会福祉統合管理網，福祉資源管理システムを通して対象者を統合管理すること，である。

参考文献

上野谷加代子ほか(2011)「ソーシャルワークの展開による小地域の福祉ガバナンス確立に関する理論的・実証的研究【2011年度報告書・資料集】」。

上野谷加代子ほか(2012)「ソーシャルワークの展開による小地域の福祉ガバナンス確立に関する理論的・実証的研究【2012年度報告書・資料集】」。

斉藤弥生(2004)「社会福祉」岡沢憲芙・奥島孝康編『ノルウェーの経済 石油産業と産業構造の変容』早稲田大学出版部。

ノルウェー統計局(Statistisk sentralbyrå)公式統計HP(http://www.ssb.no)。

平山尚(2004)「アメリカにおける社会福祉教育歴史的発展と現況」『ソーシャルワーク研究』30(2), 10-18頁。

室田信一(2012)「アメリカの社会福祉教育とマクロ実践のコンピテンシー」『人文学報』469, 309-336頁。

Council on Social Work Education (2014) *2013 Statistics on Social Work Education*. (http://www.cswe.org/File.aspx?id=74478, 2014/11/25).

Department for Education (2013) *Working Together to Safeguard Children: Statutory guidance on inter-agency working to safeguard and promote the welfare of children*, HM Government.

Durham County Council and County Durham and Darlington NHS Foundation Trust (2011) *Child and Young Person's Guide to One Point*.

Durham County Council and County Durham Children's Trust (2012) *Single CAF /CIN Procedure*.

Durham County Council (2012) *Eligibility Criteria for Adult Social Care*.

Halvorsen, Knut (2003) *Grunnbok i helse- og sosialpolitik*. 2 utgave. Universitetsforlaget: Oslo.

Meeuwisse et al. (red.) (2009) *Social Arbete. En grundbook*. Natur och Kultur.

NASW (2008) *Code of Ethics*, NASW Press.

韓国事例管理学会編, グォンジンスク・パクジヨン・ユソグ他(2012)『事例管理論』学志社。

韓国社会福祉館協会(2012)「民・官の事例管理連携方案」(2012 社会福祉館事例管理担当者教育資料集)。

保健福祉部(2013)「2013 希望福祉支援団業務案内」。

保健福祉部(2011)「地域社会福祉協議体の実態と活性化方案研究」。

（所めぐみ・斉藤弥生・室田信一・羅珉京）

第Ⅳ部　小地域福祉ガバナンス形成のための
　　　ソーシャルワーカーの自己変革と住民協働

第8章 ソーシャルワーカー養成のための新たな方法
―― ケースメソッド（対話型研修）の活用

1 ソーシャルワーカーに求められる研修

　生活のしづらさを抱える人々の地域での生活を支えていくには，住民と協働し，個別支援に取り組みながら地域社会に必要な働きかけを行うことが求められる。その活動を担うのがコミュニティソーシャルワーカー（地域福祉コーディネーター，地域生活支援ワーカーなど）であり，既存の社会福祉協議会の職員や在宅介護支援センター・地域包括支援センターの社会福祉士とは区別し，新たな活躍が期待されている。

　全国社会福祉協議会は，住民と協働する個別支援ワーカーの役割と活動実践の視点を涵養するリーダー養成を目指し，「地域生活支援ワーカー（地域福祉コーディネーター）リーダー研修」を企画，開催している。研修のねらいとしては，第1に，ワーカーが求められる背景とその働きを理解することである。第2に，住民と協働する個別支援ワーカーはコミュニティソーシャルワーカー（地域福祉コーディネーター）とも称される。社会福祉士の資格は義務ではないが，その役割と機能を発揮することが求められている。したがって個別支援を中心としたソーシャルワークのあり方を理解し，支援を構想する力を涵養することを意図している。第3に，各地におけるこのようなリーダー養成研修の企画実施の促進を意図している。筆者は，2012～2013年度と本研修における事例演習のファシリテーターを担当することとなった。本研修の企画の意図および具体的な流れについて事例演習担当の立場から論じることで，ソーシャルワーカーに求められる研修のあり様について触れることとしたい。

2　コミュニティソーシャルワーカー研修に求められる方針

　本研修の方針は，コミュニティソーシャルワーカーの地域における「ポジショニング」と「事例の蓄積」に焦点を当て，「対話」により参加者同士の「経験や洞察の交流」を促すことにより，ワーカー同志の学び合いやネットワークづくりの士気を高めることである。

　コミュニティソーシャルワーカー（地域福祉コーディネーター）とは，「個別支援，地域支援の両方の役割を果たしながら，既存の制度にはつながらない問題を明確にし，課題化し，解決につながる仕組みを構築していくこと」（平成24年度セーフティネット支援対策等事業費補助金　コミュニティソーシャルワーカー〔地域福祉コーディネーター〕調査研究事業報告書 2013：109）と定義されている。この役割を機能させるには，住民と協働すること，すなわち「住民とつながっていること」（平成24年度セーフティネット支援対策等事業費補助金　コミュニティソーシャルワーカー〔地域福祉コーディネーター〕調査研究事業報告書 2013：109）が不可欠であり，地域のあらゆる生活課題を受けとめてきたその経験と，長い時間をかけて構築してきた住民との信頼関係が基盤にある。

　では，この住民と協働する個別支援ワーカーの業務は，経験豊富なワーカーしか適していないのだろうか。経験年数だけではない。職場での担当業務，兼務している業務，持ち込まれた（発見した）相談の多様さ，組織での位置づけ，雇用形態，コミュニティソーシャルワーカーという役割に対する組織内外の理解，研修の機会など，これまでの経験や身に付けてきたスキル等が十分に発揮されない要件が重なり，私は地域において機能しているのだろうかと悩む人もいるだろう。経験年数とは関係ない，私自身がコミュニティソーシャルワーカーだからこそ直面している悩みである。

　奥川（2008：47）は，この問いについて，第1に，相談援助実践に必要な基本的な視点，知識・技術を日々自己訓練によって獲得しようとする学びを続けること，第2に，わからない部分については，自身を支えるバックアップシス

第Ⅳ部　小地域福祉ガバナンス形成のためのソーシャルワーカーの自己変革と住民協働

テムとコンサルテーションネットワークを作り，自己を補完しようとすること，第3に，ポジショニングにより，援助者である自分と置かれている状況を常に認識し，相談者への責任を果たそうとすること，としている。窪田（2013：86）はこれをアイ・ポジショニングと呼び，クライエントとは異なる立場，すなわち「共感する他者」である現実を常に確かめることの重要性について述べている。その際，支援者である私の視点や位置，感情や言葉を意識的にもつことに触れている。

　以上のことから，①個別支援の基本的姿勢に関心を払いながら，②ワーカーをしている私の立場を俯瞰したり仰視しながら地域における自分の位置取り（ポジショニング）への関心をもって仲間との学び合いに参加し，③自分が支援で活かせそうなものを持ちかえることができる演習を考案することとした。

　基本方針の1つ目である「対話」とは，「立場や見解の違いを超えて，テーマに意識を集中し，話し合いのプロセスに注意を向けながら探求を深めることにより，集合知を生み出す会話の手法」（香取・大川 2011：38）と定義されている。研修では，受講生を本気にさせるさまざまな問いを用意し，洞察，意見，感情，経験などをひたすらに披露する場面を作る。受講生が自らの経験を認知し，言語化していくプロセスにおいて，ファシリテーターは安全を保障する必要がある。演習全般において「プロセスを手放さ」（森 2009：148）ず責任を持つ必要がある。

　その「対話」によって誘発されるのが「経験や洞察の交流」[1]である。さまざまな地域や経験年数の参加者が集うこの研修は，さまざまな経験や洞察を交流させることができる格好の場である。対話により，自分自身の考えや経験，洞察を披露しようとする行為，つまり自己開示（self-disclosure）をすることが誘発される。國分（2003：13）は，自己開示とは，感情・思考・行動を開示することとし，これらを開示することで，「この人はそういう思いで生きているんだ」と周囲のものは知り，親近感が高まり，そこにふれあいが生まれると述べている。本研修は，受講生の自己開示を促すことを第一義として目指してはいないが，自己開示的な姿勢で参加することは重要であると考えている。演習で

繰り広げられる参加者同士の「井戸端会議的に類する雑談会」(國分 2003：13) に身を置くことで,「自分の心の中のねばならないを次々と粉砕,修正」(國分 2003：13) され,新たな気づきが湧いてくる。その時にささえあいへの動機が生まれてくるのではなかろうか。

　方針の3つ目が,「ポジショニング」である。ポジショニングとは,「援助者である私は,誰に対して,その誰とはどのような問題をもっていて,どこで,何をする人か」(奥川 2008：127) を自らが認識することである。コミュニティソーシャルワーカーは,職場によって位置づけや体制,職種に対する理解も異なるため,私のいる場のポジショニングがきわめて重要となる。広い地域を舞台に,さまざまなアクターが登場する状況に関わるワーカーは,ポジショニングを常に意識し,対象を見失わないことが支援の質を保証することにもつながる。

　方針の4つ目が「事例の蓄積」である。本研修では,事前課題として個別事例の作成提出を課している。事例はB5 1枚以内のビネットの形式で書くことを条件にしている。このビネットを用いた事例学習のねらいは,現在全国のワーカーが直面している事例を一つでも多く掴むこと(2),そして,ビネットは詳細に背景が描かれていないため,読み手次第で事例の背景を自在に広げることができ,ソーシャルワーカーとしての類推力・想像力・分析力(3)を鍛えることにある。類推力とは,過去に体験した類似事例や事例に描かれている類似の点をもとにして,他を推しはかる力,想像力とは,実際には経験していない事柄などを事例の状況において推しはかる力,分析力とは事例に描かれている物事を分解して,それらを成立している成分・要素・側面を明らかにする力のことである。

3　対話を重視するケースメソッド

　本研修では,一貫して対話をベースにした研修手法を通して研修目的を達成するために,ケースメソッドを主に採用し,アイスブレイクではワールド・カ

フェを採用している。

　まず，ケースメソッドとは，ケース討議によって，洞察力や意思決定力などの統合力を育成しようと開発された，事例教育法の一つである。ハーバード大学法律大学院（ロースクール）にて用いられていた授業方法が経営大学院（ビジネススクール）で応用され，1900年初頭に開発された教育法である。日本では慶応義塾大学がいち早く導入した。慶應大学大学院経営管理研究科にて広く採用されていることは有名である（髙木監修 2010：3）。今では，ビジネススクールやロースクール領域にとどまらず，医学教育や看護学教育，教師養成教育など実践家養成の課程に多く取り入れられるようになっている。

　このケースメソッドという手法が，なぜソーシャルワーカーの研修に求められるのか。たとえば，医師の養成を行う京都大学大学院医学研究科の医療安全学の授業においては，2007年度の医学教育モデル・コア・カリキュラム改訂に伴いインシデントやヒヤリハットが発生した際の対処方法等を実践的に教えなければならなくなった必要性により，導入されている。また，教員の指導力向上を目指した研修への採用（安藤 2009）など，教員養成プログラムへのケースメソッド採用例もみられる。岡田らは，学校で起こる可能性のあるいじめや発達障害，不登校などの諸問題を事例に盛り込み，これらの問題への対処に関する教員のスキルアップを目指した取り組みもある（岡田ほか編著 2011：60-192）。

　社会福祉学領域においては，日本福祉大学大学院医療・福祉マネジメント研究科において，高度専門職業人に必要な実践力・連携力を高める教育として位置づけ，１年次よりケースメソッド演習が開講されている。また，社会福祉実習教育にひきこもりの就労支援に関するケース教材を用いたケースメソッドを採用した報告もされている（小木曽 2011）。

　特に注目すべきは，チームや連携を育む研修や教育プログラムにおいてケースメソッドが近年採用されている点である。日本福祉大学では，ケースメソッド研究会において理学療法士や作業療法士等の卒後研修教育を実施し，その中でケースメソッドを採用している（木村・篠田・宇佐美ほか 2013：37）。リハビリテーション専門職の専門職連携教育（IPE）として採用し，質問や発言によ

る討議を通してチームとしての雰囲気づくりに貢献したり，チームメンバー同士がここに持つ情報や考察，目的を披露しあい，互いの見立てから学び合ったり見立てを補完しあったりしながら統合的なアセスメントの力を養う方法として着目している。また小学校教諭，中学校教諭，養護教諭志望者に対するケースメソッド研修を試みた田村は，教育現場でおこる学力不信・不登校・特別支援などの児童・生徒らが抱える問題について，複数の教員やスクールカウンセラー，スクールソーシャルワーカーらがチームを作り，問題解決を目指すチーム援助実践に着目し，児童・生徒らへの指導援助場面における「他者に援助を求める態度」の志向性にケースメソッドの効果がどのように影響を及ぼすのかの質問紙調査を行った（田村 2012：133-134）。その結果，以下の3点からケースメソッドの効果性を指摘している（田村 2013：146）。第1は，教育現場の実態をイメージしやすくさせた，という点である。第2は，児童・生徒の現状を正しく認識させることに貢献したという点である。第3は，それらの問題の解決のためには「チーム」で指導・援助することが有効である理解を深めた可能性が考えられる点をあげている。

　では，ソーシャルワーカーに求められる力をこのケースメソッドはどのような側面で涵養すると考えられるだろうか。川延宗之は「実務力」と「実践力」という用語の違いに着目し，具体的に専門的知識や技術，アプローチ等を用いて社会から要請される専門職として，課題を解決できる力があるかどうかが問われていることを指摘している（川延 2008：5）。それには，実例や，きわめて実例に近いケースを用いて疑似的体験を積み，将来同じような状況に自分が身を置くことになったとしたらどのようにその状況を捉え，何を根拠にどう判断し，どう実行するかを予測するケースメソッドが専門職の養成方法として有効であると考える。

　さらに，ケースメソッドは，田村らの言葉を用いれば支援者が互いに「他者に援助を求める態度」（田村 2012：146）を志向し，結果的にチームでの支援をすることにつながる力を涵養する側面がある。地域を基盤に働く保健医療福祉の各専門職に対して，アメリカの医療系6学会が構成する専門職連携教育共同

第Ⅳ部　小地域福祉ガバナンス形成のためのソーシャルワーカーの自己変革と住民協働

作業部会が後援した「専門職連携実践のためのコア・コンピテンシー」(2011)には，患者家族中心であること，地域社会・地域住民重視であること，関係に焦点をあてること，プロセス重視であること，学習者にとって発達上適切な学習活動，教育戦略，行動評価にリンクできること，学習連続体の全体にわたる統合が可能になること，システムの状況に敏感に反応できること，どの専門職にも適応できること，どの専門職にも通じる有意義な言語で書かれていること，そして成果主導であることを連携能力の原則として述べられている。そしてこれらの専門職能力の開発には，「自分とは異なる専門職の学生との双方向型（対話型）の学習をする機会」(2011：3)を日常的な学習の一部として組み込み，すべての学生が「より安全でより患者中心で地域社会/地域住民志向のアメリカの保健システムを築くという共通の目標に向かって，討議をしながら協力していく」(2011：3)ことが不可欠であると述べられている。つまり，WHO(2010)の定義する「患者，家族，介護者，地域社会と共に働く」ことが専門職との連携であるとすれば，ソーシャルワーカーは日常的にそれらを対象として対話することが求められることとなる。対話をする力を養う一つの方法として，双方向討論型授業の一つの形式であるケースメソッドは援用できると考えることができる。

　また，ワールド・カフェは，カフェのようにリラックスできる場で，テーマに集中した話し合いを重ねることにより，多様なアイデアを結びつけ，深い相互理解や新しい知識を生み出す対話の手法である。1995年にアニータ・ブラウン，デイビッド・アイザックスによって開発され，全世界において組織開発の一手法として採用されている。テーブルごとにテーマについて探求した後，グループメンバーを入れ替えながら，アイデアを他花受粉し，集合的な発見をし，獲得し，共有することが目的である。本研修ではアイスブレイクとして採用している。ワールド・カフェの魅力は，「参加者同士の会話という行動こそが組織やコミュニティ，社会といったシステムにとってはまさに血液であり，心臓の鼓動である」(ブラウン・アイザック 2007：22)と書かれているとおり，その自由な形式が人々の対話を誘発し，対話の中から生まれた集合知が人々とつな

がること，地域が活発になっていくことを後押しするといってよい。

　保健医療福祉領域においては，三重県名張市と三重大学医学部家庭医療学講座が共催し，生活習慣病予防重点プロジェクトの一環として「ばりばり現役プロジェクト　まちじゅう元気教室」の中でワールド・カフェを採用したプログラムを実施している。地域の住民，保健医療福祉，学校，産業関係者，行政関係者が100人以上集まり，住み慣れた地域で生活するにはどうしたらよいか，というテーマにそって話し合い，そのアイデアを予防事業や家庭医養成教育の充実化に生かしている。また，2012年には北海道旭川にて旭川医科大学緩和ケア科の医師らが中心となり，地域包括ケアにおける多職種の顔の見える関係づくりと相談の場つくりを目指し，哲学や社会学の理論をベースにワールド・カフェの方法を援用したケアカフェを展開し，旭川を発祥として現在全国に広がりを見せている（堀籠・阿部　2014：901-904）。ケアカフェは全国に拡大しており，地域の専門職が対話をベースにした学びあいの場を求めていることが伝わってくる。

4　研修の流れ

　2日に渡る研修には，3人の講師陣は全プログラム（表8-1）に参加する。いつでも必要な場面でコメントをすることで「枠を示す」（森　2009：138）役割を負っている。初日は講義が中心となるが，一方的に講義の聴き手になるのではなく，この講義をアクティブに聴き，なりたいワーカー像のヒントを一つでも多く拾えるかどうかが翌日の演習への動機とも関連する。横山（2008：233）は「自らの経験を率直に語るソーシャルワーカーから，学び手は大いに刺激を受けている」と指摘しているが，実践経験の中で私的な私と職業的な私を融合させ，ソーシャルワークを語るその姿は，受講者を刺激していることは間違いない。

　1日目の最後に，翌日の事例演習に向けての課題が事務局から配布される。あらかじめ提出事例の中から事務局で教材用に選んだ10の事例が掲載されてい

第Ⅳ部　小地域福祉ガバナンス形成のためのソーシャルワーカーの自己変革と住民協働

表8-1　地域生活支援ワーカー（地域福祉コーディネーター）リーダー研修

1日目	基調説明（30分）	「地域福祉をめぐる動向と地域生活支援ワーカー（地域福祉コーディネーター）への期待」 担当：全国社会福祉協議会　地域福祉部
	講義1（80分）	「地域生活支援ワーカー（地域福祉コーディネーター）の役割」 講師：同志社大学社会学部教授　上野谷加代子氏
	講義2（90分）	「豊中市におけるコミュニティソーシャルワーカー（CSW）の位置づけと役割」 講師：豊中市社会福祉協議会　事務局次長　勝部麗子氏
2日目	演習オリエンテーション（30分）	「住民と協働する個別支援ワーカーの役割と活動実践の視点」 講師：野村裕美
	セッション1（120分）	「住民との協働によるニーズの発見と共有を考える」（ワールド・カフェ） ファシリテーター：野村裕美 助言者：勝部麗子氏
	セッション2（90分）	「ニーズの見立て方，支援の構想の仕方を考える」（ケースメソッド討議） ファシリテーター：野村裕美 助言者：勝部麗子氏
	研修の振り返り・まとめ（60分）	「研修の振り返りとこれからへの思い・希望」

るワークシートである。それらの事例はビネットなので，読むのはそう負担ではないが，課題は，指定の3つの事例について，用意した問い（この事例を読んで感じたことは何か，この事例のニーズは何か，自分ならどう支援するか，この事例にタイトルをつけるとすればどうなるか，明日の演習でどの事例を検討したいか。それはなぜか）について考え，問いの答えをワークシートに書きこんでこなければならない。事例学習に参加する前に，自説を構築してから参加することを促している。

2日目は，演習ファシリテーターが進行を行い，事例学習を行う。午前中は，用いる対話の手法について講義を行った後，まずはポジショニングを意図した演習へと入っていく。ワールド・カフェでは，図8-1の通り3人で一グループとなり，1回10分程度の対話を行う。問いは3つ用意してあり（図8-2），ポジショニングへの認識を高めることができるように意図して準備したものである。旅人役の受講生は，3つのテーブルを回ることで3つの問いについて対

第 8 章　ソーシャルワーカー養成のための新たな方法

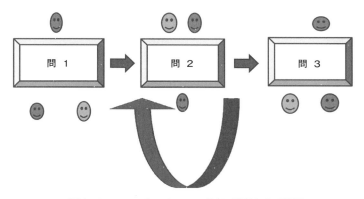

図 8-1　ワールド・カフェの座席の配置および進行

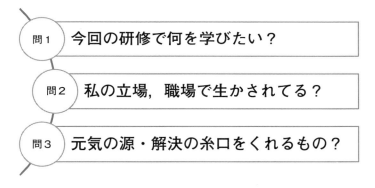

図 8-2　ワールド・カフェにおける 3 つの問

話できるようになっている。実際に聞いていると，職場での担当業務，兼務している業務，組織での位置づけ，雇用形態，役割に対する組織内外の理解の現実がやりとりされており，今の自分が立っている場についての理解を深めようとしていることがわかる。

次に，午後の事例学習で討議に用いるビネットについて，もっと知りたい情報は何かをグループワークでだしあい，会場にいる事例作成者に順番に質問を行いながら事例への接近を試みる。午前中の演習はここで終了となる。

午後は，「こんな時，自分だったらどうするか」のポジショニングに徹底的

事例の中のコミュニティソーシャルワーカーに身を置き換えて考えてみよう

問1　どんな課題があなたには見えるか？　何が見えるか。
問2　あなただったらどうしたい？　どんな対処が思いつく
問3　あなただったら、どうする？　最終的にどう実現する

本　人	関係性 (どうつくる)
社会 (をどう変える)	解決できる仕組み

図8-3　ケースメソッド討議における3つの問と4つの焦点

に焦点を当てるケースメソッドによる事例学習へと進む。ケースメソッドでは，ケース教材をもとに，参加者みんなで洞察を行い，その問題への意思決定と実行への責任を果たそうとすることを疑似的に体験することを目指す。

まずは，問い（図8-3）に沿って，昨晩の事例課題のワークシートを眺めながら，小グループ討議を行う。その後，全員による全体討議を実施する。80名近くの受講者による全体討議は，発言の機会は挙手をした人にしか与えられないが，発言していないからといって参加していないわけではない。参加者個人の思考のスピードには差があるのが当然で，発言せずとも自らの思考を吟味し，上書きを行っている場合もある。ファシリテーターは，「こうするべきだったのではないか」という発言がある場合，「あなたの職場におきかえた場合，どうなっていると考えますか」と自分自身に置き換えて考えるよう誘導し，気づきや洞察を安心して交流しあえる場つくりを目指す。討議のファシリテートは，発言者の発言が類推によるものか，あるいは想像または分析によるものなのかを問いかけで明らかにしていく。なお，研修終了後は，1週間以内に，自由記載のA4で1枚以内のレポートを課している。

5 気づきの言語化

　研修の一番最後の振り返り（グループワーク）において言語化された研修の成果は，レポートに書くという行為を経て結晶化される。受講生がどこにどう着地したのかがリアルに書かれており，講師としては読みごたえのあるものばかりである。「答えをだすことよりもそれを導き出す過程が大事であること」「社協の勤務地は地域であること」「さまざまな専門職とわたり合える感度を養う気づきの部分も含めたカリキュラム編成」「いろいろな人から意見がでるとたくさんの視点があるという当たり前であるはずの気づき」「地域への仕掛けづくりの前に，自分は何を準備しているべきかが見えてきた」「日本全国どこにでも仲間がいるという社協の特性，ネットワーク力，そして可能性を見直す機会となった」「事例についての書き込み等の事前学習，そしてこの感想の提出には驚いた。講義の受けっぱなし，聞きっぱなしに陥ることを回避する，非常に有効な方法として記憶に残る」など，挙げ始めればきりがない。

注
(1) 横山登志子は，ソーシャルワーカーの養成教育においてアクションメソッドなどを用いることでワーカーとしてリアリティのある状況を受講者自身が経験し，その場で湧いてきた感情や考えなどを言語化していく「ソーシャルワークの身体化」（横山 2008：227）の重要性を述べている。また，竹端寛は，著書の中で，支援をうける人と提供する人の間にある支配構造は，他者との関わりあいを通しての対話のプロセスの乗り越えるしかない，とし，対話の重要性について述べている（竹端 2012：71-75）。
(2) 藤井（2009：65）は「私の言葉でワーカー像を語り，経験値を蓄積する」ことを推奨し，「住民と織りなす物語をたくさん語れるワーカーこそが，住民の共感感情を呼び起こす」としている。
(3) 奥川幸子が著書の中で示しているソーシャルワーカーに必要な3つの力。
(4) 進行については，ヨーク大学の松岡敦子先生指導の方法を採用した。
(5) ダラム大学のH. Charnly先生は社会人大学院の科目においてビネットを用いたシ

ナリオ演習を積極的に採用している（2014年3月18日同志社大学講演会「英国の高齢者福祉政策とソーシャルワークの課題──ソーシャルワーク教育・現任研修に焦点を当てて」）。
(6) ここでいう誘導とは，ソクラテスメソッド（問答法）でいうところのguided discovery（質問による発見，誘導による発見）と考える。

参考文献

安藤輝次（2009）『学校ケースメソッドで参加・体験型の教員研修』図書文化。

香取一昭・大川恒（2011）『ホールシステム・アプローチ──1000人以上でもとことん話し合える方法』日本経済新聞出版社。

岡田加奈子・竹鼻ゆかり編著（2011）『教師のためのケースメソッド教育』少年写真新聞社。

奥川幸子（2008）『身体知と言語』中央法規出版。

小木曽隆臣（2011）「社会福祉士実習教育におけるケースメソッドの実践──ひきこもりの就労に関するケース教材を例に」『岐阜経済大学論集』第45巻第1-2号，岐阜経済大学学会。

川延宗之（2008）『社会福祉士養成教育方法論』弘文堂。

木村圭佑・篠田道子・宇佐美千鶴ほか（2013）「ケースメソッド教育を用いた専門職連携・協働（IPW）を目的とする卒後研修の実施報告」『第48回理学療法学術大会抄録集』日本理学療養士協会。

窪田暁子（2013）『福祉援助の臨床──共感する他者として』誠信書房。

國分康孝（2003）『生活にいかすカウンセリング心理学』中央法規出版。

髙木晴夫監修，竹内伸一（2010）『ケースメソッド教授法入門──理論・技法・演習・ココロ』慶應義塾大学出版会。

高橋榮明監修（2012）『専門職連携実践のためのコア・コンピテンシー』日本保健医療福祉連携教育学会 "Core Competencies for Interprofessional Collaborative Practice" American IPEC sponsors。

竹端寛（2012）『枠組み外しの旅──個性化が変える福祉社会』青灯社。

田村修一（2012）「ケースメソッドが教職志望者の『チーム援助志向性』に及ぼす効果」『北里大学一般教育紀要』17，133-149頁。

藤井博志（2009）『社協ワーカーのためのコミュニティワークスキルアップ講座──事例検討法と記録法』全国社会福祉協議会。

ブラウン，アニータ・アイザック，デイビッド／香取一昭・川口大輔訳（2007）『ワールド・カフェ──カフェ的会社が未来を創る』ヒューマンバリュー。

堀籠淳之・阿部泰之（2014）「医療者・介護者・福祉者のためのケア・カフェ──

Blending Communities」『Palliative Care Research』9(1)。
森雅浩「ファシリテーションのスキル」中野民夫他(2009)『ファシリテーション——実践から学ぶスキルとこころ』岩波書店。
横山登志子(2008)『ソーシャルワーク感覚』弘文堂。
野村総合研究所(2013)『平成24年度セーフティネット支援対策等事業費補助金　コミュニティソーシャルワーカー(地域福祉コーディネーター)調査研究事業報告書』。
world Health Organization (2010) "Framework for action on interprofessional education & collaborative practice".

(野村裕美)

第9章　住民・学生との協働実践を通した
　　　　　　ソーシャルワーカーとしての学び

1　地域福祉実践研究法の開発

（1）地域福祉における実践研究の困難性

　社会福祉は実践の科学といわれて久しいが，社会福祉実践，特に地域福祉実践に関する研究方法について未だ確立されていないのが現状である。松端（2013：1）は地域福祉実践研究について「地域福祉の実践のなかから共通項を見いだして，その実践を普遍化していくこと，すなわち個別性や特殊性を超えて，他の地域でも通じる法則を主張することは意外に難しい」と述べており，地域性や地域福祉活動の成熟，さらには福祉課題など，多様性のある実践を普遍化し理論モデル化するのは，困難である。

　日本地域福祉学会では，その課題に着目し，2010年に『地域福祉実践研究』を発刊し，新たな研究方法の開発を模索している。渋谷（2010：1）は地域福祉実践研究について「実践を検証しその検証結果を導く論理展開で構成されるもの」と述べており，現場における仮説に基づき，論理的な分析と検証が求められる。

　一方で，「浦河べてるの家」において実践活動と研究をしている小林（2013：38）は，「エビデンスを重んじる自然科学の立場というよりもヒューマニスティックな前提のうえにある」とし，必ずしも科学的根拠で立証できるものだけでないことを示唆している。そういう意味でも，地域福祉実践の研究方法についてはまだまだ未開拓の部分が多いといえる。

　地域福祉の実践研究を進めるための一手法として，アクションリサーチがある。アクションリサーチとは，常に変化を続ける地域社会が抱える様々な社会

問題に対して、それに関わる当事者と研究者が共に仮説理論を構築・検証し、その結果を受けて、改善・修正することで、社会問題を解決する実践的な研究方法である。

　本章では、筆者が学生や住民、社会福祉専門職との協働実践によって、ガバナンス形成に資する態度や考えた方に関する2つの実践事例を紹介し、それを検証しながら、アクションリサーチの一手法を用いた実際とその可能性を述べたい。

（2）アクションリサーチを用いた「調査と研修」を行う意義

　さて、アクションリサーチは1940年代、社会心理学者であるK. Lewinがこの概念を初めて提唱した。Lewin（1946：35）はアクションリサーチについて、「社会の体系について知識を生み出すと同時に、社会を変化させることに挑む方法の一つである」と定義している。

　アクションリサーチの手法を用いた実践研究について、ここでは「調査と研修」と整理している。すなわち、研究者の研究課題に対して調査する事と、現場で働く社会福祉専門職の研修や学びが、アクションリサーチを通してつながるのではと考える。それをこのことを別の言い方とすれば、「実践の理論化」と「理論の実践化」の循環的相互関係と捉えることができる。つまり、理論と実践を分断するのではなく、今日的な地域社会の中で連綿と営まれている実践を理論化していく流れと、これまでの先行研究や、理論研究を現実世界の実践に描き出すことにより、理論と実践が接近するのではないかと考えることができる。アクションリサーチは、実践現場に関与し、そこで共に問題解決を模索する中から、理論化を生み出す手法として有効であり、その理論化の蓄積を実践にフィードバックすることが可能になるといえる。

2 住民懇談会を通じた実践研究——岸和田市の取り組みから

(1) 岸和田市地域福祉(活動)計画策定における住民懇談会を通したアクションリサーチ

　本節では，大阪岸和田市において，地域福祉計画及び地域福祉活動推進計画策定の際に行われた研究者・社会福祉専門職の参加型の協働実践について紹介する。

　社会福祉を切り口にした横断的な行政計画の一つとして，地域福祉計画がある。社会福祉法に地域福祉計画に関する項目が明記されて以降，全国において地域福祉計画が積極的に策定されている。2013年の厚生労働省の調べでは，すでに作成している計画及び策定予定を加えると約90％の市町村において進められている。

　大阪府岸和田市では，現在，第3次岸和田市地域福祉計画・地域福祉活動推進計画が進められ，公民協働の地域福祉実践が展開されている。筆者は，第2次計画（2007～2011年）では作業部会のメンバーとして，第3次計画（2012～2016年）では策定委員として関わった。

　ここでは，第2次計画の際に行われた，住民懇談会（以下，懇談会）におけるアクションリサーチの実際について述べる。地域福祉計画を策定する際に，住民参加の一つの手法として，懇談会が採用された。ここでは，地域の生活課題や福祉課題を掘り起こし，地域の将来像をイメージしながらその解決策を主体的に話し合う場として行われた。地区別懇談会は2005年10月から翌年の3月にかけて，実施された。市内を9ブロックにわけ，各3回，全27回行い，参加者は延べ1,400名を超えた。

(2) 懇談会の展開プロセス

　懇談会の実施にあたり，以下のような流れで進めていった（図9-1）。懇談会を進めるにあたって，第2次岸和田市地域福祉計画・地域福祉活動推進計画

第 9 章　住民・学生との協働実践を通したソーシャルワーカーとしての学び

図 9-1　住民懇談会の取り組みの流れ

検討プロジェクト・チーム（以下，プロジェクトチーム）を設置した。これは，市職員又は市社会福祉協議会（以下，社協）事務局職員から市長及び社協会長が任命し，委嘱した15名で構成されていた。プロジェクトチーム検討会は，計11回の会議を継続的に開催した。まず，懇談会の設計を行い，その後内容の検討を議論した。また懇談会に進む前段階でプロジェクトチームに対して，懇談会に際して事前研修を行った。それをふまえて懇談会を実施し，その後のふりかえりを行った。筆者は，懇談会に向けた一連の流れ全体に関わり，側面的支援を行った。特に懇談会前に，プロジェクトチームのメンバーに対して，進め方に対する研修を行った。そこでは，懇談会の意味と意義，懇談会の進め方，ファシリテーターの役割と留意点などを実際のシミュレーションを行いながら進めていった。

（3）地域住民及び職員の意識の変容

　これらの取り組みを通して，参加した地域住民や，プロジェクトチームの専門職の意識の変容が見られた。

　地域住民の変容を見るために，懇談会に参加した地域住民に対して，アンケート調査を行った。[1] アンケート調査において，懇談会による活動の変化について聞いたところ，「地域に対する愛着が高まった」（35.3%），「活動回数が増えた」（30.1%），「活動の仲間が増えた」（29.9%）という回答が高い値を示した。また，懇談会の意義について聞いたところ，「とても意義がある」「意義が

あると思う」を合わせると，70.7%が，意義があるとの回答を得た。さらに，意義がある理由について聞いたところ，「他の人の意見を聞くことができる」(76.5%)，「自分の地域に関心が持てた」(62.2%)，「地域福祉課題への理解」(45.0%)との回答を得た。この調査にあるように，一定の懇談会の意義や効果があったといえる。

　当日の懇談会では，小グループで話し合いを進めるために，各テーブルにプロジェクトチームのメンバーを置き，意見交換が促進するファシリテーターの役割を担った。[2]研修後に職員に対してアンケート等は行っていないが，ふりかえり等のやり取りの中では大きく2点の変容が見られた。まず，住民を主人公とした意見集約と促進である。事前研修を実施することにより，懇談会に対する不安の軽減となり，懇談会の趣旨である，地域住民の想いや願いを丁寧に引き出す事ができた。特にここでの意見が地域福祉計画及び地域福祉活動推進計画の推進項目に示されることを考えると，この場面はとても重要な位置を示していることが再確認できた。

　またプロジェクトメンバーのチーム，特に社協職員はこの成功体験で自信を持つ事ができた点である。懇談会は計画策定のためだけに開催されるのではなく，地域福祉を推進するために，生活者である地域住民の声を聴く場が重要となる。懇談会を経験した社協職員は，懇談会の意義と手法を知恵と技術として獲得した。また，ここでの意見を素材に地域に展開する手段と機会を持つ事ができた。その後，岸和田市では地区別の地域福祉活動計画の項目に盛り込んでおり，実際に社協職員が地域にアウトリーチし，計画づくりに展開していった。その後も筆者は継続的に社会福祉専門職とともに地域にかかわり，地区別地域福祉活動計画策定の側面的支援を行い，地域住民の福祉活動を推進していった。

　このように研修者がさまざまな場面において関与していくことで，参加型の協働実践が推進されたことは，一つのアクションリサーチのあり方ともいえる。

3 住民・学生との協働実践を通した実践研究
——京都市北区小野郷地域の取り組み

(1) 小野郷地域の概要と取り組みの経緯

　もう一つの事例として筆者が所属している大学で行われている『地域福祉フィールドワーク』の京都市北区小野郷地域の取り組みから，多様な参画を通した実践研究を紹介したい。ここでいう地域福祉フィールドワークとは，京都市内にあるさまざまな地域を対象に，学生と地域がさまざまな実践を展開する協働の場と位置づけている。またこの取り組みは，大学の正課授業ではなく，学生が自らの意思で活動に参加する主体性の高い活動である。

　この取り組みは，過疎の中山間地において，地域住民と行政・社協・研究者・学生が協働しながら生活課題を明らかにし，福祉活動やまちづくり実践を行ったものである[3]。

　フィールドである京都市北区小野郷地域は，京都市内中心部の北西にあり，「北山杉」の産地として有名な京都北山の山間部の豊かな自然に恵まれた地域である。2010年度の国勢調査によると人口は265人，世帯数は118世帯となっている。2005年に小野郷小・中学校の休校が発表され，現在は近隣地域への通学区域の変更をなされている。2007年に，行政から大学へ小野郷地域における安心・安全まちづくりに関する支援の依頼があり，ここから，地域住民・大学（研究者及び学生）・社協・行政との協働の実践が始まった。筆者は研究者とコミュニティワーカーとしての両側面を併せ持った役割を担いながらかかわりを持った。

　初期の段階では，まず筆者が，小野郷地域へ実際に足を運び，地域の状況の現地踏査を行った。その後，関係者で「小野郷プロジェクトチーム会議」を開催し，これからの地域福祉のまちづくりに関する取り組みについて，複数回にわたり話し合いを進めた。地域住民は，これまで休校になった学校の跡地活用に特化した検討委員会を進めてきたが，今後は学校の跡地活用だけにとどまらず，小野郷地域全体の活性化と地域福祉の推進を展望した委員会として検討委

員会を発展的解消し,「小野郷地域まちづくり推進委員会」を設立し,大学・行政・社協が地域住民と協働しながら取り組みを行うことが確認された。実践活動の展開プロセスとして,話し合いの場づくり→協働関係の構築→計画・実施→評価・再計画の流れに基づき行った(図9-2参照)。

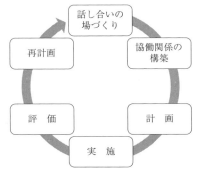

図9-2　活動の展開プロセスイメージ

(2) 参加型協働実践の展開

　小野郷地域における協働実践を通して,さまざまな取り組みが生まれた。ここでは,その一端を紹介したい。まず1つ目は,地域住民を対象にしたワークショップである。筆者がファシリテーターとなり,小野郷地域のまちの状況把握と今後のビジョンについて,地域住民に対してワークショップを通してまとめた。これまで地域住民が,地域のさまざまな環境や資源について魅力として感じていなかった部分を,カードワークの手法を用いながら,再認識する意味を持っている。また関係者がワークショップに参加し,地域住民の何気ない言葉に,研究者等がそれに意味づけをすることで,地域住民が地域に対して自信を持つことができた。いいかえると,他者評価が当事者をエンパワメントする取り組みともいえる。

　2つ目として,他出家族員を対象にした調査活動がある。小野郷地域では,教育環境や雇用の場が確立していないため,若い世代はある程度子どもが成長すれば,京都市内の市街地や他市に引っ越しする傾向にあり,若者の流出をとめることができない状況である。小野郷で生まれ,現在は小野郷地域以外で暮らしている子,すなわち他出家族員に対して,小野郷地域に対する想いや,地域課題,地域に戻る意思,地域へのかかわり方について,半構造化面接のアンケート調査を行った。筆者はその調査設計から,分析,そして追跡インタビュー調査にもかかわった。

3つ目として，一人暮らし高齢者支援の取り組みである。小野郷地域は，高齢化が進展しており，また一人暮らし高齢者も多い地域である。そのため，高齢者の引きこもりを予防し，交流する機会の提供として，「井戸端サロン」を開設した。筆者はプログラム開発や学生の組織化支援としての役割を担った。ここでは，地域の福祉活動を中心的に行う学区社協が全体の構成を担い，学生がプログラム内容の企画・実施を行った。

（3）実践研究から見えてきたこと

小野郷地域に対してかかわりを持つことで，以下の点が明らかとなった。まず，過疎地域における地域福祉の展開する際の，第三者の力の必要性である。高齢化した地域，特に過疎地域において，そこに暮らす地域住民だけで地域福祉課題を解決するのは，困難であり，社会福祉の専門機関はもちろんのこと，他出家族員や学生などの存在は重要な要素の一つになるといえる。特に他出家族員について，金田（2011：172）は「『住み続ける』か『その地を離れる』だけの選択肢ではなく，離れていても故郷を想い，様々な形で関わり持ったり，取り組みを応援することができる，いわゆる『第3の途』を模索する」必要性を指摘しており，その重要性が確認された。

またアクションリサーチを通した地域へのかかわりの際に，その場にかかわるステークホルダーの役割や立ち位置を明確にすることの重要性である。特に小野郷の事例では主体者はあくまでも地域住民であることを忘れてはならない。地域が抱える課題を，社会福祉専門職や研究者が主導で展開しても，それは地域住民の問題解決能力の醸成には結びつかないであろう。特に地域をフィールドとした，アクションリサーチの際には，住民の主体形成に中心に置いたかかわりが重要であるといえる。これらの取り組みは，Cooper（2000＝2005：19）の言葉を借りるとすれば，「実践の現場における問題を明確にし，可能な解決策を探るために行う協働的介入である」ともいえるであろう。

そして，アクションリサーチにかかわる学生に対しては，社会福祉専門職養成の学びの機会としても大きな意味を持つ。1987年に社会福祉士及び介護福祉

士法が施行され、近年では実習のあり方についても整備が進められている[(4)]。しかし、社会福祉専門職を要請するためには、養成カリキュラムだけではなく、それらを補完する場や機会が重要である。これらに継続的に関わった学生は、「地域住民の生活（くらし）を総合的に見る視点」や「生活課題を明らかにし、それを解決するための協働実践の重要性」「地域で暮らす住民が主人公である」など、学びを深めている。それは、机上の学びだけではなく、社会福祉実践に触れそこから、ソーシャルワーカーの役割や必要性を学ぶことができ、生きた素材から学びを深めることができる。養成カリキュラムを豊かにすると同時に、それ以外の学びの場の機会を提供することが、近年特に求められるのではないかと考える。

　一方で、ここでは社協としての関わりを十分に発揮しているとは言いがたい。本来であれば、コミュニティワークを展開するのは社協であり、そこで研究者と社協が協働実践を行うことが求められるが、結果として筆者が、コミュニティワーカーとしての役割を包含しながら展開していったのが実情である。改めて、社協職員やコミュニティワークのあり方が問われる部分であるといえる。

4　アクションリサーチを用いた実践研究の可能性

（1）地域福祉実践研究におけるアクションリサーチの効果

　これまで具体的な実践事例から、アクションリサーチの実際について紹介した。ここでは、アクションリサーチを用いることの効果について述べたいと思う。まず1点目は、アクションリサーチは地域で行われている実践と研究とをつなげる触媒の役割を果たす点である。実践を理論化する際に、研究者が自らフィールドに入り地域福祉課題を明らかにし、そこで得られた知見をフィールドに還元して現状を改善することで、実践と研究が個々独立するのでなく、相互的な関係性を担保することができると考える。研究と実践が接近することで、よりリアリティのある社会福祉実践を描くことができることも見逃せない。Weil（1997：123）はアクションリサーチを「現実世界に学ぶ研修」（real-world work shop）とし，その領域では通説になっている事象や知識を，実践者自身が批判的に検証し，新たな知見を生み出すと説明しており，一度固定化された視点や枠組みを再構築することができる可能性を秘めている。

　2点目は，研究者をはじめ，そこにかかわる専門職にとっても双方共に有益な関係になる事ができる点である。小野郷地域の事例からみると，地域住民は過疎化に伴う生活課題の困難性について，それを明らかにし，解決に向かう具体的な実践をすることができた。また社協などの専門機関は，小地域へのアプローチとして研究者と協働しながら，組織化活動や活動の側面的な支援を行うきっかけを生み出した。行政は，過疎地域へのかかわりに手を拱いていたが，地域福祉課題に対する展開方法を研究者が示し，それを学生が実践する事で，活動が動き出すことを側面的に支援する役割を発揮している。学生は，具体的なフィールドにかかわることにより，机上だけではなく「生」の地域福祉実践に触れ，そこから生活者の声や生活課題，地域住民との信頼関係の構築，援助的コミュニケーションの技法などの学びを得ている。そして研究者は，小地域における福祉ガバナンス構築や住民の主体形成のあり方について，実践研究として行うことができた。アクションリサーチを用いながら進めることで，研究者だけが知見を得るだけではなく，そこにかかわるすべての関係者が，その立場において気づきと学びを獲得することができたといえる。

　そして，3点目としては，アクションリサーチにかかわるステークホルダーに対する福祉教育・学習としての役割である。岸和田市の事例にもあるように，地域住民は懇談会の参加や，地域福祉実践を進めることで，住民自治の考え方や物事を住民主体で進めていく視点が形成された。李（2014）の調査研究にあるように，懇談会を行う事だけで，必ずしも障害者や生活困窮者など，少数者に関する課題に関心が高まるとは言えないが，これらを通して，関心を持ち，さらに学びと気づきの機会づくりを持つことができた。また，社会福祉専門職に対しては，ソーシャルワーク実践の経験値を高めることができ，懇談会やファシリテーションなどの手法の獲得することができた。つまり，アクションリサーチを展開することで，そこでの課題やテーマを進めるだけではなく，知

識・技術の獲得や，主体性の向上，価値の転換などが行われ，学びや気づきの福祉教育の視点が盛り込まれていることがわかった。

(2) 地域福祉における実践研究の課題と可能性

地域福祉実践研究におけるアクションリサーチの有用性がある一方で，それらを進める際の留意点について課題が明らかになった。まず，この手法がよりよく展開するためには，研究者と現場の地域住民をはじめとする関係者の信頼関係の深度が大きく影響する点である。小野郷地域の事例においても，研究者と地域住民との信頼関係を構築するために，丁寧な話し合いの場を持ち，各立場の想いや願いを共有することを重視してきた。研究者としては，慎重にその時間や場づくりについて，行ってきた。そこでは，拙速に研究者が課題を分析し，活動を誘導したのではなく，特に初動期には話し合いの場を継続的に持ち，これにかかわるステークホルダー同士が共通認識を持つことを主眼に置いていた。その時期を経たからこそ，今日まで継続的な実践の蓄積がなされているといえる。地域住民との信頼関係があってこそ，アクションリサーチを用いた地域福祉実践研究が展開されると考える。

もう一つは，地域福祉実践にかかわる研究者の距離感である。アクションリサーチにおける研究者は，ある時には参与観察者になり，ある場面では，直接的にかかわるフィールドワーカー，そしてその現象を分析する研究者でもある。場面によって見せる顔が変化するため，どの立場でかかわるべきかを絶えず省察しながら判断することが求められる。それは，研究者自身だけが覚知するのではなく，そこにかかわるステークホルダーに対してもその位置づけを明確にすることが重要である。

地域福祉の実践研究を進める際には，多様な研究手法があり，その一つとしてアクションリサーチを用いた実践研究の重要性を述べてきた。本事例にもあるように，地域を基盤とした地域福祉実践は，まさしく自治のあり方を考える地域住民の力をいかに引き出すのか，すなわち小地域福祉のガバナンス構築のあり方をアクションリサーチという手法を用いることで光を当てることができ

るのではないかと考える。さらにいえば，小地域ガバナンス形成には，アクションリサーチを実践できる存在が必要であり，そのための研修や学習が必要である。Meyer（2000：178-181）はアクションリサーチの特徴として，『現場の人々も研究に参加する「参加型」であり，「民主的な活動」であること，そして，社会科学的な成果だけではなく，「社会そのものに変化をもたらす」』ことをあげている。今後は，実践と研究が有機的に連携した，研究方法の開発や新しい研究デザインについて，筆者の研究課題の一つとして進めていきたい。

注
(1) 2007年2月15日～3月17日に実施され，配布数は869名，回収結果は有効回答数435名で有効回収率50.0%であった。
(2) 日本ファシリテーション協会の定義によれば，「人々の活動が容易にできるよう支援し，うまくことが運ぶように舵取りする」とある。ファシリテーションには，「知的化学反応を促す触媒」や「人と人の間の知的相互作用を促進する働き」を意味するが，いいかえると，円滑に物事を進めるための促進機能であるといえる。
(3) 小野郷地域における詳細な地域福祉実践については，金田喜弘・池本薫規「京都市北区小野郷地域における地域福祉のまちづくりの展開プロセス──大学・行政・社協・住民による協働的取り組み」『福祉教育センター紀要』第6号，2009年，金田喜弘「小野郷地域における他出家族員の意識調査」『福祉教育開発センター紀要』第7号，2010年，に詳しい。
(4) 厚生労働省が示した「社会福祉士養成課程における教育内容等の見直しについて」(2008)によると，実習指導者として社会福祉士であることや，3年以上の相談業務を経験し，さらに社会福祉士実習指導者講習を受講することが求められることとなった。

参考文献
金田喜弘（2011）「小野郷地域における他出家族員の意識調査──インタビュー調査を通じて」『福祉教育開発センター紀要』8号，139-150頁。
木村優（2012）「教育におけるアクションリサーチのための実践コミュニティの創造と展開」『教師教育研究』5，265-283頁。
松端克文（2013）「地域福祉実践研究をめぐって」『地域福祉実践研究』第4号，1頁。
向谷地生良・小林茂（2013）『コミュニティ支援，べてる式。』金剛出版。

李彦尚(2014)「地域福祉計画評価のための福祉コミュニティ意識尺度の開発——妥当性と信頼性の検証」『評論・社会科学』108号, 105-123頁。

渋谷篤男(2010)「地域福祉実践研究——地域福祉学会の目指す姿」『地域福祉実践研究』創刊号, 1頁。

矢守克也(2010)『アクションリサーチ実践する人間科学』新曜社。

Carr, W., Kemmis, S. (1986) *Becoming Critical: Education Knowledge and Action Research*, Routledge.

Cooper, A. M. (2000) *Action Research in Health Care*, Blackwell Science. (=2005, 岡本玲子・関戸好子・鳩野洋子訳『ヘルスケアに活かすアクションリサーチ』医学書院)

Elliott, J. (1991) *Action Research for Educational Change*, Open University Press.

Lewin, K. (1946) "Action Research and Minority Problems" *Journal of Social Issue4 vol2* New York Plenum Press, pp.34-46.

Meyer, J. (2000) "Qualitative research in health care: Using qualitative methods in health related action research", *British medical journal*, Vol. 320 no 7228, British Medical Association, pp. 178-181.

Pope, C., Mays, N. (eds) (2000) *Qualitative Research in Health Care*, Blackwell publishing. (=2006, 大滝純司監訳『質的研究実践ガイド——保健医療サービス向上のために』第2版, 医学書院)

Weil, S. (1997) Postgraduate education and lifelong learning as collaborative inquiry in action: an emergent model. *Beyond the First Degree*, pp.119-139.

(金田喜弘)

第10章 ケースメソッドにおけるビネットの活用
——ビネットが誘発するソーシャルワーカーの仮説・経験

1 ビネットの活用

　地域を基盤に働くソーシャルワーカーは，ケースの発見・キーパーソンの探索・連携やネットワークの構築や維持・社会資源の動員を行い，一つひとつの事例に相対している。本研究では，ソーシャルワーカーが，事例を前にした場合，どのように仮説をたて，どのように他者や過去の自分の経験を生かし，どのような予測をたて，どのように支援のプロセスで意思決定をし，最終的に問題解決に向かって支援の糸口を見出し，実行していくのか。ビネットと集団討議法を用いてソーシャルワーカーの語りを誘発し，そのありようを明らかにすることを試みた。

　取り組みの第1の目的は，研究者側のニーズとして，小地域における福祉ガバナンスと，そこでのソーシャルワークのありようと，ソーシャルワーカーの働きについて，日本での実践のあり方を明らかにすることである。既存の社会福祉制度では十分に対応できない制度の狭間のケースに対し，ソーシャルワーカーらがコミュニティ（地理的あるいは機能的）を単位として，問題をどのように把握し，共有し，どのような資源（アクター）の力を活用しながら支援をしているのか，その実際を明らかにすることである。第2の目的は，アクションリサーチの手法を一部援用し，研究対象者には，ワークショップの参加者として参加してもらい，地域を基盤としたソーシャルワークの役割と機能をどのように認識し，実践しようとしているかを各自が再確認し，個別ケースへの対応や問題把握をきっかけに発動されるメゾ・マクロレベルの支援への視座を意識化し，支援の実際を他分野・他地域で働くソーシャルワーカーらと共有し学び

合うことを意図した。

2　ビネットが誘発するソーシャルワーカーどうしの語り

　生活のしづらさを抱える人々の地域での生活を支えていくには，住民と協働し，個別支援に取り組みながら地域社会に必要な働きかけを行うことが求められる。地域を基盤に働くソーシャルワーカーは，その対象も生活のありようも多様で，混沌たる現実と向き合いながら実践をつみ重ねている。個と地域を一体的に支援していく視点（岩間 2008：38）は不可欠ではあるが，ソーシャルワーカーにとってこれはそう容易でない側面ももちろんある。地域支援において考えれば，この「住民とつながっている」という機能は，4つの難しさを併せ持つ。前述の調査によれば，第1に住民との信頼関係の構築には，長い時間がかかる。第2に，地域のあらゆる生活課題を受けとめる経験を積み重ねなければならない。第3に，その生活課題を受けとめるだけでなく実際に解決し，役立つ存在として認知される必要がある。第4に，その解決には地域の機関や住民と持ちつ持たれつの関係の中で臨まなくてはならず，それ相応の地域住民とのコミュニケーション力やソーシャルワーカーとしての問題解決力が常に問われることとなる（平成24年度セーフティネット支援対策等事業費補助金　コミュニティソーシャルワーカー〔地域福祉コーディネーター〕調査研究事業報告書 2013：109）。

　個別支援において考えれば，「受け止め，寄り添う」という生活を支える機能も，やはりそう容易なことではない。片岡（2008：38）は大阪府社会福祉協議会社会貢献事業におけるコミュニティソーシャルワーカー（以下，CSW）の役割を整理した際，特に「代弁機能」「経済的援助（当座のつなぎ資金）」「ニーズ中心のアプローチ」（片岡 2008：38）を担うことが重要であるとしているが，多くの現場では「フットワーク軽く，根気強く」「福祉の専門機関につなぐだけでなく」「一人ひとりの生活のしづらさに応じた生活援助の引出しを用意し」，また，時によっては「緊急性に対応」することに，ワーカーたちは「相当の時

間やエネルギーを注」がなければならないとしている。経験の浅いソーシャルワーカーであれば，「自分自身が実生活で『似たひと』に出会ったこともなく，彼らに生じている問題や事柄もほとんど体験したことがないといった事態」（奥川 2008：47）に遭遇し，広範なニーズをつかむのに苦労している場合もある。時には「利用者の対象化・客体化を許さないような『今・ここ』での『全人的な応答』が求められ」（横山 2008：27）ることに直面し，上司に相談する間もなく，その場の判断で緊急対応を実施することもあるだろう。

　混沌たる，ともすれば過酷な地域の第一線において，現任のソーシャルワーカーたちがどのように事例への接近を試み，「日頃の地道な地域住民への働きかけをベースとして，そこに支援困難事例へのアプローチを融合させるという力動的な動き」（岩間 2008）への手掛かりを得ているのだろうか。横山（2008：38）のいう「『ソーシャルワーク理論』を一つの原型として取り入れた中から，日々の実践を通して『ソーシャルワーク感覚』が行為者自身によって作り上げられる」プロセスがあるとすれば，「現場のなかに投げ込まれているソーシャルワーカー」（横山 2008：27）は何を手がかりに一つひとつの事例に対峙しているのだろうか，というのが，本研究の素朴な問いである。

3　研究目的と方法

　以上の研究動機を踏まえ，第1の目的は，ビネットを用いてソーシャルワーカーを実践の場に疑似的に招き入れそこでの語りを捉えることで，小地域における福祉ガバナンスと，そこでのソーシャルワークのありようを明らかにすることである。既存の福祉制度では十分に対応できない制度の狭間のケースに対し，ソーシャルワーカーらがコミュニティ（地理的あるいは機能的）を単位として，問題をどのように把握し，共有し，どのような資源（アクター）の力を活用しながら支援をしているのか，その専門的手続きの実際を明らかにすることである。さらに，第2の目的は，この取り組みをアクションリーチとして取り入れたワークショップと位置づけ，ビネットを用いた参加型討議を行うことか

ら，そこで語りあうプロセスと効果を活かし，地域で働くワーカー同志のバックアップネットワークを構築することを目的とした。

（1）研究対象
　地域を基盤にソーシャルワーカーとして勤務している経験年数5年以上のソーシャルワーカー12名を対象とした。社会福祉協議会，地域包括支援センター，精神科病院，老人保健施設，地域生活支援センター等のソーシャルワーカー等12名である。

（2）研究期間
　2012年10月から研修会（以下，ワークショップ）の企画が始まり，2012年12月9日にワークショップを実施，その後振り返りやデータの分析のため，2013年9月まで取り組んだ。

（3）データ収集方法
　本研究で対象とするデータは，ケースメソッドによるワークショップ内で語られたソーシャルワーカー12名とファシリテーター3名，サブファシリテーター3名，ディスカッションリーダー1名・コメンテーター1名の発言から構成される討議中の発話記録である。ワークショップの音声記録はすべて研究協力者の許可を得てICレコーダーとビデオ撮影機器を用いて記録し，ICレコーダーで記録した音声記録はすべて文字データに書き起こし分析の対象とした。ICレコーダーからだけでは聞き取れなかったり意図がつかみにくい発言等については，映像記録（DVD）を何度も参照し，発言者，発言内容，その言葉が発せられている場の雰囲気等を捉え直し，再度文字起こしに生かした。

（4）ワークショップ運営方法
　本ワークショップでは，ビネットとケースメソッドというしかけを用いて参加者同士の対話を促進することとした。

第10章　ケースメソッドにおけるビネットの活用

　ビネットについては既に第Ⅱ部で述べられている。また，心理学などの領域における量的調査のツールとして用いられており，短い事例文に対する回答を聴取し，たとえば虐待想定事例の項目について何段階かの尺度を設け回答をもとめるようなものもある（冨永・長江・船越 2008）。近年では，調査対象者の価値観・認識・態度・行動等を把握しようとする際に有効であり，小山（2007）は日韓のソーシャルワーカーに短い事例をインタビューの際に提示し，質的調査を用いて援助行動の比較を行った。

　事例研究の観点から捉えれば，ビネットは小事例方式に属し，「『書かれていないから』を解決する方法として，『書かれていない』ことを聞き取る作業を加味した技法」として用いられる場合もある（米本ほか 2004）。シナリオロールプレイと組み合わせて用いられる時には，登場人物になりきるなど臨場感を高める効果と組み合わせ，登場人物の設定になりきって意志決定能力等の習得を目指すことも可能である。

　本研究で用いたビネットは，地域に配置されたソーシャルワーカー等さまざまな福祉の専門職が関与した事例を参考にし，大阪府社会福祉協議会の2004年度社会貢献事業に関わる事例，大阪府の2005年度開始のコミュニティソーシャルワーク機能推進事業にかかわる事例の事業報告を参考に複数のビネットを作成した。[1]選択した事例は，複合的な福祉課題を抱えている当事者に対して，地域の専門職もしくは専門機関が相談援助を提供し，当事者が抱える当面の課題を整理し生活の立て直しを図った事例である。さらに，それらの事例には事例本来のもつ特質を失わないように配慮しながら，事例全体の構成を調整する目的で加工を施し，最終的に5つの事例を設定したものを採用した。

　ビネットを素材にして，参加者の対話を促進する方法として用いたのが，ケースメソッドである。ケースメソッドは，参加者は事前課題としてビネットを読み，そこに書かれている文中にある情報から結論を組み立てていくこととなる。情報は十分ではない中で，支援に無関係なもの，価値のあるもの，ないものを選び取り，価値の低いものは取り除いていく。足りないと思う情報については推論で補いつつ，ケースにばらばらにちりばめられている部分から論拠

をつなぎ合わせ，自説として結論をまとめあげることを参加者に要求する参加型討議法である。（注（２）（３）はワークショップにケースメソッドで用いたビネットと問いである）。ケースメソッドを採用した理由は３つある。第１に，これは研修としての側面から，地域を基盤に働くソーシャルワーカーにとって，グループや地域との対話を促す集団討議法の一つであるケースメソッドを獲得することで，メゾレベルのスキルアップを目指すことができるという点である。第２に，討議計画にそった構造化された討議であるため，安全な場で率直な発言が相互に誘発され，ソーシャルワーカーのありようがより鮮明に表出すると考えたからである。第３に，ケースメソッドでの討議においては，自分の身に置き換える体験とそこから考察する力が求められる点である。ビネットによって誘発される参加者の疑似体験に基づく発言が出てくると考える。

　以上のしかけを用いて，ワークショップ当日は討議計画にそって運営することとした。

（５）データ分析方法

　以上の方法で収集されたデータを，Ｕ．フリック，松澤和正らによるシークエンス分析により検証した。シークエンス分析とは，会話分析，談話分析，ならティブ分析等とならぶ客観的解釈学の一つである。「事例やそれにかかわる臨床実践の文脈的・時系列的な連続性をまず再構成（再現）しようとする」（松澤 2011：9）ことを特徴とする質的研究法の一つである。ワークショップに参加するために参集したソーシャルワーカーらが，事前学習を行い，当日の会場において参加者との対話による相互作用により誘発される発言の連続性や全体性を保ったまま，データを分析できることが特徴の方法である。グラウンデッドセオリーでは，テキストデータを意味段落ごとに分割し付す題名をコードというが，シークエンス分析においては，プロット，すなわち筋と称し，連続性や順序を生かしたままリアリティをつかもうと試みる方法である。

　本報告では，このシークエンス分析を用いて，参加者12名を３つの小グループに分けたそのうちの１グループに焦点を当て，小グループ討議について分析

を試みた。対象としたAグループは，AさんとBさん（女性，社会福祉協議会職員），Cさん（女性，地域生活支援センター相談員），Dさん（男性，社会福祉協議会職員）の4人である。3つのグループのうち，Aグループを選択したのは，回収を予め必須としなかった事前学習の手書きメモ（Dさんのもの）について，AグループのDさんより研究材料としての提供の協力をうけることができ，一連のプロセスを分析できると考えたためである。

なお，意味段落に分割してプロットを記述していく際には，横山（2008：38）が指摘する支援の行為者が日々の実践を通して行為者自身で作り上げるもの，すなはち，「ソーシャルワーク理論」以外の手がかりを討議の筋の中で捉えることとした。この作業は報告者が担当し，結果については研究会のメンバーに公開した。

（6）倫理的配慮

日本地域福祉学会研究倫理規定に則り，以下のとおり配慮した。ワークショップ参加者12名には，事前に研究趣旨を文書にて説明した。研究への協力と討議の様子についての発表の同意を得たうえでワークショップに参加してもらった。音声データ，映像データ等の情報については匿名処理を施し，個人が特定できないよう配慮した。なお，ワークショップ後，提供の協力を得た事前課題のメモについても，前述同様の研究協力の追加資料として了解を得て，提供をうけることとした。

（7）本研究方法の限界

参加者同士の語り（対話の産物）を研究対象とすることについて，松澤（2012：10）は「語りの困難さ」と指摘し，「どこかで自らの苦悩を回避するために別の似姿を作り出す，その複雑な（おそらく社会的な視点もふくまれた）プロセスそのものかもしれ」ない，としている。また，1事例研究という側面においては，普遍化できないという理由において「冷遇されがち」であるが，松澤（2011：7）は「それぞれの専門領域への適応や深化は，各人が直面し担当する

個別事情での経験を通してしかおこらない」とし，臨床における1事例ごとの積み重ねという意味で意義あるものと示している。本研究においても，参加者の対話の産物が不自由さや困難さを抱えているものであるという側面を認めながら，その文脈の中で言語化されたものとして捉えることとする。また，今後，この分析を実践家とのアクションリサーチの一手法として事例を積み重ねていく端緒として位置づけることとする。

4　討議における思考のプロセス

（1）事前課題のメモから浮き彫りになる参加者Dさんの思考のプロセス[4]

　以下，Dさんが一連のプロセスの中で言語化していったものに焦点を当てた。まず事前課題において，Dさんはどのようなことをメモ書きしてきたか。事例3に関するメモを中心に取り上げると，事例3への理解として，「現在見受けられる課題」と表し，ジェノグラムとネットワーク図を描き，余白に気がかりだと思われる点，3点を書きこんでいる。「現在見受けられる課題」として，読み手Dさんは，母と長男に主に視点を向け，「アセスメント」と表し，課題の整理を行っている。自分がケースの支援者の立場に立った時「想定される連携」と表し，事例にすでに描かれている登場人物に加えて，事例に登場しないもの（小学校，スクールソーシャルワーカー，教育委員会，子どもルーム，ファミリーサポートセンター等学習指導）をあげている。

　以上のような整理を経て，Dさんはどのような仮説を立てていると捉えられるか。メモから推察するに，Dさんは，事例3については，〈支援の可能性〉と表し，このケースに支援者としてどのようにかかわることができるのかを，さまざまな条件づけを提示しながら表しているのがわかる。たとえば，「母親が課題を課題と感じているなら」と仮定し，「地域支援者（民生委員を中心に）によるゆるやかな見守り体制・学習支援のボランティア」をあげ，これらの介入が実現した場合のプラスの作用として，長男にとっては，「学習の遅れを取り戻すことで，学校生活が楽しくなる」し，夕方から夜に母親がいない時に，

第10章 ケースメソッドにおけるビネットの活用

また，何か不安等があった時に，「頼ることができる存在」としている。また，母親にとってのプラスの作用としては，「子育てを全部自分でしないと…（中略）…という負担から，地域で支え合いの意識に」と提案している。

特に，〈事例〉と書かれた欄には，学習支援ボランティアと連携をとり，プラスの作用を発揮したと思われる筆者の過去に経験したケースのようなものがメモ書きされている。

（2）プロットから浮き彫りになったソーシャルワーカーの思考のプロセス[5]

小グループ討議の発話記録をもとに作成したものが，シークエンス分析の結果である。テクストデータを読み，一定の意味段落ごとに分割し，分割部分にコードといわれるプロットを記述していくことで，討議の流れに沿いプロットをつかみ，シークエンス構成概念を抽出した結果，以下のような考察に至った。

まず第1に，「長いスパンで関わり見守る必要性を討議したい」（構成概念3）というニーズが表明された点である。事前課題として投げかけた問については，参加者の多くに事例検討が目的の討議であるとのイメージを想起させたかもしれない。しかし，参加者のAさんの発言により「仲間との討議への意欲の表明」（小グループ討議① 構成概念2）にて，「一時的なサービス提供ではなく」，「長いスパンで関わり見守る必要性を討議したい」（構成概念3）との発言がでてきた。その以降は，「今日あえて議論したいのは，私たちが支援した『家族のその後』にどれだけ関心があるかということ」（構成概念7）にて再度強調されていく。

第2にそれを受けて，事前メモに書かれている情報から伝わる方向性とは異なる，「支援者として陥りがちなこと（普段の支援の省察と目指すべき支援）」（構成概念8）という討議の展開にて，支援者としての自分の省察が深化していく発言がDさんの発言から読み取れる。その省察の発言に応答し，他のメンバーが受けて返答している。特に，「陥りがちなこと」「目指すべき方向」「向けるべき視点」という3点にかかわる発言が参加者間でたたみ掛けるように続き，支援者としてありたい姿像をグループメンバー間で模索するやり取りがみられ

た。単に支援者としての自己反省や失敗や手落ちを指摘するのではなく，そうならないよう，そうしないように私たちはどこを目指すべきなのか，ソーシャルワーカーとしてのあり方そのものを相互作用の中から生み出そうとしている。

　この，支援者のあり方について応答が繰り返される流れは，小グループ討議②においても，「ソーシャルワークの支援を展開していく際の支援者が張るべきアンテナ」（構成概念6）において，9つの視点となり参加者が交互に順番に提案している。

　第3に，家族の歴史をつなぐ姿勢，地域の歴史をつなぐ姿勢が一つの事例をもとに実施された小グループ討議②において出てきている。「過重な負担がかかっている家族員を中心にある一時だけ暮らしぶりを変えてみる発想」（小グループ②　構成概念1）や「地域の活動が生まれる背景・経緯」（構成概念3）の討議の流れから，家族と家族のつなぎ手となる責任をだれがどこまで担うのかという新たな問の創出につながる構成概念4（地域における人と人，人と資源のつなぎ手は誰が担うのか）が生まれている。「社会福祉協議会の責任でつなぎたい」との趣旨の発言が参加者の中から続いてでてきている。

　第4に，仮説の根拠とする経験の中に，職業的な私自身の経験と，自らの生活者としての経験を語る参加者がいた。支援者が自分の生活経験から対象者に対して共感的に理解を示し，かかわる大きな動機となっていることがわかった。Bさんの語りから構成された「30代既婚・子あり女性の社会における立場を自分に重ねてみる」という小グループ討議②でのプロットは，その後の全体討議において，同じ小グループ討議のメンバーのAさんの語りを通じて共感感情として発せられ，「同じ境遇を語れる人がいる生活」という実体験を踏まえて支援者をしている私個人の経験したことを支援で生かしていく重要性について述べているのが印象に残った。

　今後の課題として今回実施できなかった，分析のプロセスにソーシャルワーカーが参加することで本研究方法の限界を解決できる部分がある。一事例の積み上げを引き続き行い，地域を基盤に働くソーシャルワーカーの実態の理解につとめたいと考える。データ分析の段階にも実践者が入り，協働で分析するプ

ロセスから何が生まれるのかを引き続き検討していきたい。

注
(1) 討議用ケース（事前課題用）。
　事例①　DVの被害者に対して，緊急避難後，生活を立て直すまでのつなぎ支援を行ったケース
　〈発見まで〉
　　DVの被害者は36歳の母親とその3人の子ども（長男15歳，長女12歳，次男1歳）である。母親は21歳の時，前夫と結婚し3人の子どもを設けた。2人目の子どもを出産した後は，パートで働いていたが，体調を崩した夫の看病のために仕事を辞め，生活保護を受給しながら家事，育児と夫の看病に専念していた。
　　しかし，夫は次第に暴力的になり，その暴力が徐々にエスカレートしたことで，長男は家を出たいと口にするようになった。そのうち，子どもに対する夫の暴力が深刻になったため，母子4人で家を出て，児童相談所の支援により民間シェルターへ緊急避難した。
　事例②　認知症が原因で衛生面に問題を抱えた高齢者への支援
　〈発見まで〉
　　一戸建ての家に一人で生活をしていた83歳の女性は，数年前から認知症が進行したようで，町なかで無料配布している新聞や雑誌などを家にもって帰り，それらを家の中にため込むようになっていました。また，この女性は3年くらいお風呂に入っていないようで，服を着替えることもなかった。生活に必要な食材などは近隣のスーパーなどで総菜を買うなどして，自分で食事をつくることはなかった。近所に義理の息子夫婦が住んでいるが，女性とは連絡を取ることはなく，支援を提供することも，申請することもなかった。
　　女性は，市の配食サービスを利用していたため，配食サービスの配達員が気になり，介護保険事業所のケアマネジャーに連絡した。
　事例③　生活保護を受給している母子家庭に学習支援を行ったケース
　〈発見まで〉
　　31歳の母親と子ども2人（長女12歳，長男10歳）は，7年前の離婚を契機にその地域に住むようになった。当初から自立意欲の強い母親で，生活保護を受給しながら仕事と子育てを両立してきた。しかし，朝早くに家を出て，夕方に帰宅する生活で，家事を十分にこなすことができず，家の中は常に散らかっている状況である。
　　長女は数年前から母親を手伝うようになり，調理や洗濯など，家事を担うようになった。母親の帰宅が遅くなることがしばしばあり，長男が近隣を夜遅くまでうろ

ついているところがたびたび目撃されていた。長女は学校の勉強についていけているが、長男は小学校4年生で小学校2年生程度の学力しか身につけることができていない。

この家族のことは、地域の定期的なケース検討会議でとりあげられることがあり、地域のコミュニティソーシャルワーカー（以下、CSW）、生活保護のケースワーカー、民生委員の間で、近況を確認し合うようにしていた。

事例④　多重債務を抱えた知的障害のある母子の経済的自立を支援したケース
〈発見まで〉

かつて自営業を営んでいた父親（65歳）と母親（61歳、軽度の知的障害あり）、アルバイトをしている長男（26歳、知的障害あり）とひきこもりの次男（23歳）の4人家族。父親が自営業（配管工事）を営みながら家族を養ってきたが、脳梗塞で2年前に倒れ、それ以来、母親のパートと長男のアルバイトによる収入で生計を立ててきたが、それらの収入では家賃の支払いや医療費などが足りないため、長男名義で消費者金融から借金をし、また長男のクレジットカードで買い物をして生計を立ててきた。借金の総額は、消費者金融から600万円、クレジットカードは50万円に達し、利息を返済するのも精いっぱいの状況である。

父親が入院している病院の医療ソーシャルワーカー（MSW）から知的障害者の支援団体に連絡が入り、そこのソーシャルワーカーが家族全体への支援を開始した。

事例⑤　認認介護の高齢者夫婦への日常生活自立支援事業の利用を勧めたケース
〈発見まで〉

国民年金のみで生活を営む高齢者夫婦（夫81歳、妻77歳）。子どもや兄弟など支援を求めることができる親族は誰もいない世帯。夫は関節炎の症状が年々悪化しており、家の中を自由に歩くことが困難になってきている。また、認知症の傾向がある。妻は五体満足だが、認知症の傾向がある。2人とも介護保険の認定調査を受けたことがなく、サービスを利用したこともない。

2人で住み慣れた集合住宅で暮らしていたが、金銭管理ができなくなり、家賃を6カ月以上滞納していた。督促のはがきが届いても家賃を支払わなかったため、管理会社から立ち退きを命じられ、家を追い出された。見かねた管理会社の職員が集合住宅内の自治会長に連絡し、自治会長から市役所に、市役所から地域包括支援センターに支援要請の連絡が入った。

(2)　ケースに付した問い。

上の5つの事例を読み、以下の問いについて考えてみてください。

問1　あなたがこのケースに関わるソーシャルワーカーだとしたら、ケースが発見されてからその後どんな人たちが関わってくると思いますか。いろんな場面を想定して、自由に想像してみてください。

問2　発見後，あなたはどのようにアセスメントし，支援を計画し，どんな専門職と連携して支援を実施していきますか。いろんな展開を想定し，自由に想像してみてください。

(3)　討議用ケース（当日配布用：事例③発見後）。

事例③　生活保護を受給している母子家庭に学習支援を行ったケース

〈発見後〉

　介入の契機になったのは，長男が友人と火遊びをしていて，近所でボヤを出したことであった。長男は警察に補導され，子ども家庭センターが介入し，母親によるネグレクトが原因なのではないかと，母親への指導がおこなわれた。

　実際には母子の関係は良好で，母親も可能な限り子育てをしているが，仕事が忙しいと十分子どもの相手ができないのが現実である。今後，同様の事件が起こった場合は，すぐに長男を施設にいれるということで処分が決まった。

　地域の定期的なケース検討会で，この家族のことが話し合われ，小学校の先生やスクールソーシャルワーカー（SSW）が加わり，地域による支援について検討した結果，CSWが所属するコミュニティセンターでボランティアをする大学生が週に１回，長男に勉強を教えるプログラムを始めることになった。CSWと生活保護のケースワーカー，母親，長男が一度会議を開き，一緒に勉強する約束を交わした。

　その後，母子の生活が特に改善されたわけではないが，長男は定期的にコミュニティ・センターに通っている。コミュニティ・センターでは，長男の勉強の遅れを取り戻すような支援を提供すると共に，この家族に対して地域につながれるような支援を提供している。

(4)　Dさん手書きメモ（資料10-1）。

(5)　シークエンス分析結果と考察（資料10-2）。なおテクストデータの詳細は別途発表する予定である。

参考文献

岩間伸之（2008）「地域を基盤としてソーシャルワークの機能――地域包括支援センターにおけるローカルガバナンスへの視覚」『地域福祉研究』No36，日本生命済生会。

奥川幸子（2008）『身体知と言語――対人援助技術を鍛える』中央法規出版。

片岡哲司（2008）「制度の狭間，排除問題に対する地域福祉実践――大阪における社会貢献事業の実践を通して」『日本の地域福祉』第21巻，日本地域福祉学会。

小山隆（2007）「ソーシャルワーカーの援助行動と意識に関する研究――日韓インタビューを通して」『評論・社会科学』第82号。

冨永礼子・長江美代子・船越明子（2008）「被虐待が疑われる患児に対する看護師に

よる関連機関への通告行動に関する実態調査——小児科に勤務する看護師に焦点をあてて」『三重県立看護大学紀要』12巻。

フリック,ウヴェ／小田博志・山本則子・春日常・宮地尚子訳(2002)『質的研究入門——人間科学のための方法論』春秋社。

松澤和正(2011)「『臨床実践としての研究方法論』の可能性——研究的臨床実践とシークエンス分析の試み」『精神看護』Vol.38-3。

松澤和正(2012)「ケアはいかにしてナラティブに出会うのか」『ナラティブとケア』第3号。

横山登志子(2008)『ソーシャルワーク感覚』弘文堂。

米本秀仁ほか(2004)『事例研究・教育法——理論と実践力の向上を目指して』川島書店。

資料10-1　Dさん手書きメモ

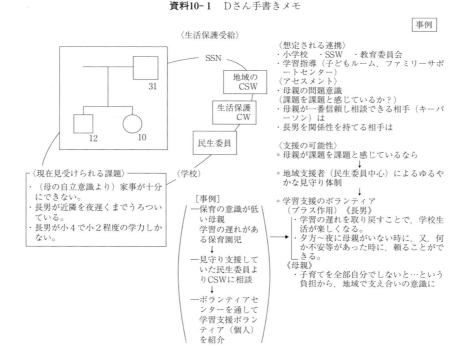

第10章　ケースメソッドにおけるビネットの活用

資料10-2　シークエンス分析結果と考察

---サンプル---

シークエンス分析結果と考察（小グループ討議　午前）

シークエンス構成概念	1）事例への個々の接近の糸口（自分の実践経験との関連）			2）仲間との討議への意欲の表明
プロット	サポート経験のない事例	今，真っ只中にある事例	部署移動した場所でよく関わる事例	この事例を討議したい

シークエンス構成概念	3）長いスパンで見守り関わる必要性を討議したい		4）目の前に見える問題状況にからまる本人の心の安定					
プロット	一時的なサービス提供ではなく，親と子どもが元気を回復し自立していくまで	若い頃から年老いるまで家庭内でずっと続く暴力	問題が表面化するまでみえにくい経過がある	ゴミがあることによる心の安定	ゴミを取り除くことで解決しない母親のイライラ	お風呂に入らないことで得られる心の安定	お風呂に入らない事情・理由をつかむ	からみあいを議論したい

シークエンス構成概念	5）問題のからみあい・人と人のからまりあいが介入を難しくする			6）一事例を選んで討議する		
プロット	身寄りがないことの難しさ・身寄りがあるケースのむずかしさ	すぐに保護できるかどうかが問われるDVのケース	DVの問題を抱える家族のメンバーが最終的に孤独な生活者になったケース	自分たちの日頃の取り組み姿勢の紹介	事例の解決の糸口探し	支援の目指すべき方向性・使えそうな社会資源の提案

シークエンス構成概念	7）今日あえて議論したいのは，私たちが支援した「家族のその後」にどれだけ関心があるかということ			
プロット	今のサポート・私たち支援者の介入をうけた家族の行く末	母子の信頼関係はどうなったか，父の存在は回復したか，仲良かった頃の父と母の関係	父一人が悪いのではない	夫婦関係が挫折していく経過

シークエンス構成概念	8）支援者として陥りがちなこと（普段の支援の省察と目指すべき支援の表明）			
プロット	陥りがちなこと①〈悪者を一人決める〉	目指すべき方向①〈事例を読み込んでいく・もう少し粘り強くからまりの要因を整理する〉	向けるべき視点②〈支援やサービスが入っても埋められない寂しさがあるということ〉	目指すべき方向③〈問題を起している家族が，家族の中で居場所や威厳を失っていく経過を見逃さない〉
プロット	陥りがちなこと②〈セクションごとのプロジェクトが問題が深刻化していくのを見えにくくする〉	目指すべき方向②〈家族のストレングスについて，関係者が常に1つ2つ発信することを社協が促す〉	向けるべき視点③〈支援者に支援の迷いを抱かせている要因に目を向ける〉	向けるべき視点④〈家族のストレングス・福祉専門職のできる支援の範囲〉

第Ⅳ部　小地域福祉ガバナンス形成のためのソーシャルワーカーの自己変革と住民協働

シークエンス分析結果と考察（小グループ討議　午後）

シークエンス構成概念	1）過重な負担がかかっている家族員を中心に，ある一時だけ暮らしぶりを変えてみる発想		2）子供の学習支援ボランティアは，シームレスな地域づくりにも役立つ	
プロット	家事を任される長女	子ども中心の働き方ができる暮らしのあり方を再構成する	学習支援を公と民で補い合う	地域の人が担うと子どもの顔がわかり，地域の防犯対策にもなる

シークエンス構成概念	2）子供の学習支援ボランティアは，シームレスな地域づくりにも役立つ				
プロット	生涯学習講座を受講している地域の高齢者がまさに活躍できる場	ボランティアとして活用するメリット	元教師・元学習指導を受けていた子どもたちが担い手に	実現できそうな場所を見つける	資金の確保とフレキシブルな体制

シークエンス構成概念	3）地域の活動が生まれる背景・経緯			
プロット	仕掛け人は，個別ケースの課題を地域の共通課題として寄せ集める	できるだけ多くに人がいる場での募集をする	若手の担い手が育つキーワード「今度はお返しする番」	やがて地域が育ってくるという気長さ

シークエンス構成概念	4）地域における人と人，人と資源のつなぎ手は誰が担うのか		5）「母親の味方」になれる地域のつなぎ手であるには必要なこととは何か				
プロット	責任の所在，社協の業務なのかを迷うこともある現状	社協の責任でつなぐ	母が地域で悪者になることへの懸念	母親の引け目を受けとめる	同じ立場どうしのつきあい	母と子どもたちのそれぞれ心に寄り添う人を別に設ける	この人は味方か敵かを見られている	言葉で伝えるのは，相手のダメなところの指摘

シークエンス構成概念	6）ソーシャルワークの支援を展開していく際の支援者が張るべきアンテナ								
プロット	リスクの可能性を予測する	父親役割と母親役割のバランスをみる	生活保護に頼る期間・メリット・デメリットを検討する	サービスを知っているか・選ぶ材料があるか・届いているかを確認する	母親の応援者がいるのかどうか	実家が選択肢の一つになる場合がある	生活がひっくり返るほどの介入をするべきかどうか	母親の気持ち・本音はどうなのか	30代既婚・子あり女性の社会における立場を自分に重ねてみる

（野村裕美）

終　章　日本型福祉ガバナンス形成とその研究における課題と展望

　終章では第1節で本書のまとめを行い，今後の研究課題を整理する。また第2節では本研究で用いたビネットによる調査例として——デンマークの社会的養護を，第3節では今後の研究課題である参加と協働の考え方を整理する。

1　日本型福祉ガバナンス形成とその研究における課題と展望

(1) なぜ今，"協働"のガバナンスが必要なのか

　なぜ今，協働のガバナンスが必要なのか。研究の立ち位置として，私たちは当事者参加を保障する支援としくみづくりが日本型福祉ガバナンス形成において重要な課題と考えるからである。日本では80歳以上の後期高齢者が増え，認知症の人々や末期がん患者等，医療を必要とする人々が地域で普通に生活するようになった。医師，看護師，介護士等の専門職だけでは医療，介護ニーズが高い人々の地域生活を支えることはできず，本人自身が地域で暮らしたい，という意思を持たなければ在宅医療や在宅介護は始まらないし，住民としての地域参加もありえない。このことは過去の障害者運動がすでに示しており，本人自身が学校に行きたい，地域で暮らしたいと思い，市民としてさまざまな活動に参加したい，そして，それを応援する家族の意思がなければ，地域移行は進んでこなかったはずだからである。また，その願いを可能にする環境をつくるためには，専門職と当事者との信頼関係や資源の充実が重要であり，さらには地域の人々とのコラボレーション，松端のいう「つながり」（第3章）も必要となる。まさにソーシャルワーカーの出番は，当事者参加の権利保障とつながりづくりにある。当事者参加がなければ当事者支援も成り立たないということは，

東日本大震災のコミュニティ再興の経験からも明らかとなった。

　1990年代には介護保険制度の創設を目指した，国民運動としての盛り上がりがあった。それまで介護を中心的に担ってきた家族（多くは女性），その家族を支援してきた地域のボランティア，高齢者保健福祉推進10カ年戦略（通称ゴールドプラン）を契機に在宅介護システムを整備してきた自治体，介護の社会化のために新たな財源を提案した厚生労働省，さまざまなステイクホルダーがそれぞれの立場から介護保険制度の創設を訴えた。しかし現在，喫緊の課題である地域包括ケアシステムの充実については，専門職側は必死にがんばっているものの，介護保険創設にみられたような動きにはなっていない。

　滋賀県東近江市にある永源寺診療所花戸貴司所長は自身の専門を「地域」と答える。花戸所長は過疎地域での診療を行ってきた中で「住民に教えられたことが多かった」という。地域住民から「ここで死にたい」という声を聞き，在宅医療の取り組みを使命に感じたという。当事者の持つ強いエネルギーと発信力は他者を動かす。「そうしたい」という強い思いを持つ地域住民と，それを可能にする専門職との協働こそが，これから求められるケアのガバナンスである。専門職の使命感を覚醒させる地域住民のパワーが欠かせない。

（2）従来の国際比較との違い──ビネット調査の面白さ

　地域や社会の中でさまざまな課題を抱えている人々をどう支えていくかは社会福祉の基本的なテーマである。それぞれの国で課題の解決手法（解決しようとしているかどうかも含めて）が違うことは明らかであるが，従来の国際比較研究からはなかなかその実像が見えてこない（第4章）。社会福祉の国際比較でよく用いられる指標にOECD（経済開発協力機構）による統計がある。代表的に指標に社会支出（social expenditure）があるが，各国の社会保障の規模を比較する際に用いられる。近年では長期療養関係の統計（long-term care）も充実しており，一見，国際比較研究が身近になったようにもみえる。また社会福祉制度，社会保障制度そのものの比較研究も増えてきた。

　国際統計は研究のベースになる。介護保険制度が始まる前の1990年代には，

終　章　日本型福祉ガバナンス形成とその研究における課題と展望

ホームヘルパー数，施設の職員配置の国際比較が示され，このことは日本の高齢者介護を向上させてきた。近年ではさらに質の比較研究への関心が高まっている。本研究の挑戦は，その国に住んでいる人々がどのような暮らしをしているのか，特に生きづらさを感じていたり，あるいはさまざまな困難を抱えている人々が，社会でどう生活しているのか，どのような支援をどのようにして受けているのかを比較しようとするものである。ビネット調査という手法で，生活のリアリティを比較しようとする試みは，第一歩と考えている。

それぞれの国や地域で何らかの支援が必要な人々がどのように支えられているのか，そして，どのような人々に支えられているのか，という点では，たとえば，ある国（地域）ではソーシャルワーカーが奔走し，フォーマル，インフォーマルの社会資源をつなぎ，時には住民の関与のもとで課題解決にあたっていた。別の国（地域）ではソーシャルワーカーが行政官として重要な決定を行っている。そこにかかわっている人々や連携や協働の方法，さらには仕組みや制度がどうなっているのか，従来の比較研究では見えにくかった人々の動きが少し見えてきたような気がする。

その一方で，研究上の課題は噴出した。各国の調査を進める中で，福祉サービスの利用者，あるいは福祉サービスを受けていないが支援が必要な人々，つまり当事者の視点が欠けている点は指摘を受けた。また調査対象では，誰にビネット調査に協力してもらうかも課題である。これは研究者が研究のテーマや価値をどこに置くかで変わってくる。

（3）ソーシャルワーカーを対象とした意味

今回の調査対象はソーシャルワーク分野の大学研究者，ソーシャルワーカーという専門職であった。ソーシャルワークでは，さまざまな立場の人，組織，団体，自治体など課題を取り巻くステイクホルダー（利害関係者）の参加を重視する。調査の設計では，ソーシャルワーカー，ソーシャルワーカー養成に携わる大学研究者を調査対象とすることで，それぞれの国や地域の困難事例解決のダイナミクスを可視化できると想定した。その点で今回の調査はサービスを

生み出す，あるいはサービスにつなげる側である．ソーシャルワーカーという専門職に対し，課題解決にあたっての協働の手法を尋ねた．

　今回の調査ではボトムアップ視点，生活レベルからの視点に配慮したので，これまでの制度比較や統計比較等からみると，生活者のリアリティにより接近はできた．しかし専門職がどう動いているかという点に終始している感もある．

　次の段階では，そこで暮らしている人々（当事者，地域住民）が諸課題の解決にどうかかわっているかを可視化する方策を検討しなければならない．PestoffのCo-production理論から利用者側，供給者側を組み合わせた調査設計ができれば興味深い研究になると考える（本章第3節参照）．今回は「ソーシャルワークの展開による」であったが，次回は「住民参加の展開による」として研究手法を開発していくことが大きな課題となる．当事者の側から見たガバナンス，地域住民の側からどうガバナンスに関わっていくのかという視点である．

（4）ビネット調査の効用と限界

　今回ビネット調査では「発見」「キーパーソン」「連携」「資源の導入」「マクロな支援」という分析枠組みを作成し使用した．一つの枠組みをつくり，複数地域をその基準で調査し，分析することで違いを顕在化させることができる．枠組みを作ったことで評価の視点を明確にすることができたといえる．その一方で，国により制度やソーシャルワークの機能が異なるため，提示した事例の受け取られ方もそれぞれであった．「認知症が原因で家にゴミを溜め込んでいる高齢者のケース」はどの国でもよくあるといわれたが，たとえばノルウェーでは，「子どもに家事を手伝わせて学業がおろそかになるという事態は虐待にあたる」という回答がみられたように，そのような課題の存在も確認することができた．

　この分析枠組みは調査者の調査目的に応じて，いかようにも設計することが可能である．今回の調査の反省点として考えられるのは，調査の設計時に，ソーシャルワークの国ごとの違いをあまり意識していなかった点である．

1）その国のソーシャルワークの価値観と機能に対する理解

　今回のビネット調査ではソーシャルワークにおいて各国が大事にしていることが見えてきた。日本の場合，「発見」「連携」が大事という反応がある。ノルウェーやイギリスの場合は，「誰が決定するのか」（この項目は質問にはなかったが）という反応があり，ソーシャルワーカーにとって重要なことは「（措置）決定」であった。このようにソーシャルワークのガバナンスが異なるため，重要とする視点も異なる。価値や課題とのかかわり方の違いは統計による比較調査でも，一般の質的調査法でも出てこない。ビネット調査ではリアルな動きが見える。

　ソーシャルワーカーの価値観も国によってかなり違う。日本はステイクホルダーそれぞれが何らかの満足を得ることを大切と考える傾向にある。ノルウェーでは本人の意思と本人の決定が大前提となり，制度によるサポートが手厚い。アメリカでは社会的正義などがより重要な価値基準となる。ソーシャルワーカーは国によって，その職業が有する価値観，その職種に対する社会の期待，システム内での機能が異なることが明らかとなった。

2）対話し確認しながら行う調査手法

　ビネット調査が従来の調査法と最も違う点は，調査対象者と対話し，確認しながら，調査が進められるという点である。その中で調査者側が気づかされることが極めて多い。特に海外でビネット調査を実施すると，逆にインタビューイーから「これはどういう意味か」と質問を受けることになる。ビネット調査は，調査対象者の理解の齟齬を防ぐ上で効果がある。たとえば，日本の児童相談所の英訳はChild Guidance Centerとなるが，イギリス人には単語を示すだけでは意味が伝わらなかった。また日本の介護保険制度の介護支援員は英訳でcare managerとなるが，イギリスのcare managerとは権限が異なり，またデンマーク，スウェーデンの類似する職種である判定員も仕事の内容や権限が異なる。訪問介護員も一般にhome helperと英訳されるが，国によって仕事の領域が異なる。home helperが医療行為も行う国があれば，家事援助しかしない国もある。

異なる福祉システムを経験する調査者と調査対象者が，一つの事例を確認し合う作業は，互いのシステム理解を大いに深め，より正確な情報を得ることができる。日本のソーシャルワークを知っているつもりで調査を行ってきた研究者が，「ソーシャルワーカーって何だろう」と本質的な問いを考えることになる。

3）現地語と英語を使いながら行うメリット

　海外調査では，英語を中心に議論する方法，現地語を大切にする方法（必要に応じて通訳を入れる）など，コミュニケーション手段が問われる。英語圏以外の国で英語だけによる調査を実施することに対して抵抗が強い研究分野もある。たとえば文化人類学では，現地の言葉を大切にし，現地語による調査だからこそ人々の生活が見えてくると考える。英語による調査は，英語を理解できる社会階層の人としかコミュニケーションができないという問題もある。社会福祉の分野のように，人の生活を扱う分野の研究も英語だけでは難しい。しかし関心のある国の言語をすべて使うことには無理がある。そこで頻出語，重要語についてはビネットで現地語を使用しておくことで，理解の齟齬を防ぐことができる。その調査例は本章第2節に示す。

4）ガバナンスの分析

　本調査ではソーシャルワークの比較は可能であったが，小地域におけるガバナンスの分析という視点で考えると課題は多い。第2章で武川はガバナンスの構成要素として，「法律」「地域」「住民」「社協」「行政」「自治」を挙げている。しかし各国のソーシャルワークにおいては，ソーシャルワークの持つ価値観や機能，ソーシャルワーカーの仕事も異なる。そのため調査対象のソーシャルワーカー（またはソーシャルワーカー養成者）が，これらのすべてを意識しているとはかぎらない。イギリス，ノルウェーでは「法律」「行政」に対する意識が強く，日本，韓国は「地域」「住民」「社協」に対する意識が強く，アメリカはまた異なる次元のソーシャルワークが展開されている。

　本調査をガバナンスの分析として使用する場合，周辺の情報収集により，各国で不足する部分を補足する必要がある。

終　章　日本型福祉ガバナンス形成とその研究における課題と展望

5）テーマの設定の幅

　本調査では社会福祉制度の狭間の問題とケースとして取り上げた。しかしヨーロッパ諸国では児童，高齢者などとソーシャルワーカーの担当が分かれており，分野ごとのインタビューが必要となる。これだけの調査の領域を設定すると，社会福祉すべての制度を捕捉しなければならず膨大な作業が必要となる。実際にビネットを用いた先行研究では調査領域を限定している（第4章）ものが多い。ガバナンスの分析に重点を置く場合，高齢者，児童というように対象分野を絞って実施することも検討される。

（5）ビネットを研修に用いるという発想

　今回の研究では，ソーシャルワーカーの新たな研修の開発にも取り組んできた。第8章，第10章で紹介し，その効果を論じてきたビネットを用いたケースメソッドによるソーシャルワーク研修である。これはイギリスのダラム大学のL. Dominelli教授からの提案でもあった。ビネットを用いた調査とソーシャルワーク研修を同時に実施するというものであった。研修において，講師（研究者）も学習者（実践者）も，互いに学びあい，啓発しあうという研修形態である。

　北欧やイギリスでは多職種の連携を現場のソーシャルワーク実践から考え，効果的な実践を行うための教育を考えている。事例をもとに，患者や利用者がどういうプロセスでどこにたどり着いたのか，またそのプロセスでは関係機関や専門職がどうかかわってきたか，あるいはかかわっていなかったとすればそれをどう考えるか，等の議論を当事者参加のもとで行うというプロジェクトが実施されている。

　イギリスのダラム大学のH. Charnley講師はソーシャルワーカー養成に長年かかわっているベテラン研究者であるが，公開研究会（2014年3月同志社大学にて開催）で，ダラム大学のソーシャルワーカー養成の一部を紹介した。ここでもビネットを用いた研修が採り入れられている。「ドーリスは70歳で，Gateshead地区に住むイギリスの白人女性である。彼女は長い間，重度の認知症を

患う<u>女性パートナー</u>と同居している。ドーリスは気分がすぐれず，彼女の家庭医（GP）は抗うつ病と診断した」というケースをソーシャルワーカーとしてどう扱うかという問いである。下線はこのケースへの対応を考える際に，注意すべき点で教材の原本にも記してある。学生たちはフィールドワーク，インターネットを使った情報収集，図書館での情報収集，グループ会議などによって解決手法を模索する。ソーシャルワーカー養成では当事者参加を重視するが，その価値観がどのように作られているかという点では，専門職養成課程の調査研究も重要である。

　社会福祉の研究手法として，研究者が現場に学ぶだけでなく，現場の実践者も共に学ぶという視点は重要である。特に地域福祉理論研究においては「共に育つ，学ぶ」ことが重視される。地域福祉分野の研究は実践現場の協力がなければ成立しない。しかし現場の経験を搾取するのではなく，現場にフィードバックする作業が重要である。特に震災復興の研究分野において，研究者が現地に乗り込み，データばかりをとっていくという批判があるなかで，同じ目線で学んでいくという姿勢は大切にしたい。

（6）「参加」と「協働」をどう測り，どう評価するか

　本研究ではソーシャルワーカー（またはソーシャルワーカー養成に関わる大学研究者）を対象に調査を行ったこともあり，当事者の参加，協働という視点が不足している。

　「協働」概念は地域福祉研究においても重要であり，筆者らはスウェーデンの政治学者Pestoff（エーシタシュンダール大学客員教授／大阪大学招聘教授）のCo-Production（共同生産）概念に注目している。彼は1990年代終盤から日本の協同組合介護，医療に関心を持ち，現在も日本で研究調査を続けている。Pestoffは1990年代に，協同組合型組織が提供する福祉サービス（保育・介護）を対象にした大規模調査（WECSS調査〔Work Environment and Cooperative Social Service〕）を実施し，協同組合が提供する福祉サービスの質の高さを明らかにしてきた。Pestoffによれば，協同組合を含む社会的企業による対人社会サー

ビスには3つの潜在的貢献があるとし，①働き手にやりがいをもたらし，②利用者がエンパワメントされ，③複数の社会的価値の創造に貢献する。

社会的企業が提供する対人社会サービスでは，サービス生産プロセスに，専門職と利用者によるサービスのCo-Production（共同生産）の行為が組み込まれていることがその要因として考えられる。サービス生産プロセスへの利用者の参加形態には，寄付行為（経済的参加〔economic participation〕），行事等への参加（社会的参加〔social participation〕），理事会などの組織の意思決定への参加（政治的参加〔political participation〕）等があるとされる。

Pestoffが日本に強い関心を持つ理由は，日本の医療や福祉サービスには利用者や地域住民がサービス生産に参加し協働する事例が数多く存在し，これは日本特有の現象と考えるからである。公的セクターと専門主義の伝統が強い欧州諸国では医療・介護の生産における利用者の「参加と協働」の事例が少なく，Co-Production理論を発展させるためには日本での調査が欠かせないという。

世界的に見ても利用者や当事者は福祉サービスの生産に参加する機会が失われてきている。しかし震災の時でも，たとえば，生協がある地域には班活動があり，民主主義の基本を地道に続けていた結果，災害対応も早かったといわれている。協働の実感は経験して初めてわかるところがある。成功事例をみて広がっていく。

生きづらさを抱えた人々がどのように支援を受けているかについて，ソーシャルワークを通じてみることができた。課題を抱えた人々がどう暮らしているのかを見ることはその国の民主主義の成熟度を測ることにもつながる。ソーシャルワーク研究はそのような可能性も備えている。

2　ビネットを用いた調査例——デンマークの社会的養護をテーマとして

本節では，本研究で使用した「育児放棄がみられた母子のケース」（ビネット3）を用いて，デンマークにおける社会的養護のソーシャルワークを調査した結果を紹介したい。まずデンマークの社会的養護の仕組みを概観した後，ソー

シャルワーカーに対して行ったインタビュー調査の結果に基づき，制度が自治体単位でどのように運用されているのかを述べる。

（1）デンマークにおける社会的養護の仕組み

デンマークでは，他のスカンジナビア諸国と同様，ソーシャルワーカー（socialrådgiver）は福祉分野を担う自治体の職員である。ソーシャルワーカー養成に関しては，3年半の専門教育課程を終えることでソーシャルワーカーの学位を取得することができ，教育課程の約半分は実習期間である。本書に出てくる国の中では，同じスカンジナビアモデルのノルウェーの仕組みに近い。

デンマークでは社会福祉部門は非常に分権化されており，児童福祉の法律や国家レベルで決定されたサービス供給に責任を持つのは98あるコムーネ（市町村にあたる基礎自治体）である。支援が必要とされる子どもや家族を対象とする社会的養護の実践においても，地域間によって差異はあるものの，各コムーネの自治に任されている。

デンマークで社会的養護の根拠法となるのは，児童福祉法ではなく，より広い範囲の社会福祉サービスを統括する社会サービス法（lov om social service）である。社会サービス法は1976年から1997年まで運用されていた生活支援法（lov om social bistand）と同じく枠組み法で，あらゆる社会福祉サービスが基礎自治体のコムーネから提供されることを規定し，縦割り行政，いわゆる窓口のたらい回しを回避する意図で制定された（大阪外国語大学デンマーク語・スウェーデン語研究室編 2001）。子どもの社会的養護についてもコムーネの責任が明記されている。

社会サービス法の中で社会的養護について規定されているのは「第11章　子どもと若者への特別な支援」である。特別な支援を必要とする子どもと若者に対し，ケースごとに対応したアセスメントにもとづいて支援を行うよう定められている。具体的にどのようなアセスメントを行うかについては，「第50条　子どもに関する専門的調査（§50　Børnefaglig undersøgelse）」で述べられている。この第50条が，実際にソーシャルワーカーが子どもと家族のケースをアセ

スメントする際に依拠する法律である。

　第50条には「子どもや若者が，その保護者に身体的・精神的に障害があるためなどの理由で特別な支援を必要とする場合，コムーネ理事会はその子どもの身辺状況を調査することによって保護をする。この場合のいかなる決定も，子どもの親権を持つ親か親権を持つその他の人物と，15歳以上の子ども本人の合意のもと決められる。」とあるが，コムーネにより「子どもの健康や発達に明らかに危険や深刻な被害が予想され，判断することが必要とされている場合（第51条）」，子ども・青少年委員会（børn og unge udvalget）は親権を持つ者並びに15歳以上の青少年の同意なしに調査を実施し，暫定的なサービス決定を行うことができる。

　デンマークで社会的養護のケアを受ける子どもの数は年々増加しており，その数は子ども全体の数のうち1.5％前後，2002〜2005年には2％近く（約2.8万人）になっている。日本で約3万人の子どもたちが児童養護施設に措置されていることと比べても，デンマークでは相当数の子どもが社会的養護のケアを受けていることがわかるだろう[1]。

　2000年代にデンマークの社会的養護で問題とされてきたのは，親子が分離されるケースの割合の高さである。他のスカンジナビア諸国と比べても，デンマークにおける親子分離ケアの割合は高いことが指摘されている。2006年には，デンマークで13歳から17歳の子ども1,000人のうち12人が親子分離ケアに措置されているが，ノルウェーやスウェーデンではその数は1,000人のうち4人にすぎない（Olsson et al. 2012：13）。

　親子分離ケアにはいくつか種類があるが，近年のデンマーク国内では，強制的に親子を分離することに対して否定的な議論が数多く見られる。デンマーク国立社会福祉研究センター[2]は，デンマークで親子分離ケアを受けている，もしくは受けたことのある子どもたちの追跡調査を行い，彼らが成長してどのような人生を送るのかを明らかにした（Egelund & Hestbæk 2007）。この研究から，親子分離ケアを受けている子どもは，同年代の他の子どもたちの一般グループと比較した場合だけでなく，社会的に不利な立場に置かれつつ在宅でケアを受

けている子どもと比べても，社会経済的・心理的に不利な立場に置かれることが明らかにされた (ibid.)。このことから，「ハイリスクグループに属する若い母親の状況を効果的に改善する方法」を発展させ，彼女たちが「家で子どもを育てることができる」ようにしなければならない (ibid.: 15) という政策の方向性が導き出されている。

（2）ビネットを用いたインタビュー結果——デンマークＡ市・Ｂ市の実践より

前述の社会サービス法に規定されている社会的養護が各自治体でどのように実践されているのか，デンマークＡ市（人口約19万人）とＢ市（人口約6万人）の例を紹介する。Ａ市とＢ市に関するデータは，2013年3月に実施したビネット調査の他に，ウェブサイト上の行政資料，デンマーク統計局の統計資料を基にしている。インタビューに使用したビネットは本書第6章，第7章で取り上げている事例であり，これをデンマーク語に翻訳して使用した。インタビューイーはＡさん，Ｂさん，Ｃさんの3人である。

「育児放棄がみられた母子家庭の子どもへの学習支援のケース」

Ｃさん（31歳女性）はシングルマザーで，12歳の娘と10歳の息子と暮らしている。Ｃさんは離婚してから，生活保護を受けて働きながら，子どもたちを育てていた。Ｃさんは一生懸命働いたが，家事をする十分な時間はなかった。彼女の部屋はいつも散らかっており，汚かった。娘はＣさんを手伝って，調理や洗濯をした。息子は学校の勉強についていけず，課題を抱えていた。彼は非行にはしる恐れがあった。
（デンマーク語訳）

C (31 årig kvinde) har en datter (12 år gammel) og en søn (10 år gammel). Efter hun blev skilt, blev hun nødt til at arbejde, samtidig med at modtage kontanthjælp.

Hun arbejder hårdt og gør sin bedste for at passe sine børn, men hun har ikke tid nok til husholdningen. Hos dem er altid rodet og beskidt.

Datteren hjælper moren og hun laver mad og vaske tøj. Men sønnen har problemer med Indlæringsvanskeligheder i skolen og moren bekymrer sig om at han begynder at lave ballade eller begå kriminalitet.

終　章　日本型福祉ガバナンス形成とその研究における課題と展望

Aさん：A市でファミリーハウス（④導入された資源にて後述）の家族支援員（Familiebehandler）として勤務，現在は人事担当。
Bさん：複数のコムーネ等で児童分野のソーシャルワーカーとして勤務していた。現在は退職し，民間の研究機関に所属。
Cさん：B市の子ども・家庭センター所長。所長になる前はソーシャルワーカーとして勤務していた。

　インタビュイーは3人とも，このビネットにみられるケースはデンマークでもよく起こりうるケースである，と答えている。ソーシャルワーカーが扱う困難な事例として典型的なものは，親の精神障害，アルコール中毒，薬物中毒などであるという。また，デンマークにはひとり親家庭も多く，本インタビューで使用したビネットのように支援を必要とするひとり親家庭は，在宅で支援する社会的養護の典型例でもある。
　ビネット調査の分析枠組みとして，本書で使われたものと同様，①発見，②キーパーソン，③連携，④導入された資源，を用いる。本書で用いた「マクロな支援」の代わりに，⑤連携における困難やコンフリクト，を尋ねる質問項目を加え，英語でインタビューを行った。

① 発　見
　子ども虐待やネグレクトの事例に関しては，学校や保育所の先生が第1発見者になることが多い。ここにデンマークの子育て支援政策の特徴がある。デンマークでは保育サービスの利用率が非常に高く，乳児であっても何らかの保育サービスを利用している可能性が高い。[3]そのため，子どもの異変に気づくのは保育サービスや学校教育の現場のスタッフである。発見された子どもの異変は，所定の書類や電話，相談機関などの経路を経て，コムーネの中央にあるソーシャルワーカーの事務所へと報告される。
　また，保育所や学校にはコムーネのソーシャルワーカーと定期的に情報交換をする習慣もあり，虐待やネグレクトが大事になる前にソーシャルワーカーに

よって課題をかかえている家庭を把握する仕組みがある。本ケースでは長男に学習障害の疑いがあるので、長男のクラス担任が発見者になるだろう。

② キーパーソン

コムーネに雇用されるソーシャルワーカーである。社会サービス法に明記されているように、コムーネには支援を必要とする子どもと家庭を保護し、支援する義務がある。ここで支援方法を決定する際に、社会サービス法第50条の子どもに関する専門的調査を行うソーシャルワーカーが大きな権限を持つ。

③ 連　携

ソーシャルワーカー、家族支援員、児童心理司、保健師、学校が考えられる。もちろん母親も連携の一員である。ファミリーハウス、もしくは学校でミーティングを開いて問題を話し合い、支援の方向性を決めるだろう。

④ 導入された資源

在宅支援のための社会資源として、家族を支援する機関と専門職が挙げられた。

たとえばA市では、家族を支援するコムーネの機関として家族支援員が働くファミリーハウス（familiehuserne）がある。家族支援員は、ソーシャルワーカーが作成した支援計画（handleplanen）にもとづいて、家族を対象としたカウンセリングや親に対するトレーニングなどを実施する。このケースでは、母親に対する家事援助、家族間の関係が上手くいくように家族カウンセリングがファミリーハウスの家族支援員によって提供される。また、10歳の長男に対しては、学校で彼を支援するコンタクトパーソンが派遣され、勉強や生活についての相談に乗ることになる。

B市でも、ファミリーセンターという名のA市のファミリーハウスに相当するコムーネの機関がある。ここでもソーシャルワーカーやセラピストなどの支援員が、カウンセリングなど、具体的なサービスの実施をする。

また、考えられる支援としては経済的な支援がある。特に、母親と子どもたちとの関係に問題がなければ、母親の家事や仕事の負担を減らすために経済的援助が考えられる。これも、社会サービス法第52条の中の具体的な支援に含ま

れている。

　デンマークの支援過程の特徴として，ソーシャルワーカーに大きな権限を持たされていることが挙げられる。社会サービス法に規定されている「§50　子どもに関する専門的調査」を行い，予算決定を含め支援計画を立てることがソーシャルワーカーの役割である。その計画を実施するのは家族支援員やセラピストなど，他の専門職の手に委ねられる。支援の基本は連携であるが，その過程が非常に専門職化されていることがわかる。デンマークの場合，ソーシャルワーカーは法律（社会サービス法）に基づいて判断する専門職として認識されており，他の専門職との境界線がはっきりしている。

　ビネットを使用することで，具体的な支援の方法とともにソーシャルワーカーの役割はどこまでなのか，ということも見えやすくなった。また，社会的養護の在宅支援として，ファミリーハウスや経済的支援といった社会資源が豊富にあることもデンマークの特徴といえる。

　社会的養護の現場での調査はデリケートで，プライバシーへの配慮が必要となるが，架空のビネットを使用することで匿名性を担保しつつリアリティのあるインタビュー調査を行うことができる。支援の困難さとそれに対するアプローチを明らかにする上でも，ビネットを用いたインタビューは効果的である。

3　参加と協働の考え方

　本研究の今後に向けた課題として，「参加」と「協働」をどう測り，どう評価するのか，という点があげられている。そこで，本節では，スウェーデンの政治学者V. Pestoff（以下，ペストフ）の「Co-Production」（共同生産）概念における住民参加の考え方や，岡本榮一によるボランティア活動論の中における参加と協働の考え方を参考に論じてみたい。

(1) ペストフによる「Co-Production」概念とは

　ペストフは，ノーベル経済学賞を授賞したE. Ostromらによる「Co-Production」概念に依拠し，ヨーロッパ8カ国における保育サービス供給に関する研究を，2002年と2005年に行った。その研究結果をもとに「Co-Production」「Co-Management」「Co-Governance」を重層的な概念として拡大提示している。そこでは，ヨーロッパ8カ国における保育サービスでは，親による協同組合において最も住民の参加が達成されていることが，明らかにされた。

　3つの概念の内容を具体例とともに以下に示す。

> 「Co-Productionとは，部分的にでも住民が自身のサービス供給を生産する調整に言及するものである。それは公的財源そして規制の元，住民による代替サービスの供給ということもありうる。そうした財源というものは，直接委託など様々な形を取りうる」(Pestoff 2012a : 18)。

　具体例として，フランスなどで組織されている，親たちによる協同組合などにみられる就学前保育への親の参加があげられている (Pestoff 2012a : 17)。

> 「Co-Managementとは，公的機関そして営利事業体とともにサードセクターが他の事業体との協働の元サービスを供給する調整に言及する」(Pestoff 2012a : 18)。

　具体例として，オーストラリアのホームレス支援で採用された多職種連携による支援モデルがあげられている。そのモデルは，居住サービスや他の支援サービスへの容易で且つ迅速なアクセスを可能にすることを目的とした。行政の出先機関と地域で活動する事業体が手を取り合い"包括的な"サービスを提供した (Brown et al. eds 2012 : 211-226)。日本でいうワンストップサービスが，ホームレス支援に向け，行政とさまざまな事業体とのパラレルな協働の中で行われたのである。

「Co-Governance（Co-Constructionと呼ばれることもある）とは，公的機関そして営利事業体とともにサードセクターが公的サービスの計画及び意思決定に参加する調整に言及する」(Pestoff 2012a：18)。

　具体例として，アメリカのシカゴにおける学校改革の例があげられている。それは，伝統的な学校関係者に反対する，企業連合他による社会運動に端を発した。1988年にシカゴ学校改革法案が成立し，公立学校ごとに"地域学校協議会（local school council）"が設置された。校長の人事権，予算承認権，長期戦略計画としての学校改善計画の策定などが役目である（Ackerman 2012：112-114)。
　これら3つの概念は，時に重なり合うこともある。しかし，常に貫かれるべきは住民の参加とされ，サービス供給体内で「Co-Production」がなされ，別の供給体との協働を模索し社会サービス供給のクオリティの質と量における向上を図る「Co-Management」へとつながる。さらに協働の力を政策立案及び意思決定にまで影響を及ぼす「Co-Governance」へと進化を遂げる，という考え方を提示している（南　2013：85)。

（2）ペストフによる「Co-Production」概念における住民参加

　「Co-Production」概念においてペストフは，まず「参加のしやすさ」と本人，家族，あるいは周囲にとっての「参加の重要性」を強調するペストフによる住民参加の入口における促進要因をまとめたものが表終-1である。入口における住民参加の促進要件として，「参加のしやす」さ及び「参加の重要性」の高さの組み合わせで捉えるべきであり，それら両方が揃ったとき，住民は社会サービス供給における能動的共同生産者となるとする（Pestoff 2012b：367)。
　入口を入った後の住民参加の内容について，ペストフは①政治的側面への参加，②経済的側面への参加，③社会的側面への参加といった要素をあげた上で，さらに④サービスの側面への参加という4つの側面すべてにおける参加が重要であるとする。保育サービスにおける具体的内容としては，①政治的側面への参加としては議論や意思決定への関与，②経済的側面への参加としては事業体

表終-1 社会サービスの共同生産における住民参加の入口

参加の重要性 \ 参加のしやすさ	低 い (参加型ではない)	高 い (参加型)
重要性がより大きい (動機づけが高い)	能動的消費者 選択はする	**能動的共同生産者** 理想的なタイプ
重要性がより小さい (動機づけが低い)	受動的クライアント 伝統的公的統治のタイプ	その場限りの参加者 重要事項のみに関する時のみ参加

出所:Pestoff(2012b:25)を基に筆者作成。

の運営あるいは維持への時間や物質的貢献,③社会的側面への参加としてはウィンターパーティ,スプリングパーティなどのようなさまざまな行事の企画や運営,④サービスの側面への参加としては,職員の体調不良や研修時の代替から,常勤ベースでの労働までの範囲を指す(Pestoff 2012b:369)。

また,住民参加のレベルについてPestoff(2012b)は「公的社会サービス供給におけるCo-Productionには2つの次元」があるとする(表終-2)。

一つの軸は,「参加の継続性」である。住民の能動性を生む要素としての時間的な濃淡つまり短期的なものなのかそれとも永続的なものなのか,あるいは直接的,日常的に反復性をもったやり取りがなされているかといった要素を基準とする。公的財源による保育サービスあるいは小学校の運営維持が,反復性がありしかも長期間にわたる接触を生み出す具体例としてあげられている。こちらには低い(Low),中間(Medium),高い(high)の3つのレベルを想定している。

もう一つの軸は,「参加の日常性」であり,低い(Low),中間(Medium),高い(high)という3つのレベルがあるとする。先にあげた4側面への参加が日常的になされているか,を測る。

参加の継続性が高く,さらに日常性も高いほど,「Co-Production」は促進されるとする。表終-2の中,網掛けした部分が理想的な状況ということができる。そうした状況が,住民参加の4つの側面すべてでなされることによって「関係性の形成」がなされるというわけである。

表終-2　公的社会サービス供給におけるCo-Productionの2つの次元

参加の日常性＼参加の継続性	低　い	中　間	高　い
高　い			▨
中　間			
低　い			

出所：Pestoff（2012b：373-374）を基に筆者作成。

（3）岡本榮一のボランティア活動論における住民参加

1）岡本榮一の視点

　岡本（2002）は「場‐主体の地域福祉論」の中で，「21世紀は住民自治の視点から参加「拠点」の思想やマネジメントのあり方を再構築せねばならない」とした上で，「21世紀の最大の課題は，住民が主体性を回復することである」としている。住民が参加する「拠点」をどのように捉えるのか，またどのように運営するのか，を体系化する必要性があることを述べている。そのうえで，住民がその「拠点」に参加し，課題を主体的に解決すべきであることを，これまで一貫して論考してきた。

2）関係性の形成方法としてのボランティア活動

　岡本（1981）は，当事者とボランティアの関係において当事者性や第三者性の問題を取り上げ，図終-1のように図示したうえで検討を行っている。

　その枠組みは，「共同（解決）の場」に当事者の「解決的欲求」とボランティアの「援助的欲求」が持ち込まれ，やがて，当事者の中にある「潜在的第三者性」が普遍化し，一方，ボランティアの中にある「潜在的当事者性」も普遍化する過程を通じて共通する課題認識が育まれ，人間として共感しつつ協働して問題の社会的解決に向けて動き出す，というものである（上野谷 2013：27-28）。

　当事者とボランティアが参加することで生み出されるのが「共同（解決）の場」である。そこで双方の関係性の形成がなされる。さらに協働によって互いの関係性が深まる。その中で課題の解決を目指す，という論である。

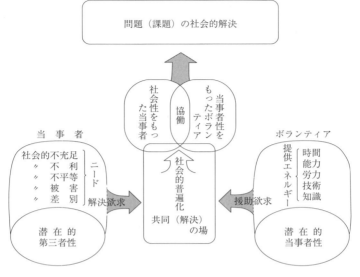

図終-1 ボランティア活動の捉え方
出所：岡本（1981：42）。

　岡本のボランティア活動論からおよそ10年を経た1990年代には，参加型在宅福祉サービスの展開で，「有償ボランティア」論議が起こり，1995年におこった阪神・淡路大震災を契機にボランティア活動は「ボランティア元年」といわれるほどの高まりをみせ，1998年制定の特定非営利活動促進法（通称NPO法）につながっていった。

3）ボランティア活動論における住民参加

　岡本（1981）は，福祉的課題の解決のための住民参加を2種に大別している。法律を制定し制度として参加を保障する体系（「制度的保障体系」）と市民的自由の保障という基盤に支えられながら，住民自身がボランタリーに福祉課題を解決しようと直接的に参加する体系（「直接的住民参加体系」）である。双方が互いに独立しつつ拮抗することにより緊張関係を保ちつつ協働を行う。そのことが人間性豊かな社会の創造に向かわせるとする。

「制度的保障体系」は，憲法第25条にもとづき，国民の健康や生活上の福祉的課題に対し，国や地方自治体が義務として遂行する福祉政策のこととし，基盤として法律および条例を必要とする。そのうえで，経済的な保障，老人ホームや保育所などの施設的保障，そしてリハビリテーション，保育，介護などのサービス面の保障（専門職の配置の保障）が含まれるとしている（岡本 1981：36-37）。

一方，ボランタリーな住民による「直接的住民参加体系」には「運動」「参画」「活動」の3つの参加形態があるとする（岡本 1981：37-38）。具体的にいえば，署名活動・請願運動，議会へのロビー活動，行政交渉，啓発活動などを方法として含み，制度の変革やサービス開発を求めてアクションを起こすことは「運動的参加」，審議会や各種の委員会などの政策策定や決定のプロセスへの参加は「参画的参加」，一般ボランティア活動に代表される実際的活動への参加は「活動的参加」となる。

さらに「参画型参加」を除いたうえで，ハードな「運動型」のものを「ソーシャル・アクション」とし，ソフトな「活動型」と分類している。ソーシャル・アクションの必要性は認めつつ，伝統的なボランティア活動の主流をサービス活動にすえ，物（モノ）よりも人間性を必要とする部門は「制度的保障体系」だけではとうてい担えず，住民自身が担うべき課題が山積していることを強調している（岡本 1981：39-40）。

（4）今後の課題

ここまで，ペストフと岡本による参加と協働の考え方について述べてきた。両者は，参加し協働する場あるいは拠点として，ほぼ同じ対象，具体的には社会的企業を念頭に論を展開している（南 2013）。そうした対象における参加と協働の促進要因と阻害要因を明らかにしていくことも，今後の課題の一つである。

注
(1) 参考に日本の社会的養護の詳細な数字をいくつか挙げておく。厚生労働省によると，保護者のない児童，被虐待児など家庭環境上養護を必要とする児童などに対し，公的な責任として社会的に養護を行っている対象は約4万6,000人である。そのうち，約1割にあたる4,295人が里親家庭に措置され，全国に595カ所ある児童養護施設に2万8,831人，0～2歳児を対象とする乳児院に3,069人，情緒障害を有するため特別にケアの必要な子どもが措置される情緒障害児短期治療施設に1,310人，母子生活支援施設に5,877人（児童のみの数）が措置され，その他児童自立支援施設，ファミリーホームなどでも親と離れて暮らす子どもたちがケアを受けている（厚生労働省 2014）
(2) SFI-Det nationale forskningscenter for velfærd
(3) デンマークでは全年齢（0-5歳）で何らかの保育サービスを利用している子どもは81.2％であるが，中でも乳児（0-2歳）の保育サービス利用率が高く，67％となっている（Statistics Denmark 2013）。

参考文献
・第1節
上野谷加代子ほか（2014）「保健・医療・福祉の現場を訪ねる――東近江市」『地域福祉研究』第42号，日本生命済生会，170-182頁。
上野谷加代子・花戸貴司（2014）「専門は『永源寺』――コミュニティを支える」『月刊福祉』2014年4月号，全国社会福祉協議会，48-53頁。
・第2節
大阪外国語大学デンマーク語・スウェーデン語研究室編（2001）『スウェーデン・デンマーク福祉用語小辞典』早稲田大学出版部。
厚生労働省（2014）「社会的養護の課題と将来像」。
佐藤桃子（2014）「デンマークにおける子どもの社会的養護――予防的役割の必要性」大阪大学大学院人間科学研究科『年報人間科学』第35号，53-71頁。
Egelund, Tine & Hestbaek, Anne-Dorthe (2007) *Children in Care (CIC): A Danish Longitudinal Study*. The Working Paper 13 of the Danish National Center for Research.
Olsson, M. and Egelund, T. and Høst, A. (2012) "Breakdown of teenage placements in Danish out-of-home care", *Child & Family Social Work*. 17(1), pp.13-22.
Statistics Denmark (2013) *STATISTICAL YEARBOOK 2013*.

・第3節

上野谷加代子（2013）「東日本大震災を風化させないために——10年後を視野に入れた社会福祉の研究方法への提言」『社会福祉研究』(116)，鉄道弘済会，23-31頁。

岡本榮一（1981）「ボランティア活動のとらえ方」大阪ボランティア協会編『ボランティア——参加する福祉』ミネルヴァ書房，1-54頁。

岡本榮一（2002）「場・主体の地域福祉論」『地域福祉研究』(30)，日本生命済生会，11-25頁。

南友二郎（2013）「Victor Pestoffによる「Co-Production」概念研究——住民参加に焦点をあてて」『同志社社会福祉学』(27)，61-74頁。

Ackerman, J. (2012) From Co-Production to Co-Governance, Victor Pestoff, Taco Brandsen, and Bram Vershuere, *New Public Governance, the Third Sector and Co-Production*, Routledge, pp.101-126.

Brown, K., Keast, R., Waterhouse, J. (2012) "Co-Management to Solve Homelessness: Wicked Solutions to Wicked Problems", Victor Pestoff, Taco Brandsen, and Bram Vershuere (eds), *New Public Governance, the Third Sector and Co-Production*, Routledge, pp.211-226.

Pestoff, V. (2012a) Co-production and Third Sector Social Services in Europe — Some Crucial Conceptual Issues, Victor Pestoff, Taco Brandsen, and Bram Vershuere, *New Public Governance, the Third Sector and Co-Production*, Routledge, pp.13-34.

Pestoff, V. (2012b) New Public Governance, Co-production and Third Sector Social Services, Victor Pestoff, Taco Brandsen, and Bram Vershuere (eds), *New Public Governance, the Third Sector and Co-Production*, Routledge, pp.361-380.

（上野谷加代子・斉藤弥生・所めぐみ〔1節〕
・佐藤桃子〔2節〕・南友二郎〔3節〕）

あとがき

　本書は，序章でも述べたが，科学研究費助成研究「ソーシャルワークの展開による小地域の福祉ガバナンス確立に関する理論的・実証的研究（平成22年度～平成25年度，課題番号22330173）」における研究成果をもとに，研究会メンバーによって分担執筆したものである。研究会メンバーは，研究領域や得意としている研究方法も異なるが，違いを活かして，本書で述べた生活困難や制度の狭間で苦しんでいる人々の生活を取り戻すために，ソーシャルワークの機能に引きつけ，小地域における福祉ガバナンス形成・確立の価値と方法について共同研究を継続してきた。

　私たちは，「真の生活課題の解決力を個人が獲得し，蓄積していくプロセスと結果は，地域社会の総体としての問題解決力や多様性への許容力を形成していくことに繋がり，そのことを通して，民主主義や持続可能な福祉社会形成につながる」との，（幻想に近いかもしれない）思いを共有し，協同実践研究を10年以上継続してきた仲間である。

　本研究では，個別の事例から，何をニーズと考えるのか，だれが解決に向けての主導者で決定者なのか，またどのような機関がだれに，どのような方法を用いて解決していくのか，という事柄を明確にすることによって，そこから見える福祉ガバナンスを把握し得るソーシャルワークの国際比較研究方法を開発しようとした。

　しかし，問題意識は明確であったとはいえ，序章で示した仮説を証明するための実践的な検証，とりわけ日本では，まだあまり活用されていないビネットを用いた国際比較調査をするうえで多くの課題が残された。

　研究過程においては，政治学，行政学，社会政策，地域福祉論などマクロ，メゾ領域に関心をもっているメンバーも一同に困難ケースについて互いに，

「解決」について有意義な議論を交わした。また，ミクロ領域を得意とする者やソーシャルワーク教育・研修に関心をもっている者も，ソーシャルワークが展開できる基盤（政策，財源，人材，システム等）について考えるという貴重な経験をした。私たちの研究が，尊厳の維持と社会的正義を実現するためのソーシャルワークの発展に，小地域で活用できる方法論の再構築に，さらに教育・研修方法の確立に少しでも貢献できれば幸いである。

　編者として，共同研究をふまえた実践研究を書物にする「むずかしさ」を痛感した。共同研究の成果は各メンバーから報告されているし，今後さらに研究の深まりに期待できよう。また，本研究会は20歳代から60歳代にわたる多世代のメンバーにより構成されており，共同研究における互いの責任と楽しみ方をも学ぶことができたのではないかと思っている。メンバーに感謝したい。そして海外および日本で調査にご協力くださったソーシャルワーカー，研究者の方々にも，心からお礼を申し上げる。

　本書の出版にあたっては，独立行政法人日本学術振興会平成26年度科学研究費助成事業（研究成果公開促進費・課題番号265179）の交付を受けた。
　研究開発にあたっては，同志社大学研究開発推進機構研究支援課の方々およびリサーチ・アドミニストレーションセンターの石田貴美子氏に多大なる助言をいただいた。また，ミネルヴァ書房編集部の音田潔氏には，本書刊行の意義を深く理解していただき，編集に際して貴重な助言と励ましをいただいた。著者を代表して感謝を申し上げる。

2015年1月

上野谷加代子
斉　藤　弥　生

巻末資料
イギリス・スウェーデン・ノルウェー・アメリカ・韓国の
ソーシャルワークの資格と養成教育の現状

1 イギリス

(1) ソーシャルワーク資格

イギリスではソーシャルワーカーは，ソーシャルワーク学士（Degree in Social Work）課程またはソーシャルワーク修士（Master in Social Work）課程において養成されている。学部で資格を取得する場合，イングランドでは学部教育が3年間のため期間は3年間である。ソーシャルワーク資格養成の修士課程は通常2年間の期間である。以前はDiploma in Social Work（DipSW）がソーシャルワーク資格であったが，資格・養成教育の見直しと改革により，ソーシャルワーカーは大学学士以上とされ，2004年9月から，現在は学位と同じソーシャルワーク学士，ソーシャルワーク修士がソーシャルワーク資格となっている。学部，修士の課程を問わず，①30日間の実践・専門スキル向上のための学習，②70日間の第一現場実習，②100日間の最終現場実習からなる200日間の実践的学習（practical learning）が課程に含まれ，②と③は異なる現場で実習を行い，③では関連法制度に基づく支援遂行のための課題が課される。養成課程を修了し，登録することで，ソーシャルワーカーと名乗ることができる。日本のような国家試験はない。

(2) ソーシャルワーカーの職域と役割

イギリスのソーシャルワーカーの多くは地方自治体に雇用されている。地方自治体のソーシャルワーカーは，概ね児童サービスもしくは成人サービスのどちらかの部署に所属している。

児童サービス部のソーシャルワーカーの主な役割は，虐待等の理由で自治体により保護されている児童のケア，ケアを受けている児童の自立支援，非行や触法少年の支援，家庭支援，不登校児童とその家庭支援，里親や養子縁組のプロセスにおける支援などである。

成人サービス部のソーシャルワーカーは，障害者の支援，更生保護の支援，ケアのニードのある高齢者の自立生活支援などである。

地方自治体以外では，国の保健医療機関，民間非営利組織，福祉事業を行う営利組織等に雇用されている。最近では会社や社会的企業を立ち上げる独立型ソーシャルワーカーもいる。

（3）ソーシャルワーカーの登録

イギリスではすべてのソーシャルワーカーは、保健とケア専門職のカウンシル（Health and Care Professions Council：以下，HCPC）に登録する必要があり，3年毎に登録更新の手続きをとらなければならない。これはソーシャルワークの質の保持を目的としており，登録更新のためには，研修を受講し，登録更新の基準を満たさなければならない。現在9万1,001人（2014年10月1日現在）のソーシャルワーカーが登録している。

（4）ソーシャルワーク専門職としての継続的な専門性の研鑽

ソーシャルワーカーは資格取得後も継続してその専門性を高めることが求められており，HCPCは，継続的な専門性の向上（Continued professional development：以下，CPD）のスタンダードを設定している。

それによるとソーシャルワーカーは以下のことが求められている（The College of Social Work 2012）。

- 自らのCPDについて，継続した最新で正確な記録をつけること。
- 現在あるいは今後の実践に適した研修活動であることを示すことができること
- 自分のCPDが，自分のソーシャルワーク実践とサービス提供の質に貢献できていることを確認するようにすること。
- 自分のCPDが，サービス利用者の利益につながっていることを確認するようにすること。
- 要求された際に，CPDのスタンダードを満たしていることを説明することを書面で証明すること。

（5）ソーシャルワーカーの質の向上をめざして

2012年1月にHPCからソーシャルワークの新しい職業水準（the standards of proficiency for social workers in England）が公表されソーシャルワーカーとして必要な力・技能が示された。また，生涯にわたるソーシャルワークの専門性・実践力の育成と向上をめざし，資格取得の段階から最も経験を積んだ段階までにいたる専門職能についてのフレームワーク（Professional Capabilities Framework：以下，PCF）が新しいソーシャルワークの職能団体（the College of Social Work）により示され，経験の深浅

に関わらず必要な知識等9つの領域と、その9つの領域についてキャリアの段階に応じてソーシャルワーカーに期待される能力等が示された。PCFは、養成校においては、養成課程に入学する学生の選考、カリキュラムのデザインと実施、学生の成績評価の基盤とするものとして導入がなされた。この新しいフレームワークにおいて、資格取得後ソーシャルワーカーとして雇用される最初の年は、「雇用されている状況で評価とサポートを受ける年（Assessed & Supported Year in Employment, 以下ASYEと略す）」と位置付けられ、資格取得直後のワーカーの実践力のばらつき、新人ワーカーの離職の防止などの課題への対応としてとりくまれている。

参考文献

The College of Social Work (2012) The Future of Continuing Professional Development (CPD), Briefing paper.

（所めぐみ）

2　スウェーデン・ノルウェー

（1）「ソシオノーム」資格

　スウェーデンでは，大学社会福祉学部の卒業者にはソシオノーム（socionom）資格が与えられ，ソシオノーム資格を持つソーシャルワーカーは主に公務員として，各社会福祉関連の仕事に携わっている。ソーシャルワーカー数の国際比較は難しいが，北欧諸国ではソーシャルワーカーの数が相対的に多いことが紹介されている。スウェーデンにおいてソシオノーム資格者でソーシャルワーカーとして雇用されている人は約4万4,000人であり，約85％が女性である（2011年）。日本のような国家試験はない。

（2）職種と仕事

　職種は，自治体ソーシャルワーカー（socialsekreterare）・相談員（kurator）43％，社会的困難を抱える人（薬物乱用者等）に対応する施設の職員等（behandlingassistenter m.fl）12％，介護福祉分野での事業責任者（verksamhetschefer inom vård och omsorg）10％という構成で（2011年），全体の73％が自治体，8％が国，19％が民間事業者に勤務しており，8割強が公務員である（2012年）。民間機関で働くソーシャルワーカーの数は限られるが，企業の保健管理や人事部門，またNGOなどの非営利組織で専門職として働いている。

　最も多い職種である自治体ソーシャルワーカーは，生活保護や家族・児童支援などの分野でニード判定を含め，課題の解決に取り組む。特に児童福祉分野の困難事例への対応のニーズは高まる中で，児童福祉担当ソーシャルワーカーにはさらに高いレベルの教育を受ける機会が増えている。また高齢者介護・障害者福祉分野で働く介護サービス判定員には，社会サービス法と機能障害者法に基づくサービス判定員の2職種があり，各法律に基づいてニード判定とケアアセスメントを行う。相談員の仕事は，支援対象の人やグループに会い，会話を通じて課題を把握し，対象者と共に問題解決のための最善策をみつける。たとえば，学校相談員は心理社会学の知識を持ち，学校内外から子どもたちのかかえる課題に対応する。介護福祉分野の事業責任者には看護師有資格が多いが，特に在宅介護分野ではソシオノーム資格者が責任者を務めていることが多い。

（3）養成教育の歴史

1921年にストックホルムで初めてのソーシャルワーク教育が開始されたが，慈善活動家や市民運動家，行政職員などが結成した「ソーシャルワーク中央連合会」（Centralförbundet för Socialt Arbete：CSA）の取り組みであった。「ソーシャルワーク中央連合会」は自発的な民間団体であったが，活動財源は寄付と自治体からの補助金で賄われており，たとえば救貧施策や老人ホームの改善運動にも取り組む等，戦前の福祉政策に大きな影響を与えてきた。戦前のソーシャルワーク教育では，自治体の福祉事業を担う人材養成が目指されたが，同時に高等教育を受けることができなかった人たちにその門戸を開くことにもなった。戦前の創設期においては，アメリカやイギリスでの生活経験を持つ女性らが尽力したといわれている。

戦後福祉国家において，専門職養成に対する国庫補助金の給付が始まり，1944年にヨーテボリ，1948年にルンド，1948年にストックホルムのストーラ・シュンダール会（教会系団体）で本格的なソーシャルワーカー養成教育が始まった。その後，1964年には3年半の大学教育となり高等教育の地位を獲得し，ソシオノーム養成プログラムを開設する社会福祉単科大学（socialhögskola）が増設されていく。1977年の大学改革により，県立看護単科大学や社会福祉単科大学は各地の総合大学と合併する流れが続いた。現在，ソシオノーム養成プログラムは全国15大学で実施されており，国内6大学では博士課程プログラムも実施している。

（4）ソシオノーム養成プログラムの独自性

ヴェクショー市（人口8万人）にあった県立看護単科大学では，1977年にソーシャルワークプログラムを開設した。2003年に県立看護単科大学は市内の総合大学と合併し，看護福祉学部としてヴェクショー大学（現・リンネ大学）の一学部となり，ソシオノーム養成教育を開始した。プログラムは地域色や歴史的経緯等が反映されており，リンネ大学ではソーシャルワーク教育が看護単科大学のコースだった歴史から，現在でも看護系科目との連携が強く，また自治体との連携も強い。またかつては現場経験を持つ中年層の学生が主流であったが，近年では若い世代の学生が多くなっている。ストックホルム大学では2000年代に入り，多文化共生，高齢者・障害者（当該分野の管理職養成），児童福祉等（児童・家庭福祉，更生施設等の専門職や管理職養成）の3つのコースを開設し，実社会のニーズに応えている。ソシオノーム養成プログラムの内容は実施校に任されている点も特徴である。

(5) ノルウェーのソーシャルワーカー

　ノルウェーでは1959年にノルウェー社会福祉士連合会（Norsk Sosionomforbund, NOSO）が設立された。1992年に児童福祉士連合会（Norsk barnevernpedagogforbund, NBF）等と合併し，福祉専門職連合会（Fellesorganisasjonen for barnevernpedagoger, sosionomer, og vernepleiere, FO）となった。同組織の会員数は約2万人で，そのうち約8,000人がソシオノーム（sosionom）である。会員は大学卒業資格が必要であり，会員の8割以上が女性である。福祉専門職連合会の組織構造はスウェーデンの社会科学系大卒者連合（56頁）と似ており，同団体は労働組合であり，職能団体でもある。組合員のほとんどが自治体等の行政機関に雇用されている点もスウェーデンと似ている。

　ソシオノームの資格を持つソーシャルワーカーの仕事は人々の生活条件を改善するもので子どもから成人までを対象としている。自治体の保健医療部門，社会的ケア部門，介護部門，社会保険事務所と職業安定所の機能を併せ持つ機関であるナーブ（Arbeids- og velferdsforvaltning, NAV），児童保護サービス，精神科ケア，薬物乱用者のケア，保護観察，在住外国人の生活支援等，幅広い分野で働いている。2013年では全国で1万4,727人のソシオノーム資格者が雇用されており，10,290人（69.9％）が自治体の保健福祉部門，2,074人（14.1％）が行政の総務管理部門，996人（6.8％）が教育部門，46人（0.3％）が現場職員であった。

　児童保護士（barnevernpedagog）は，自治体児童保護サービス，児童養護施設，学校，保育園，余暇活動クラブ，子どもや成年を対象とする精神科ケア等で働く。2013年では全国で11,039人の有資格者が雇用されており，8,310人（75.3％）が自治体の保健福祉部門，799人（7.2％）が行政の総務管理部門，1,160人（10.5％）が教育従事者，26人（0.2％）が現場職員であった。

参考文献

Meeuwisse Anna & Hans Svärd (2009) *Socialt Arbete, En Grundbok*, Natur och Kurtur.

Statistiska centralbyrån (2013) *Arbetskraftbarometern 13. Utsikterna på arbetsmarknaden för 71 utbildningar*.

Statistiska sentralbyrå (2013) *Sysselsatte personer med helse+ og sosial utdanning, efter fagutdanning og andel sysselsatte i næring*.

（斉藤弥生）

3　アメリカ

（1）ソーシャルワークの定義

　全米ソーシャルワーカー協会が1996年に定めた倫理綱領の冒頭では，ソーシャルワーク専門職を以下のように説明している。

　ソーシャルワーク専門職の第1の使命は，すべての人々の福利（ウェル・ビーイング）を高め，人にとって基本的なニーズを満たすことである。その中でもとりわけ脆い状態におかれた人や，抑圧された人，貧困状態で生活している人のニーズとエンパワメントに特に配慮する。社会的状況の中の個人の福利と社会の福利に着目する点は，ソーシャルワークにおける歴史的な特徴でありかつ揺るぎない特徴である。人々の生活上の問題を生み出し，また問題に寄与し，問題に働きかける環境的影響に注目することはソーシャルワークにとって欠かせないことである（NASW Code of Ethics）。

（2）ソーシャルワーカー養成の歴史

　1910年の時点でソーシャルワークの専門職訓練学校が5校存在していた。第一次世界大戦後に17校の社会福祉訓練学校がAssociation for Training Schools for Professional Social Work（ATSPS）を設立し，1927年に名称をAmerican Association of Schools of Social Work（AASSW）と変更した。AASSWは大学院修士課程以外を認可しなかったため，学部課程も認可する別の機関として1942年にNational Association of Schools of Social Administration（NASSA）が設立された。

　その後，AASSWとNASSAが統合され，1952年に現在のソーシャルワーク教育過程認可機関の全米ソーシャルワーク教育学校連盟（Council on Social Work Education，CSWE）が設立された。

（3）ソーシャルワーカー養成の現状

　2013年11月の時点で，CSWEの認可を受けている学部課程が490校，修士課程が228校存在する。なお，GADEという博士課程を認可する機関からソーシャルワークの博士課程の認可を受けている大学院が73校存在する。

　学生数は，学部課程が5万1,714人，修士課程が3万5,178人，博士課程が1,835人である。（ただし，CSWEによるアンケート調査の結果に基づくもので，回収率は97.5％）。

アメリカ労働省によれば、2012年の時点で全米には約60万人のソーシャルワーカーが働いている（以下で述べる資格保持者とは限らない）。

（4）資　格

アメリカでは州ごとに異なるソーシャルワーカーの資格を提供している。

州によって規定は異なるが、対人援助の現場においてはソーシャルワーク専門職に資格を求める傾向が強い。多くの州ではソーシャルワーカーにLicensed Master Social Worker（LMSW）を要件として求めている。LMSWの資格試験を受けるためには、CSWEの認定を受けている大学院修士課程を修了することが条件となる。

LMSWよりもさらに高度な資格（ただし、クリニカル・ソーシャルワークに特化した資格）としてLicensed Clinical Social Worker（LCSW）がある。LCSWを取得するには、試験を受ける段階で、最低でも3年間、LCSWを保持するスーパーバイザーの指導下で診断や心理療法、治療といったクリニカル領域の実践を積むことと、大学院でクリニカル領域の単位を取得していることが求められる。

（5）カリキュラム基準

CSWEはソーシャルワーク教育におけるカリキュラムの標準化および認可、ソーシャルワーク教育の評価を行っていて、8年ごとに評価と点検を受け、再認可される必要がある。認可のための基準はCSWE会長の任命を受けた委員会Commission on Accreditation（COA）が推進することになっており、COAはThe Education Policy and Accreditation Standards（教育方針と認可基準、EPAS）と呼ばれる書類に基づいて認可の判断を行う。EPASは定期的に見直されており、最近では2008年に改定された。次回の改定は2015年に予定されている。

2008年のEPASの改定の最大の焦点は、コンピテンシーの概念を基盤としたカリキュラム編成へと全面的に移行したことであった。過去のカリキュラムは何を教授するかということを軸に組み立てられていたが、EPAS2008ではカリキュラムを通して学生が身につける知識および能力・態度を10のコア・コンピテンシーとして示され、各大学／大学院はこの基準に基づいてカリキュラムを設計し、ソーシャルワーカーの養成を進めている。

（室田信一）

4　韓　国

(1) 韓国の社会福祉士（Social Worker）とは？

　1970年代には，「社会福祉事業従事者」又は「社会事業家」と言われた。1983年5月の「社会福祉事業法」の改正により，「社会福祉士」と規定され，資格証が発給され始めた。社会福祉士は，社会福祉事業法第11条1項で，「社会福祉に関する専門知識と技術をもっている者」と規定されている。社会福祉事業法施行令第6条1項では，以下の業務を遂行する者を社会福祉士として採用することになっている。

- ・社会福祉プログラムの開発・運営
- ・施設居住者に対する生活指導業務
- ・社会福祉を必要とする者に対する相談業務

(2) 社会福祉士の活動領域

- ・公的社会福祉の領域：社会福祉専担公務員（社会福祉事業法第14条）
- ・社会福祉機関・施設の領域：地域福祉事業，児童福祉，老人福祉，障害人福祉，母子福祉等の民間社会福祉機関の領域
- ・保健医療領域（医療法，精神保健法による規定）：医療社会福祉士（Medical Social Worker），精神保健社会福祉士（Mental Health Social Worker）
- ・学校社会福祉士（School Social Worker）
- ・自願奉仕活動管理専門家（Voluntary Activities Coordinator）
- ・矯正社会福祉士（Correctional Social Worker）
- ・軍社会福祉士（Military Social Worker）
- ・産業社会福祉士（Industrial Social Worker）

(3) 社会福祉士の倫理綱領

- ・1973年2月，倫理綱領素案の制定決意
- ・1988年3月，社会福祉士倫理綱領の制定公布
- ・1992年10月，第1次社会福祉士倫理綱領の改正
- ・2001年12月，第2次社会福祉士倫理綱領の改正

巻末資料

(4) 社会福祉士の資格制度

- 「社会福祉施設従事者の無資格時代」：朝鮮戦争後，社会福祉施設が急速に増えたが，1970年までは社会福祉施設従事者の資格制度はなかった。
- 「社会福祉事業従事者の資格証時代」（1970年-1983年）：1970年の社会福祉事業法第5条，社会福祉事業法施行令第9条で「社会福祉事業従事者資格証」制度が初めて導入された。
- 「社会福祉士の資格証時代」（1984年-2002年）：1983年の社会福祉事業法改正により，3等級の社会福祉士制度が新設された。
- 「社会福祉士の国家試験時代」（2003年-）：社会福祉士の専門性を強化するため，社会福祉士1級の国家試験が施行され始めた。

表1　等級別資格基準・資格証の発給件数（2014.9.30）

資格証の発給件数		等級別資格基準（社会福祉事業法施行令第2条1項）
社会福祉士（70万5,319件，100％）	社会福祉士1級（11万6,612件，16.53％）	・社会福祉事業法第11条3項の規定による国家試験に合格した者 ・国家試験科目：社会福祉基礎（人間行動と社会環境，社会福祉調査論），社会福祉実践（社会福祉実践論，社会福祉実践技術論，地域社会福祉論），社会福祉政策と制度（社会福祉政策論，社会福祉行政論，社会福祉法制論）
	社会福祉士2級（57万5,888件，81.65％）	・大学院（修士又は博士）で社会福祉学又は社会事業学を専攻（社会福祉現場実習＋必修6科目・選択2科目以上を履修） ・大学・専門大学で社会福祉学を専攻（必修10科目・選択4科目以上を履修） ・社会福祉士3級として3年以上の社会福祉事業の実務経験を持っている者 ・その他：学点銀行制履修者，養成教育課程修了者など
	社会福祉士3級（1万2,819件，1.82％）	・高等学校・専門大学を卒業したうえ，保健福祉部長官が指定した教育訓練機関で12週・24週以上，社会福祉事業に関する教育を履修した者 ・3年以上の社会福祉事業の実務経験を持ち，保健福祉部長官が指定した教育訓練機関で24週以上，社会福祉事業に関する教育を履修した者

出所：韓国社会福祉士協会ホームページ（http://www.welfare.net，2014年11月24日アクセス）。

表 2 社会福祉学専攻教科目・社会福祉関連の教科目
　　　　——社会福祉事業法施行規則付則第1条（第73号，2008.11.5）

区　分	教科目	大学院	大学・専門大学
必修科目	社会福祉概論，人間行動と社会環境，社会福祉政策論，社会福祉法制，社会福祉実践論，社会福祉実践技術論，社会福祉調査論，社会福祉行政論，地域社会福祉論，社会福祉現場実習（120時間以上）	6科目 18学点	10科目 30学点
選択科目	児童福祉論，青少年福祉論，老人福祉論，障害人福祉論，女性福祉論，家族福祉論，産業福祉論，医療社会事業論，学校社会事業論，精神健康論，矯正福祉論，社会保障論，社会問題論，自願奉仕論，精神保健社会福祉論，社会福祉指導監督論，社会福祉資料分析論，プログラム開発と評価，社会福祉発達史，社会福祉倫理と哲学	2科目 6学点	4科目 12学点

注：最近，社会福祉教育の問題とその変化について様々な議論が行われている。例えば，2014年韓国社会福祉学会秋季学術大会では「韓国の社会福祉学＆教育，変革を語る」というテーマで研究者をはじめ教育者や実践者らから多様な意見が出され，活発な議論がなされた。
出所：韓国社会福祉士協会ホームページ（http://www.welfare.net，2014年11月24日アクセス）。

　　　　　　　　　　　　　　（李彦尚〔同志社大学大学院博士後期課程〕作成）

索　引

あ行

アウトリーチプログラム　161
アウトリーチワーカー　161
アクションリサーチ　199
アメリカ調査概要　109
アルツハイマーソサエティ　122,142
イギリス調査概要　105
意思能力に関する法　143
一般的なコミュニティ　16
医療ソーシャルワーカー　97
ウィークエンドホーム　159
右田紀久惠　39
「大きな社会」　142
岡村重夫　16
岡本榮一　247

か行

介護サービス判定員　120
買物難民　45
家計相談　170
家族セラピスト　133
家庭医　127,140
韓国調査概要　110
ギデンズ，アンソニー　28
機能分化派　43
キーパーソン　90
希望福祉支援団　181
教育・研修のツール　80
協治　30
共治　30
協働のガバナンス　227
緊急避難センター　117,132,157
ケアサービスへの公平なアクセスのためのガイダンス　143
ケア支援対応　159
ケアのガバナンス　19
ケアマネジャー　95,120
経験や洞察の交流　186
経済的自立支援センター　171
ケースアシスタント　179
ケースマネジャー　122
ケースメソッド　187,214
ケースワーカー　96
健康家族支援センター　138
交互作用　17
高齢者ケースマネジメントサービス　150
高齢者支援ケースマネジャー　178
コーポラティズムモデル　61
コーポレート・ガバナンス　27
国際ソーシャルワーカー連盟　12
国際ソーシャルワーク学校連盟　13
国産概念　26
国民保健医療サービス　173
個別支援　44
コミュニティ・ベースト　25
コミュニティ精神科看護師　143
コミュニティソーシャルワーカー　22,46,93,184
困難事例　89

さ行

在宅支援ワーカー　178
債務に関する相談員　171
参加型福祉　33
参加の継続性　244
参加の日常性　244
残余モデル　61

シェルター　136
支援困難事例　75
シークエンス分析　216
自己開示　186
自治型地域福祉　39
自治体ソーシャルワーカー　120, 141
市町村合併　35
実践共同体　83
実践的総合派　43
児童青少年ネットワーク　165
児童相談所　117
児童保護　65, 114
　　——サービス法　159
　　——士　134, 158
　　——センター　132, 157
社会科学系大卒者連合　56
社会教育員　56
社会サービス法　147, 236
社会的ケア　114
社会的孤立　2
社会福祉館　127, 138
社会福祉協議会　33, 201
社会福祉事務型（ソーシャルワーク）　58
社会福祉事務所　132, 157
社会福祉法　30
社会民主主義型福祉国家モデル　59
社会民主主義レジーム　104
自由主義型福祉国家モデル　59
自由主義レジーム　104
住民懇談会　200
小地域ネットワーク活動　15
事例の蓄積　187
心理的ケア　119
スカンジナビアモデル　59
スクールソーシャルワーカー　96
ステイクホルダー　229
生活支援対応　159
生活支援の構成要素　76
青少年支援プログラム　135, 161

世代間交流プログラム　149
セマウル婦女会　180
1989年児童法　155
全米ソーシャルワーカー協会　56
専門職養成　14
相互作用　17
ソシオノーム　56
ソーシャル・アクション　40
ソーシャル・サポート・ネットワーク　40
ソーシャルケア　174
ソーシャルワーカー　14
　　——の養成教育　81
ソーシャルワーク教育　69
ソーシャルワーク実践モデル　82
ソーシャルワーク実践理論　2
ソーシャルワークの定義　12
ソーシャルワークの伝統的分類　57
ソーシャルワークの特徴　55
ソーシャルワークの福祉国家モデルによる分類　59

た　行

『第三の道』　28
対処型（ソーシャルワーク）　58
代弁者　144
対話　186
地域支援　44
地域社会福祉協議体　119, 139, 151
地域（自立）生活支援　44
地域生活支援ワーカー　184
地域福祉　39
　　——計画　200
　　——の主流化　26
　　——の法定化　31
　　——力形成　21
地域包括ケアシステム　20
地域包括支援センター　34, 99
「地域を変える」機能　43
知識マネジメント　80

索　引

痴呆相談センター　180
地方分権推進法　34
つながり　43
統長　127
導入された資源　90
特定非営利活動促進法　33
都市的生活様式　49
洞事務所　163

　　　な　行

ナーブ　168, 259
2004年児童法　155
日常生活圏域　16
ニュー・ガバナンス　30
ノルウェー調査概要　107

　　　は　行

発達的ワークリサーチ　84
班長　127
東アジアレジーム　104
一人親家族支援センター　165
ビネット　88
　——調査　62
ファシリテーター　194
福祉コミュニティ　16
放課後プログラム　125
ホームレス支援事業　135
ホームレス支援の専門職員　135
保健　114
　——医療とソーシャルケアサポートに関する法　143
保護　141
ポジショニング　186
ボトムアップ型フィールド調査　5
ボランタリーな活動　142

　　　ま　行

マクロな支援　91

無縁社会　48
メモリークリニック　142

　　　や　行

ヤングケアラー支援プロジェクト　154
ユニバーサルサービス　173
よい近隣たち　179

　　　ら　行

ラテン系モデル　62
臨床心理士　133
連携　90
老人長期療養保険制度　152
老人ドルボミサービス　122, 150
ローカル・ガバナンス　28
ロールプレイ　215

　　　わ　行

我が子希望ネットワーク支援事業　165
ワークショップ　214
ワールド・カフェ　190

　　　欧　文

Co-Production　234
CSW　→コミュニティソーシャルワーカー
HIV患者　69
IASSW　→国際ソーシャルワーク学校連盟
IFSW　→国際ソーシャルワーカー連盟
MSW　→病院のソーシャルワーカー
NASW　→全米ソーシャルワーカー協会
NHS　→国民保健医療サービス
NORC　148
NPO法　→特定非営利活動促進法
SSR　→社会科学系大卒者連合
SSW　→スクールソーシャルワーカー

執筆者紹介 （所属，執筆分担，執筆順，＊は編者）

＊上野谷加代子（編著者紹介参照：序章・第1章・終章第1節）

武川　正吾（東京大学大学院人文社会系研究科教授：第2章）

松端　克文（桃山学院大学社会学部教授：第3章）

＊斉藤　弥生（編著者紹介参照：第4章・第6章・第7章・終章第1節）

所　めぐみ（佛教大学社会福祉学部准教授：第5章・第6章・第7章・終章第1節）

室田　信一（首都大学東京都市教養学部准教授：第6章・第7章）

羅　珉京（同志社大学社会学部非常勤講師：第7章）

野村　裕美（同志社大学社会学部准教授：第8章・第10章）

金田　喜弘（佛教大学福祉教育開発センター講師：第9章）

佐藤　桃子（日本学術振興会特別研究員／大阪大学大学院博士後期課程：終章第2節）

南　友二郎（同志社大学大学院博士後期課程：終章第3節）

編著者紹介

上野谷加代子（うえのや・かよこ）
1949年生まれ。
1974年　大阪市立大学大学院家政学研究科社会福祉学専攻修士課程修了。
現　在　同志社大学社会学部教授。
主　著　『松江市の地域福祉計画――住民の主体形成とコミュニティソーシャルワークの展開』（共編）ミネルヴァ書房，2006年。
　　　　『災害ソーシャルワーク入門――被災地の実践知から学ぶ』（監修）中央法規出版，2013年。
　　　　『小地域福祉活動の新時代――大阪市・今川地域からの発信』（共編）全国コミュニティライフサポートセンター，2014年。

斉藤弥生（さいとう・やよい）
1964年生まれ。
1993年　スウェーデン・ルンド大学大学院政治学研究科行政学専攻修士課程修了。
現　在　大阪大学大学院人間科学研究科教授。
主　著　『スウェーデンにみる高齢者介護の供給と編成』大阪大学出版会，2014年。
　　　　『体験ルポ 日本の高齢者福祉』（共著）岩波書店，1994年。
　　　　『「対話と学び合い」の地域福祉のすすめ――松江市のコミュニティソーシャルワーク実践』（共編）全国コミュニティライフサポートセンター，2014年。

　　　　　　　　　　　　福祉ガバナンスとソーシャルワーク
　　　　　　　　　　　　　――ビネット調査による国際比較――

2015年2月28日　初版第1刷発行　　〈検印省略〉

定価はカバーに
表示しています

編著者	上野谷　加代子
	斉　藤　弥　生
発行者	杉　田　啓　三
印刷者	藤　森　英　夫

発行所　株式会社　ミネルヴァ書房
607-8494　京都市山科区日ノ岡堤谷町1
電話代表（075）581-5191
振替口座　01020-0-8076

©上野谷・斉藤ほか，2015　　亜細亜印刷・兼文堂

ISBN978-4-623-07297-2
Printed in Japan

松江市の地域福祉計画
――住民の主体形成とコミュニティソーシャルワークの展開――
上野谷加代子・杉崎千洋・松端克文編著

A5判／252頁／本体2400円

住民と創る地域包括ケアシステム
――名張式自治とケアをつなぐ総合相談の展開――
永田　祐著

A5判／228頁／本体2500円

自発的社会福祉と地域福祉
右田紀久惠・白澤政和監修／牧里毎治・岡本榮一・高森敬久編著

A5判／284頁／本体6000円

ソーシャルワーカー論
――「かかわり続ける専門職」のアイデンティティ――
空閑浩人編著

A5判／272頁／本体4200円

福祉現場OJTハンドブック
――職員の意欲を引き出し高める人財育成――
津田耕一著

A5判／258頁／本体2800円

――ミネルヴァ書房――

http://www.minervashobo.co.jp/